K. Berns   T. Kolb

Neuronale Netze für technische Anwendungen

Springer-Verlag

Berlin Heidelberg New York
London Paris Tokyo
Hong Kong Barcelona
Budapest

Herausgeber

Forschungszentrum Informatik an der Universität Karlsruhe (FZI)
Haid-und-Neu-Straße 10-14, D-76131 Karlsruhe

Autoren

Karsten Berns
Forschungszentrum Informatik an der Universität Karlsruhe
Haid-und-Neu-Straße 10-14, D-76131 Karlsruhe

Thorsten Kolb
Technische Hochschule Cottbus
Karl-Marx-Straße 17, D-03046 Cottbus

ISBN-13: 978-3-540-58251-9   e-ISBN-13: 978-3-642-79148-2
DOI: 10.1007/978-3-642-79148-2

Satz: Reproduktionsfertige Vorlage vom Autor
SPIN: 10084242   45/3140-5 4 3 2 1 0 – Gedruckt auf säurefreiem Papier

FZI-Berichte Informatik

Herausgegeben vom Forschungszentrum Informatik
an der Universität Karlsruhe (FZI)

Herausgebergremium: R. Dillmann G. Goos P. C. Lockemann
U. Rembold W. Rosenstiel

Vorwort

Künstliche Neuronale Netze oder Konnektionistische Systeme haben schon lange Einzug in die Forschung der künstlichen Intelligenz, Robotik, Sprachverarbeitung und Bildverarbeitung gehalten. Zusätzlich zu diesen klassischen Anwendungsfeldern werden in letzter Zeit immer mehr neuronale Ansätze in Bereichen verfolgt, die bisher mit analytischen Methoden oder mit regelbasierten Verfahren gelöst wurden. Beispiele hierfür sind Verfahren zur Unterstützung von Aktienprognosen, Wetter- und Smogvorhersagen sowie zahlreiche Diagnoseaufgaben aus der Chemie, dem Maschinenbau und der Medizin. Diese häufig sehr unterschiedlichen Aufgabenstellungen haben gemeinsam, daß sie analytisch schwer beschreibbar sind und aufgrund ihrer Komplexität mit herkömmlichen Verfahren nur unzureichend gelöst werden können.

Zur Zeit besteht aber eine enorme Diskrepanz zwischen der weltweiten Flut neuronaler Lösungsansätze und deren Einsatz in der industriellen bzw. kommerziellen Praxis. Dies hat mehrere Gründe. Zum einen weicht die hier benötigte Problemlösungsdenkweise völlig von der traditionell praktizierten ab, zum anderen gibt es gegenüber theoretischen Ansätzen keine geschlossene Theorie.
Diese zurückhaltende Haltung ist auch damit zu begründen, daß es sehr schwierig ist, einen ausreichenden Überblick über relevante Veröffentlichungen zu erhalten, die Lösungsmöglichkeiten für ein bestimmtes Problem beschreiben. Andere Probleme sind bei stark anwendungsorientierten Veröffentlichungen die meist unzureichenden Darstellungen der verwendeten Neuronalen Netze und deren Lernverfahren sowie das Fehlen einer detaillierten Problembeschreibung.

Dieses Buch richtet sich daher in erster Linie an Informatiker und Ingenieure, die für industrielle und kommerzielle Problemstellungen geeignete Lösungsverfahren suchen und möglichst schnell abschätzen wollen, inwieweit Neuronale Netze zur Lösung geeignet erscheinen. Neben dem Anwender aus der Industrie kann dieses Buch auch dem praxisorientierten Forscher empfohlen werden.

Um diese Zielsetzung zu erreichen und eine Übersicht über alle praxisrelevanten Anwendungen Neuronaler Netze geben zu können, wurde eine sehr kompakte, sich auf die wesentlichen Dinge beschränkende Darstellung gewählt. Dabei wurde auf theoretische Betrachtungen weitestgehend verzichtet. Für einen tieferen Einstieg in speziellere Problemfelder wird an den entsprechenden Stellen auf geeignete Literatur verwiesen. Eine weitere Zielsetzung dieses Buches besteht darin, demjenigen, der Neuronale Netze für ein bestimmtes Problem einsetzen möchte, eine sinnvolle Vorgehensweise aufzuzeigen.

Das vorliegende Buch gliedert sich in acht Kapitel. Neben einem kritischen Überblick über die Neuro-Forschung und deren Ergebnisse von den Anfängen bis heute werden in Kapitel 3 die verschiedenen Netztypen kurz vorgestellt. Bei dieser Darstellung liegt das Hauptaugenmerk auf einer einheitlichen algorithmischen Beschreibung und auf der Auflistung der Vor- und Nachteile der einzelnen Lernverfahren. Dadurch wurde auch ein Vergleich zwischen den unterschiedlichen Lernverfahren ermöglicht. Dieses Kapitel stellt allerdings nur eine Einführung dar und ist keineswegs als Alternative zu den zahlreichen ausführlichen Veröffentlichungen über neuronale Lernverfahren und deren mathematischer Herleitung gedacht.

Im Kapitel 4 *Experimentelle Anwendungen in Forschung und Entwicklung* werden, klassifiziert nach verschiedenen Anwendungsfeldern, die verwendeten Netze, die Anforderungen von Seiten der Aufgabenstellung und die erzielten Ergebnisse anhand von Beispielen beschrieben. Ergänzt wird diese Aufzählung durch Tabellen, in denen weitere interessante Anwendungen aufgeführt sind. Nur wenige der besprochenen Beispiele wurden bis jetzt als kommerzielle Produkte eingesetzt. Im nächsten Kapitel werden in ähnlicher Weise neuronale Lösungsalgorithmen in kommerziellen Produkten beschrieben. Die Darstellung ist relativ kurz gehalten, da es in den meisten Fällen unmöglich war, von den jeweiligen Firmen exakte Beschreibungen ihrer Produkte zu erhalten.

In Kapitel 6 werden Werkzeuge für die Simulation bzw. Realisierung Neuronaler Netze aufgeführt und die dazugehörenden Entwicklungsumgebungen beschrieben. Anschließend sind einige nützliche Informationen über einführende Literatur, Zeitschriften, Konferenzen, Organisationen, Forschungszentren, Förderungsmöglichkeiten und Patente aus dem Bereich Neuronale Netze zusammengestellt. Dieses Buch endet mit einer Checkliste, die es dem Anwender ermöglichen soll, leichter abzuschätzen, ob Neuronale Netze bzw. bestimmte Netztypen für seine Anwendung Vorteile gegenüber herkömmlichen Techniken bringen oder nicht.

Die Autoren danken dem Forschungszentrum Informatik, insbesondere dem Herausgeberrat und dessen Vorsitzenden Herrn Prof. Dr. W. Rosenstiel für ihre wertvollen Anregungen und Verbesserungsvorschläge. Unser Dank gilt auch Herrn Prof. Dr. R. Dillmann, der das Erstellen dieses Buches gefördert hat. Weiterhin möchten wir uns bei Knut Möller, Wolfgang Eppler, Klaus-Robert Müller, Mathias Berning, Martin Riedmiller und Heinrich Braun bedanken, die eine Reihe wertvoller Hinweise und Diskussionsbeiträge geliefert haben. Nicht zuletzt gilt unser Dank auch S. Tolmie, H. Tsrouya, F. Berns und M. Eberl, die bei der Endfassung des Manuskripts behilflich waren.

Karlsruhe, April 1994   Karsten Berns, Thorsten Kolb

Inhaltsverzeichnis

1 Einleitung

1.1 Motivation

Weltweit arbeitet eine große Zahl von Wissenschaftlern an der Fragestellung: 'Wie ist es möglich, mit Hilfe der Computertechnik eine Art *Künstliche Intelligenz* zu schaffen?' Seit den frühen sechziger Jahren wurde mit sehr viel Euphorie ein Weg eingeschlagen, bei dem versucht wurde, ausgehend von einer diskreten, symbolischen Repräsentation der Welt, der Beschreibung der Zusammenhänge zwischen Einzelinformationen und der Entwicklung geeigneter inferentieller Mechanismen, kognitive Prozesse zu modellieren. Mit dieser Philosophie wurden große Erfolge erzielt, wenn es beispielsweise darum ging, komplexes Expertenwissen maschinell aufzubereiten, auf hohem Niveau Schach zu spielen, einfache mathematische Theoreme zu beweisen oder Intelligenztests zu bearbeiten. Kognitive und sensorische Fähigkeiten, die wir eher als niedrige Intelligenzleistung bewerten würden, wie z.B. schnelle visuelle Analyse einer Szene, Verstehen gesprochener Sprache oder reaktive Bewegungssteuerungen von Manipulatoren konnten mit diesen Methoden aber meist nur unzureichend gelöst werden.

Um die Leistungsfähigkeit unseres *Gehirns* aufzuzeigen, werden im folgenden einige Eigenschaften näher beleuchtet. Unser Gehirn hat die fundamentale Eigenschaft, daß es sich geänderten Situationen anpassen und Unbekanntes erlernen kann. Es ist beeindruckend, mit welcher Leichtigkeit es fehlerhafte oder unvollständige Informationen korrekt bearbeitet. So erkennen wir Gesichter uns vertrauter Personen, selbst wenn wir nur die Nase oder einen Teil der Augenpartie sehen. Gerade unvollständiges oder unscharfes Wissen bereitet den heute angewandten heuristischen oder logikbasierten Verfahren der Künstlichen Intelligenz sehr große Schwierigkeiten.

Eine weitere beeindruckende Eigenschaft unseres Gehirns ist die hohe Verarbeitungsgeschwindigkeit. Die im Vergleich zu modernen Rechenelementen um den Faktor 10^5 bis 10^6 niedrigere Schaltzeit der Elementaroperatoren (Neuronen) wird durch eine sehr hohe Parallelität bei weitem ausgeglichen. Tabelle 1.1 vergleicht Rechenvorgänge im Gehirn mit denen heute eingesetzter Computer

Tabelle 1.1. Vergleich der Rechenvorgänge im Gehirn mit denen heute eingesetzter Computer.

Eigenschaft	Gehirn	Computer
Parallelität	hoch	niedrig
Präzision	mäßig	hoch
Fehlertoleranz	hoch	niedrig
Speicherzugriff	global	lokal
Erkennen von Mustern	gut	schlecht
Ausnutzen von Ähnlichkeiten	ja	nein
Numerisch präzise Berechnung	schlecht	gut
Fehlerloses Speichern von Daten	schlecht	gut
Rekonstruktion verrauschter Daten	gut	schlecht
Verallgemeinern von Beispielen	gut	schlecht
Selbstorganisation	ja	bisher nicht

Betrachtet man diese Liste von Eigenschaften unseres Gehirns, so stellt sich sofort die Frage: Kann man diese Leistung und diese Fähigkeiten überhaupt einmal technisch realisieren? Geht man von Minskys These *The Brain Happens to be a Meat Machine* aus, so müßte es möglich sein, diese 'feuchte' Hardware nachzubauen oder zumindest ähnliche Strukturen zu schaffen, die vergleichbare Leistung und Eigenschaften aufweisen. Der Forschungsbereich Konnektionistische Systeme beschäftigt sich vor allem damit, wie man Modelle schaffen kann, die mit ähnlichen Arbeitsprinzipien diese Eigenschaften erzielen können. Die Hoffnung, mit den hierbei entwickelten Verfahren ein künstliches Gehirn nachbauen zu können, ist beim derzeitigen Stand der Forschung reine Utopie.

Um die in der Literatur oft unterschiedlich verwendeten Begriffe *Konnektionistische Systeme* und *Neuronale Netze* zu definieren, haben wir uns auf folgende Begriffserklärungen festgelegt.

Konnektionismus: Forschungsrichtung, die sich mit hochparallelen Problemlösungsprozessen mit Hilfe von sehr einfach gehaltenen Einzelelementen beschäftigt.

Neuronales Netz: Konkrete Ausprägung eines hochparallelen Systems, das sich an das biologische Vorbild biologisches Neuron, Nervensystem

1.2 Biologische Grundlagen

Die Frage, wie *unser* Gehirn wirklich funktioniert oder warum wir uns in unseren kognitiven Fähigkeiten von allen anderen Lebewesen so stark unterscheiden, interessiert die Menschheit nicht erst seit man versucht, intelligente Maschinen zu bauen. Diese Frage wurde schon in frühester Zeit von Philosophen und Naturwissenschaftlern gestellt.

Beispielsweise kam der griechische Arzt Hippokrates schon 500 v. Chr. zu der Erkenntnis *Mit dem Gehirn denken wir, nicht mit dem Herzen.* Die Antike war allerdings geprägt von den Vorstellungen Aristoteles, der glaubte, daß das Gehirn nur zur Kühlung des denkenden Herzens da sei. Erst 200 n. Chr. wurde die These von Hippokrates durch den römischen Arzt Claudius Galenus bestätigt, der Experimente an Gehirnen von Menschen durchführte. Nachdem es im Mittelalter zu einem wissenschaftlichen Stillstand kam, veröffentlichte Descartes im Jahre 1637 das philosophisch bedeutende Werk *Discours de la méthode* [Descartes 1637]. Hierin vertritt er die Ansicht, daß Tiere rein mechanische 'geistlose' Automaten seien, deren Motorik man bald voll verstehen würde (siehe auch Kap. 2). In der Folgezeit gab es weitere Fortschritte, begünstigt durch die Erfindung technischer Untersuchungsmethoden, wie etwa der Mikroskopie, der Zellfärbung oder der Computertomographie. Dank dieser Methoden sind wir heute in der Lage, die Bestandteile und die Verarbeitungsmechanismen eines Neurons, des Grundbausteins unseres Nervensystems sowie die elementare Informationsverarbeitung in einem Gehirn recht genau zu beschreiben. Die nachfolgenden Erläuterungen zum Nervensystem sind an [Möller 1991] angelehnt.

Das *Nervensystem* besteht aus einer sehr großen Anzahl von Nervenzellen, den Neuronen. Sie bestehen aus dem Zellkörper (*Soma*), einem oder mehreren Eingängen (*Dendriten*) und einem Ausgang (*Axon*), der am Ende auch verzweigt sein kann. An der Stelle, an der ein Axon auf die Zelloberfläche eines Neurons oder auf eine seiner Dendriten trifft, finden sich die *Synapsen* (siehe Abb. 1.1). Hier werden über das Axon eintreffende Signale auf chemischem (oder elektrischem) Wege an das Neuron übertragen.

Synapsen sind adaptiv, d.h. ihre Eigenschaften können durch verschiedene äußere Einflüsse verändert werden. Deshalb wird ihnen eine entscheidende Rolle bei allen Lernprozessen zugeschrieben. Eine biologisch plausible, aber noch nicht nachgewiesene Art der Modifikation ist die *Hebb-Lernregel,* nach der Synapsen, die gleichzeitig aktiv sind, stärker miteinander gekoppelt werden. Über den tatsächlich verwendeten Lernalgorithmus liegen noch keine gesicherten Erkenntnisse vor.

Aus der Sicht der Informationstechnik besitzt jedes Einzelneuron nur eine äußerst primitive Funktion. Es summiert eintreffende Signale über den Ort des Eintreffens und einen begrenzten Zeitbereich (*Zeitfenster*). Dieser Vorgang wird oft als *Ort-Zeit-Integration* bezeichnet. Obwohl alle Neuronen ein gemeinsames

Grundverhalten aufweisen, kann man verschiedene Neuronentypen definieren, die sich in Größe, Verzweigungsfaktor des Dendritenbaumes, Länge des Axons, Leitungsgeschwindigkeit etc. unterscheiden. Die Komplexität der Funktion des Nervensystems resultiert jedoch allein aus der großen Zahl parallel arbeitender Neuronen und deren Verknüpfungen untereinander und nicht aus aufwendigen algorithmischen Verfahren.

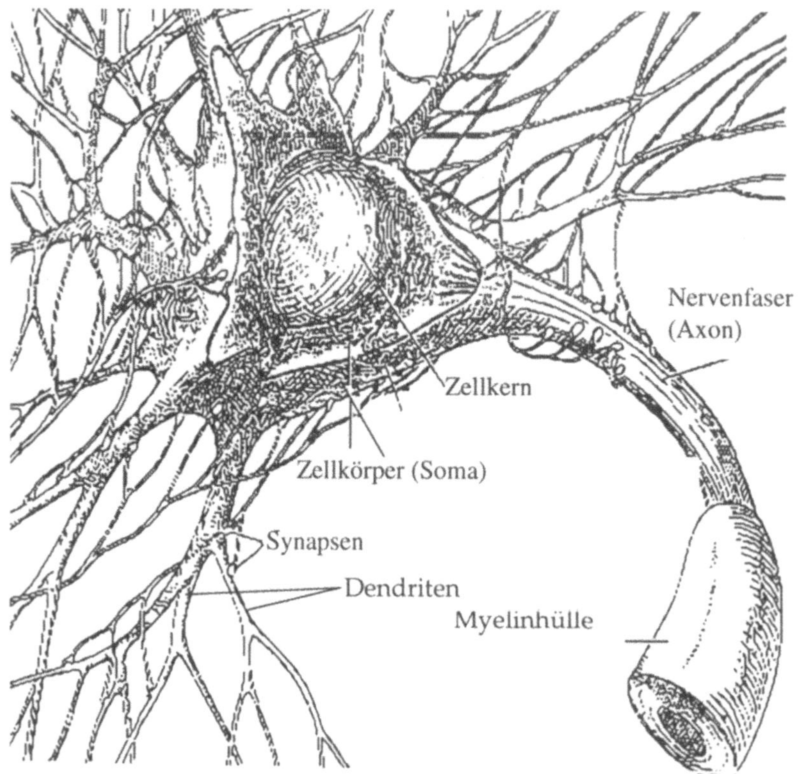

Abb. 1.1. Aufbau einer Nervenzelle

Feuert ein Neuron, so laufen die Nervenimpulse entlang des Axons. Die Geschwindigkeit ist vor allem davon abhängig, ob das Axon von einer *Myelinhülle* umgeben ist, die eine raschere Weiterleitung der Impulse bewirkt. Erreicht ein Impuls eine Synapse, so wird eine chemische Reaktion ausgelöst. Dabei werden Überträgerstoffe (*Transmitter*) freigesetzt, die durch den synaptischen Spalt diffundieren und an der postsynaptischen Membran eine elektrische Veränderung bewirken. Die Nervenzelle wird um so stärker erregt, je kürzer die Zeitspanne zwischen mehreren im Zellkörper eintreffenden Impulsen ist. Wenn die Erregung des Neurons eine bestimmte Schranke übersteigt, wird ein *Aktionspotential* ausgelöst, d.h. das Neuron feuert. Die Aktivität eines Neurons ist nicht durch das Auftreten eines einzelnen Aktionspotentials determiniert, sondern durch die Erhöhung der durchschnittlichen Feuerungsrate. Die momentane Aktivität eines Neurons kann also durch eine Zahl beschrieben werden, die im allgemeinen Fall eine monotone, im höchsten Maße nichtlineare Funktion des Kehrwerts des Abstands zwischen zwei Aktionspotentialen ist.

Diese sehr kurze Einführung in Aufbau und Funktionsweise des Nervensystems soll dem Leser zeigen, daß die in Kapitel 3 vorgestellten 'künstlichen' Neuronen in ihrer prinzipiellen Funktionsweise den 'natürlichen' ähnlich sind – allerdings auf einem sehr hohen Abstraktionsniveau. Weitergehende, für Nichtbiologen und Nichtmediziner sehr verständliche Darstellungen der Kenntnisse über die Verarbeitung von Information in unserem Gehirn, deren Grundbausteine und deren kognitive Zentren sind in [Kandel Schwartz 1985, Silbernagel Despopoulos 1988, Stevens Keynes et al. 1988] nachzulesen.

1.3 Eigenschaften Konnektionistischer Systeme

Das Hauptmerkmal eines biologischen neuronalen Netzes ist die weitgehend parallele Arbeitsweise und die hohe Konnektivität der verarbeitenden Elemente. Diese erlaubt es auch, das natürliche Absterben tausender Neuronen zu verkraften, ohne daß die dort abgelegte Information im Sinne von schlichter Redundanz (Verdoppelung der gleichen Information) mehrfach vorhanden sein müßte. Vielmehr wird das dort vorhandene 'Wissen' verteilt im System gespeichert, so daß jedes Neuron ein Teil zur Information beiträgt, aber doch nicht die gesamte Information besitzt.

Das Gehirn besteht aus ca. 10^{11} Nervenzellen, von denen jede mit etwa hundert bis zehntausend anderen verbunden ist. Diese hohe Parallelität ist der Grund für seine Leistungsfähigkeit, aber auch für die Undurchschaubarkeit seiner Funktionsweise.

Ziel der Forschung ist es sicherlich nicht, diese komplizierten Strukturen nachzubauen, sondern ausgehend von den Einzelkomponenten des Gehirns, den Neuronen, deren Funktionsprinzipien abzuleiten. Mit Hilfe dieser mathematisch sehr einfach zu beschreibenden Modelle versucht man durch eine geeignete Anordnung bzw. Koppelung elementarer Einheiten ein System zu schaffen, das die oben genannten Eigenschaften, wie zum Beispiel die Fähigkeit zur *Generalisierung*, d.h. der Verallgemeinerung von Einzelbeispielen, erfüllt. Dieses Vorgehen bedingt allerdings, daß derzeit noch keine einheitlichen Theorien existieren, wobei die meisten neuronalen Lösungsansätze durch Ausprobieren bestimmter Topologien und Lernstrategien entstanden sind. Die Situation, in der sich die Forschung auf diesem Gebiet zur Zeit befindet, beschreibt Levine sehr treffend mit den Worten:

It's time to transcend these controversies and discover principles.

Konnektionistische Modelle bieten gerade unter den Aspekten Wissensrepräsentation und Wissensverarbeitung, Lernen und Selbstorganisation sowie Fehlertoleranz neue erfolgversprechende Perspekti-ven.

Die Verwendung der klassischen Logik, die gerade in KI-Systemen oft zu Problemen führt (z.B. bei der Behandlung von Ausnahmen, vagen Werten oder unvollständigem Wissen), wird in konnektionistischen Modellen ersetzt durch ein inexaktes, evidentielles Schließen, das auf einer verteilten Repräsentation der realen Welt, also Objekten, Fakten, Ereignissen etc., basiert. So werden etwa für ähnliche Eingabemuster auch ähnliche Ausgabemuster erzeugt. Bei Klassifikationen wird für ein Eingabemuster, das nur leicht von einem bekannten Standardmuster abweicht, die gleiche, dem Standardmuster zugeordnete Ausgabe gebildet.

Eine hinreichende Übereinstimmung zwischen dem gespeicherten Muster und der vorliegenden Situation ermöglicht auch eine Behandlung von Defaults, Grenzfällen und Abweichungen, was in Systemen mit ausschließlich exaktem logischem Schließen nicht ohne weiteres realisiert werden kann. Aus dem verteilten Wissen ergibt sich also eine breit gestreute Fehlertoleranz, da viele Elemente an einem Verarbeitungsprozeß beteiligt sind und somit die Funktion einer Einheit keine ausschlaggebende Rolle spielt; der Ausfall eines Elementes hat selten ernsthafte Funktionsstörungen im Gesamtsystem zur Folge. Weiterhin ist das Gesamtsystem tolerant in bezug auf externe Eingaben, die unvollständig oder fehlerhaft sein können.

Ein Nachteil konnektionistischer Systeme ist, daß sie schwer analysierbar sind. Da das Wissen in einer dem Menschen schwer verständlichen Form im gesamten Netzwerk verteilt ist, kann das Verhalten des Systems mit heutigen Methoden nicht durch eine Analyse seiner Struktur bestimmt werden. Eine Möglichkeit, Aussagen über die Leistungsfähigkeit eines trainierten oder vorstrukturierten Netzes zu gewinnen, sind Tests.

Der Versuch, mit Hilfe eines konnektionistischen Systems die gesamte Steuerung für ein hoch komplexes System zu realisieren, wäre im gegenwärtigen Stadium der Forschung reine Utopie. Die bestehenden Modelle sind in vielerlei Hinsicht beschränkt, vereinfacht und die Lernverfahren im Vergleich zum menschlichen Lernen gelinde gesagt unzureichend. Dennoch werden mit konnektionistischen Ansätzen auch heute schon Ergebnisse erzielt, die sich mit denen herkömmlicher Lösungsansätze durchaus vergleichen lassen und diese, wie die Beispiele in Kapitel 4 zeigen werden, oft in den Schatten stellen.

Als Vergleich zwischen klassischen Methoden, Expertensystemen, Konnektionistischen Systemen und der Informationsverarbeitung im Gehirn sind in Tabelle 1.2 die verschiedenen Phasen eines *Problemlösungsprozesses* festgehalten.

Tabelle 1.2. Vergleich des Problemlösungsprozesses bei symbolischen und konnektionistischen Verfahren sowie im Gehirn nach [Geiger 1990].

	Klassische Methoden	Expertensysteme	Konnektionistische Systeme	Informationsverarbeitung im Gehirn
Problemdefinition	Mensch erkennt Aufgabe.			Gehirn verfügt über genetisch vorgegebenes Wissen, das auf jeden Reiz eine Reaktion produziert. In der Lernphase wird die Reaktion durch gezieltes Probieren solange geändert, bis der über die Rückkopplung gemeldete Erfolg optimal ist.
Lösungsfindung	Mensch versteht Aufgabenstellung, ermittelt Lösung intuitiv.			
Lösungsbeschreibung	Natürlichsprachliche Formulierung der Lösung		Vorgabe von relevanten Beispielen	
Formalisierung (Lösungsweg)	Umsetzung in numerische Algorithmen.	Formalisierung von möglichst allgemeinen Regeln.	Einlernen der Beispiele	
Realisierung	Programmerstellung	Anwendung der Regeln	Generalisieren auf Basis des Bekannten	
Qualität der gefundenen Lösung	Numerisch exakt; verifizierbar. Leicht geänderte Voraussetzungen führen u.U. zu katastrophal falschen Ergebnissen	Exakte Aussagen, verifizierbar. Bei geeigneter Wissensbasis auf ähnliche Probleme anwendbar. Falsche Wissensbasis führt zu falschen Aussagen!	Schlechte Erklärungskomponente Kann sich selbständig veränderten Randbedingungen anpassen. Assoziationen zwischen ähnlichen Aufgabenstellungen.	Durch Herausbilden eines immer vollständigeren (u.U. auch falschen) Weltbildes, kann sich das Gehirn auf beliebige ins Weltbild passende Aufgaben einstellen.

Betrachtet man den Problemlösungsprozeß bei konnektionistischen Verfahren genauer, so fällt auf, daß kein theoretisches Wissen über die Anwendung benötigt wird, sondern lediglich Lösungsbeispiele. In der Praxis zeigt sich aber, daß man normalerweise Bereichswissen benötigt, um mit Hilfe eines konnektionistischen Systems überhaupt eine oder gar eine bessere Lösung für eine bestimmte Anwendung zu finden. Dieses Bereichswissen kann beispielsweise in die Codierung der Beispiele, die Wahl der Netzparameter oder in geeignete Vorverarbeitungsprozeduren einfließen. Bei den in Kapitel 4 und 5 beschriebenen Anwendungen wird versucht, herauszuarbeiten, welches Wissen tatsächlich zur Lösung verwandt wird. Trotz dieser Diskrepanz zwischen Theorie und Praxis scheint der Einsatz konnektionistischer Systeme aufgrund der oben aufgeführten Eigenschaften in vielen Bereichen erhebliche Vorteile gegenüber herkömmlichen Verfahren aufzuweisen.

In Tabelle 1.3 sind bezüglich verschiedener Bereiche Anwendungsgebiete aufgeführt, in denen konnektionistische Lösungsansätze mit Erfolg eingesetzt wurden. In Kapitel 5 wird dies näher ausgeführt.

Tabelle 1.3. Übersicht der Einsatzgebiete für konnektionistische Systeme

Bereiche	**Anwendungsgebiete**		
Industrie	Qualitätskontrolle Sortierung Steuerungskontrolle	Kapazitätsplanung Robotersteuerung Mitgliederauswahl	Optimierung Materialsynthese Bildverarbeitung
Finanzen	Bonitätsvorhersage Buchstabenerkennung	Wertpapierbewertung Unterschriftenerkennung	Verkaufsvorhersage Schätzungen
Telekommunikation	adaptive Filter Datenkompression	Optimierung des Signalverkehrs	
Medizin	Atemanalyse Diagnose	Blutdruckanalyse Gewebsanalyse	Klinikmanagement Bakterienidentifikation
Marketing	Erkennung von Mustern	Zielgruppenbestimmung	
Künstliche Intelligenz	Dateimanagement Spracherkennung	Wissensgewinnung	Themenklassifikation
Öffentlicher Dienst	automatische Verarbeitung von Formularen Postleitzahlidentifikation		
Verkehr	Hinderniserkennung	Routenplanung für autonome Fahrzeuge	

2 Historischer Überblick

Technologie spielte schon immer eine wesentliche Rolle, wenn es darum ging, die 'Funktionalität' des Menschen zu erklären. Beispielsweise konnte man mit Begriffen wie 'Pumpe' und 'Ventil' den Blutkreislauf beschreiben (siehe Abb. 2.1). 1748 publizierte J.O. de Lamettrie das Buch *'L'Homme Machine'*, in dem er unter Bezug auf Automaten wie mechanische Enten oder Flötenspieler die Vision hatte, eines Tages eine menschenähnliche, sprechende Maschine zu bauen [de Lamettrie 1748].

Abb. 2.1. Descartes stellte sich das Zurückziehen des Fußes, wenn er zu nahe am Feuer ist, wie folgt vor: Die Wärme des Feuers wird über das Bein auf einen im Gehirn befindlicher Flüssigkeitsbehälter übertragen. Wenn hier ein bestimmter Druck erreicht ist, öffnet ein Ventil den Behälter, die Flüssigkeit schießt ins Bein und bewirkt das Zurückziehen des Fußes.

Im 19. Jahrhundert wurden von W. James, Y. Cajal, Sherrington und Pawlow eine Reihe von grundlegenden Erkenntnissen in der Gehirnforschung gewonnen. Man entdeckte die Einteilung des Gehirns in verschiedene sensorische Areale, wie beispielsweise Sprech- oder Hörzentrum. Bain stellte 1868 die These auf, daß Assoziationen von Ideen durch die Stärke von Verbindungen zwischen Neuronen mit den entsprechenden Inhalten gegeben sind. Aber auch die Darstellung des Gehirns als ein Netzwerk von Neuronen und ein erstes Modell über die Funktion von Synapsen stammen aus dieser Zeit. Andere wichtige Fortschritte wurden in der mathematischen Logik gemacht. K. Gödel veröffentlichte 1931 sein *Unvollständigkeitstheorem* [Gödel 1931], eine fundamentale Erkenntnis für den Bereich der Berechenbarkeitstheorie. Danach gibt es für jeden beliebigen Formalismus, der stark genug ist, Theoreme der elementaren Zahlentheorie herzuleiten, Sätze, die, obwohl sie wahr sind, in ihm selbst nicht nachgewiesen werden können.

Im Jahre 1943 sollten diese Entwicklungen aus Technik, Biologie, Psychologie und Mathematik zusammenfinden. K.J. Craik stellte in einem Essay das Nervensystem als eine Rechenmaschine mit dem Zweck der Modellierung der Außenwelt dar [Craik 1943]. A. Rosenblueth, N. Wiener und J. Bigelow zeigten, daß das menschliche Gehirn mit Rückkopplungen arbeitet [Rosenblueth Wiener Bigelow 1943]. Schließlich veröffentlichten der Neurobiologe Warren S. McCulloch und der Statistiker Walter Pitts 1943 ihre wegweisende und berühmte Arbeit *'A logical calculus of ideas immanent in nervous activity'* [McCulloch Pitts 1943]. Sie stellten darin ein formales Modell eines Neurons in Form eines Schwellwertelements mit zwei Zuständen vor und bewiesen, daß ein Neuronales Netz aus endlich vielen dieser künstlichen Neuronen (mit Rückkopplungen) formal zu einer *Turingmaschine* [Turing 1936] äquivalent ist.

Der Gedanke der Rückkopplung wurde in der von Norbert Wiener begründeten *Kybernetik* aufgegriffen [Wiener 1948], K. S. Lashley wurde zu seiner Idee einer verteilten Speicherung von Wissen im Gehirn inspiriert ([Lashley 1950]), und F. Rosenblatt erforschte den Mustererkennungsprozeß beim menschlichen Auge [Rosenblatt 1958]. Die Arbeiten [McCulloch Pitts 1943, McCulloch Pitts 1947] können als Grundsteine für die Entwicklung (künstlicher) Neuronaler Netze angesehen werden.

1949 publizierte Donald O. Hebb seine Arbeit *'The Organisation of Behavior'*, die unter anderem einige Ansätze des Lernens beim Menschen und allgemein in Neuronalen Netzen vorstellte [Hebb 1949]. Bekannt ist heute vor allem noch die sogenannte *Hebb-Lernregel*, wonach sich die Verbindung (das Gewicht) zwischen zwei Neuronen verstärkt, wenn diese gleichzeitig aktiv sind.

Auf der Dartmouth Conference 1956, die als erste bedeutende Konferenz für Künstliche Intelligenz angesehen wird, stellte Nathaniel Rochester die erste Softwaresimulation eines Neuronalen Netzes vor, das aus mehreren hundert Neuronen und Verbindungen bestand [Rochester Holland et al. 1956]. Frank Rosenblatt entwickelte 1958 das erste lernfähige Netzmodell und nannte es *Perzeptron* [Rosenblatt 1958]. Das Perzeptron wurde zur Erforschung optischer Mustererkennungssysteme eingesetzt. Einer Schicht aus Eingangsneuronen, den Sensoren, wurde eine Klasse von möglichen Ausgabemustern zuordnet. 1960 wurde es unter der Bezeichnung *Mark I* technisch realisiert [Hay Martin Wightman 1960]. Die meisten Grundeigenschaften heutiger neuronaler Netze basieren auf dem Perzeptron.

Ebenfalls 1958 veröffentlichte Oliver G. Selfridge seine Arbeit über ein Neuronenmodell, das er *Pandemonium* nannte [Selfridge 1958]. Das Pandemonium war ein einfaches Mustererkennungssystem, das unbekannte Muster mit Hilfe von *hill-climbing*-Verfahren klassifizierte.

1960 stellte Bernhard Widrow *Adaline* (Adaptive linear neuron, [Widrow Hoff 1960] und 1963 eine zweischichtige Erweiterung *Madaline* (Multiple adaline) vor. Ebenso wie das Perzeptron konnte es seine Gewichte durch Trainieren an eine gestellte Aufgabe anpassen. Widrow benutzte das Adaline unter anderem, um adaptive Filter zu entwickeln, die Übertragungsstörungen in Telefonleitungen herausfiltern sollten. Dieses damals von der Öffentlichkeit mit großem Interesse verfolgte Projekt stellte gleichzeitig die erste kommerziell genutzte Anwendung von Neuronalen Netzen dar. Madaline wurde für adaptive Kontrollaufgaben konzipiert und die erzielten Resultate konnten auf der *IEEE Western Electronic Show and Convention* anhand eines Systems (broom balancer), das einen Stab balancierte, gezeigt werden.

Der gemeinsame Grundgedanke der Kybernetik blieb nicht lange erhalten. Es spalteten sich verschiedene Einzelwissenschaften ab, deren bekannteste Vertreter die Künstliche Intelligenz, die Kognitive Psychologie und der Konnektionismus sind.

Die (symbolische) Künstliche Intelligenz grenzte sich auf der Basis des von-Neumannschen seriellen Rechnerkonzepts [von Neumann 1958] vom (subsymbolischen) parallelen Konnektionismus ab und konnte im Lauf der folgenden Jahre große Fortschritte vorweisen, während sich die Erfolge der konnektionistischen Forschung in Grenzen hielten. Dem großen Traum, künstliche Gehirne bauen zu können, folgte die große Enttäuschung, da man sich schon bei kleinsten Problemen vor unsägliche Schwierigkeiten gestellt sah. Spätestens mit der kritischen Beurteilung des konnektionistischen Ansatzes in dem 1969 von Marvin L. Minsky und Seymour A. Papert veröffentlichten Buch *Perzeptrons* [Minsky Papert 1969] wurden Projekte in diesem Bereich nicht mehr in ausreichendem Maße finanziell unterstützt und so gaben viele Wissenschaftler die Richtung desillusioniert auf. Minsky und Papert kamen zu dem Schluß, daß sich die bisher vorgestellten lernfähigen Ansätze nur für eine eingeschränkte Klasse von Problemen eignen und somit keine Basis zur Lösung beliebiger Probleme darstellen. Zu diesem Zeitpunkt gab es zwar schon einige mächtigere Ansätze, allerdings waren diese nicht lernfähig.

Nur wenige, vor allem neurobiologisch orientierte Forschungsgruppen arbeiteten nach der Veröffentlichung von *Perzeptrons* an der Fortentwicklung der vorgestellten Ideen. Dennoch bildeten ihre Erkenntnisse eine wesentliche

Voraussetzung für spätere Erfolge. Zu den bekanntesten Wissenschaftlern, die weiterhin im Bereich Neuronale Netze tätig waren, zählen Albus, Amari, J.A. Anderson, Arbib, Ballard, Feldman, Fukushima, Grossberg, Hinton, Kohonen, McClelland, Palm, Rumelhart, Sejnowski, von der Malsburg und Willshaw.

Steven Grossbergs Verdienst beruht vor allem auf einer genauen mathematischen Analyse Neuronaler Netze. Er war auch einer der ersten, die sich mit dem sogenannten *competitive learning*, dem Wettbewerbslernen ([Grossberg 1972], [von der Malsburg 1973]) beschäftigten, einer Lernvariante, bei der das Neuronale Netz lernt, indem die einzelnen Neuronen miteinander um die beste Lösung konkurrieren. Seine bekannteste Entwicklung war sicherlich das ART (Adaptive Resonance Theory)-Netzwerk [Grossberg 1976]. Sun-Ichi Amari untersuchte dynamische Prozesse und mathematische Beschreibungsmodelle [Amari 1974, Amari Arbib 1977]

David J. Willshaw [Willshaw 1971] und James A. Anderson beschäftigten sich vor allem mit verteilten Repräsentationen von Wissen. Anderson steuerte zwei Netzwerke zu der Theorie der Neuronale Netze bei, die heute zu den Klassikern zählen: den *Linearen Assoziierer* ([Anderson 1972]) und das *Brain-State-in-a-Box* Modell [Anderson Silverstein et al. 1977]. J.S. Albus stellte *CMAC* als Netzmodell für Kontollaufgaben vor [Albus 1971]. Teuvo Kohonen konstruierte Assoziativspeicher [Kohonen 1972] und entwarf selbstorganisierende Merkmalskarten [Kohonen 1982]. Ebenfalls mit Assoziativspeichern beschäftigte sich Günther Palm [Palm 1980]. Der japanische Forscher Kunihiko Fukushima entwickelte für den Bereich der Bildverarbeitung das *Cognitron* [Fukushima 1975] und später das *Neocognitron* [Fukushima 1979], eines der komplexesten konnektionistischen Modelle.

All diese Ansätze führten jedoch nicht zum erhofften Durchbruch. Erst 1982 wurde mit der Veröffentlichung des Physikers John J. Hopfield *'Neural Networks and Physical Systems with Emergent Collective Computational Abilities'* [Hopfield 1982] ein neuer Boom in der Neuroforschung ausgelöst. Er beschrieb ein völlig neues Netzmodell, das in der Literatur als *Hopfieldnetz* bekannt wurde. Das Hopfieldnetz ist aus der Thermodynamik über die Theorie der Spingläser abgeleitet. Jedes Neuron des Netzes ist mit jedem anderen Neuron symmetrisch verbunden; das Netz schwingt sich auf stabile Zustände ein, die als Speicherinhalt interpretiert werden.

In den nachfolgenden Jahren wurden auf der Basis einer bereits 1974 erschienenen, aber weitgehend unbeachtet gebliebenen Harvard Ph.D. Thesis von P. J. Werbos [Werbos 1974] erste Lernverfahren für *mehrschichtige* Netze vorgestellt ([Parker 1985], [LeCun 1985], [Rumelhart Hinton Williams 1986]). Mit dem von letzteren beschriebenen Verfahren, dem sogenannten *Backpropagation*, war es möglich, beliebige mehrschichtige Netze einzulernen. Damit wurden auch in umfangreichem Maße Untersuchungen über die Fehlertoleranz, Generalisierungseigenschaften und Lernfähigkeit komplexer Neuronaler Netze durchführbar.

Insgesamt lassen sich in der bisherigen Historie des Konnektionismus also drei Phasen unterscheiden. Der *frühe Enthusiasmus* (1943-1969) war gekennzeichnet durch erste funktionsfähige Modelle und rein mathematisch fundierte Schlüsse. Eine Realisierung von neuronalen Netzen in ausreichendem Maße zur Bestätigung der Modelle war zu diesem Zeitpunkt noch nicht möglich. Nachdem mit den vorhandenen Mitteln das Ziel, intelligente lernende Systeme zu entwickeln, nicht erreicht werden konnte, wandte sich die Forschung in der Phase der *Depression* (1969-1982) bis auf wenige Ausnahmen der symbolischen Künstlichen Intelligenz (KI) zu. Technische Weiterentwicklungen und die Vorstellung neuer Modellansätze begründeten die Phase der *Renaissance* (ab 1982). Heute kann man im Konnektionismus die folgenden Forschungsschwerpunkte unterscheiden:

- Untersuchungen im Bereich physikalisch motivierter Netzmodelle, die praktisch auf dem Hopfield-Netz aufbauen. Ein Beispiel hierfür ist die Boltzmann-Maschine [Derthick 1982].

- Untersuchungen über die Eignung Neuronaler Netze für bestimmte Anwendungen. Die meisten in diesem Bereich durchgeführten Forschungen verwenden Backpropagation-Netze oder Kombinationen von Backpropagation mit anderen Netztypen oder herkömmlichen Verfahren.

- Untersuchungen zu Neuformulierung und Optimierung von Lernverfahren für konnektionistische Systeme. Einen Schwerpunkt bilden hier rückgekoppelte Systeme.

- Untersuchungen, die biologische oder psychologische Modelle über das menschliche Denken in effiziente Netzmodelle kodieren. Als vielversprechende Ansätze sind in diesem Bereich die Arbeiten von Kohonen und von der Malsburg zu nennen.

- Untersuchungen im Bereich Neurocomputing, der sich zur Aufgabe gestellt hat, Neuronale Netze technisch zu realisieren. Natürlich ist die Entwicklung von leistungsfähiger Hardware für die Untersuchung vieler Modelle notwendig und umgekehrt basieren die meisten Neuro-Chips auf bereits bekannten, softwaremäßig untersuchten Modellen. Die technischen Ansätze lassen sich in der Regel unter den drei Schlagwörtern VLSI-Design, Analogtechnik und Optische Computer fassen. Eine Pionierrolle kommt im technischen Bereich Carver Mead zu, in dessen Forschungsgruppe der erste neuronale Prozessor entwickelt wurde [Sivilotti Emerling Mead 1985].

Einige Meilensteine der historischen Entwicklung des Konnektionismus sind in Tabelle 2.1 noch einmal zusammengefaßt und übersichtlich dargestellt. Dabei wurden Forscher, die in den letzten fünf Jahren wesentlich zur Weiterentwicklung Konnektionistischer Systeme beigetragen haben, nicht berücksichtigt. Dies hat hauptsächlich zwei Gründe: Zum einen ist es zur Zeit noch sehr schwer, aus der Flut von neu veröffentlichten Ergebnissen die tatsächlichen 'high lights' herauszufinden, zum anderen sind einige vielversprechende Ansätze nur vom Konzept her vorgestellt und weder theoretisch bewiesen noch ausführlich anhand von Beispielen getestet.

Für die in diesem Kapitel zusammengestellten Informationen wurden vorwiegend die Veröffentlichungen von [Arbib 1987, Shaw Palm 1988, Anderson Rosenfeld 1988, Anderson Pellionisz Rosenfeld 1990, Cowan 1990 und Wasserman Oetzel 1990] als Quellen herangezogen. Die hier nur namentlich erwähnten Netztypen werden im nächsten Kapitel ausführlicher beschrieben; Anwendungen sind in Kapitel 4 und 5 aufgeführt.

Tabelle 2.1. Historischer Überblick über Neuronale Netze

Zeitphase	Forscher	Forschung im Bereich
1940 - 1969 **früher Enthusiasmus** Entwicklung grundlegender Konzepte	McCulloch & Pitts: D. Hebb: O.G. Selfridge: N.Rochester: F. Rosenblatt: K. Steinbuch: B. Widrow:	Neuronen als Logikelemente Synaptische Lernregel Pandemonium Erste Computersimulation Perzeptron Lernmatrix (M)Adaline
1969 - 1982 **Depression** kaum Resonanz in der Öffentlichkeit	J. Anderson: J. Albus: T. Kohonen, G. Palm: v. d. Malsburg: K. Fukushima: S. Grossberg: Carpenter & Grossberg:	Linearer Assoziator, BSB CMAC Assoziativspeicher Modelle Neuronenverbindungen Cognitron, Neocognitron Wettbewerbslernen ART1
ab 1982 **Renaissance** Anwendungen Neurocomputing	T. Kohonen: J. Hopfield: Derthick: Barto & Sutton: Rumelhart & McClelland: B. Widrow: J. Feldman: Carpenter & Grossberg: L. Cooper et al.: G. Edelman: B. Kosko: D. Psaltis: R. Hecht-Nielsen: C. Mead: G. Palm:	Topologische selbstorg. Karten Energiefunktion, Hopfield Netz Boltzmann Maschine Reinforcement Backpropagation, Sigma-Pi-Units Madaline II, Madaline III Strukturierte Netze, Pi-Units ART2, ART3 RCE Modell Darwin II/III Random Adaptive BAM BCS Counterpropagation VLSI-Chips, Optische Netzmodelle Assoziativspeicher, PAN

3 Netztypen

Dieses Kapitel soll dazu dienen, die bekanntesten Neuronalen Netztypen vorzustellen. Die Darstellung und die Grundlagen, auf denen die verschiedenen Ansätze basieren, wurden so knapp wie möglich gehalten. Damit werden nicht, wie beispielsweise in den Standardlehrbüchern üblich, umfangreiche Einführungen in spezielle Lernverfahren gegeben. Die Beschreibung erhebt auch keinen Anspruch auf Vollständigkeit und mathematische Exaktheit. Vielmehr ist das Ziel eine kompakte, algorithmische Darstellung mit einer kurzen Beschreibung der Grundprinzipien und Probleme, die bei der Anwendung Neuronaler Netze auftreten können. Dadurch soll der Leser in die Lage versetzt werden, die in Kapitel 4 vorgestellten Anwendungen konnektionistischer Systeme nachvollziehen zu können. Zum Vertiefen in die vorgestellten Konzepte und Lernverfahren wird der Leser auf geeignete Literatur hingewiesen.

3.1 Grundlagen konnektionistischer Modelle

Die meisten konnektionistischen Modelle können als formale Strukturen anhand einiger Aspekte charakterisiert werden, die ihre Verarbeitungs- und Lernmechanismen beschreiben. Sie bestehen im wesentlichen aus:

- einer Menge U von Verarbeitungselementen u_i,
- einer Menge A von Aktivierungszuständen a,
- einer Ausgabefunktion oi für jedes Element u_i,
- einer Netzwerkstruktur W von gewichteten Verbindungen w_{ij},
- einer Eingabemenge I von Eingaben i,
- einer Ausgabemenge O von Ausgaben o,
- einer Propagierungs- oder Übertragungsfunktion net,
- einer Aktivierungsfunktion a_i, für jedes Element u_i,
- einer Lernfunktion zur Änderung der Gewichtsbelegung Δw_{ij},
- einer resultierenden Netzfunktion Φ_W,
- einer Menge T von Lernbeispielen t.

Die Verarbeitungselemente u_i (*units*, Neuronen) sind über die Netzwerkstruktur W (*Topologie, Gewichtsmatrix*) gewichtet miteinander verbunden. Man kann sie sich als Systeme mit Gedächtnis vorstellen, die in Abhängigkeit von ihrem aktuellen Aktivierungszustand und der momentanen Eingabe ihren neuen Zustand bestimmen und eine Ausgabe produzieren. Die Netzwerkstruktur W wird meistens in Matrixform oder als gerichteter, bewerteter Graph dargestellt. Dabei werden die Knoten den Neuronen zugeordnet, während die bewerteten Kanten *wij* die gewichteten Kommunikationsverbindungen zwischen u_j und u_i repräsentieren.

Jedes Neuron u_i ist durch einen internen *Aktivierungszustand* a_i charakterisiert. Dieser berechnet sich in Abhängigkeit der zulässigen Eingaben und der Gewichtsmatrix sowie eventuell vom bisherigen Aktivierungszustand. Üblicherweise wird die Vorschrift zur Neuberechnung von a_i als Verkettung einer Propagierungsfunktion *net*, die die gewichteten Eingaben aufsummiert und einer Aktivierungsfunktion a_i, der die Aufgabe einer Ergebnisnormierung zufällt, beschrieben. Die Ausgabefunktion o_i dient zur Skalierung der externen Ausgabe.

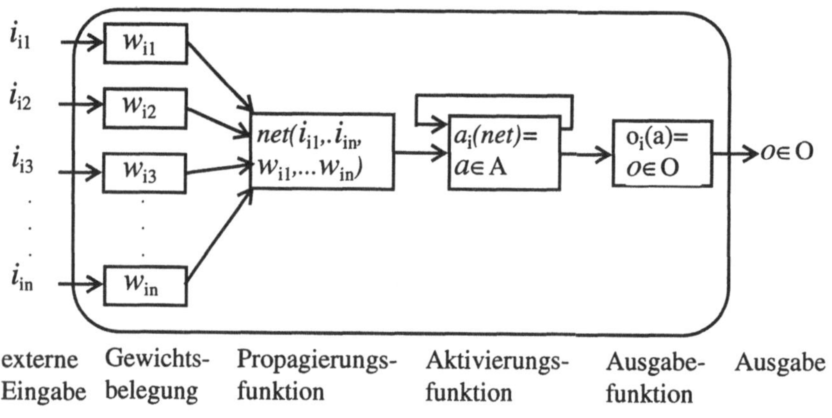

Abb. 3.1. Allgemeiner Aufbau eines (künstlichen) Neurons u_i

Abb. 3.2 zeigt einige Beispiele für häufig verwendete Aktivierungsfunktionen. Üblicherweise werden die Propagierungs- und die Aktivierungsfunktion einheitlich für alle Elemente des Netzes festgelegt. Einige Modelle lassen unterschiedliche Funktionen für einzelne Neuronen zu, um Komponenten mit unterschiedlichen Aufgaben zu realisieren.

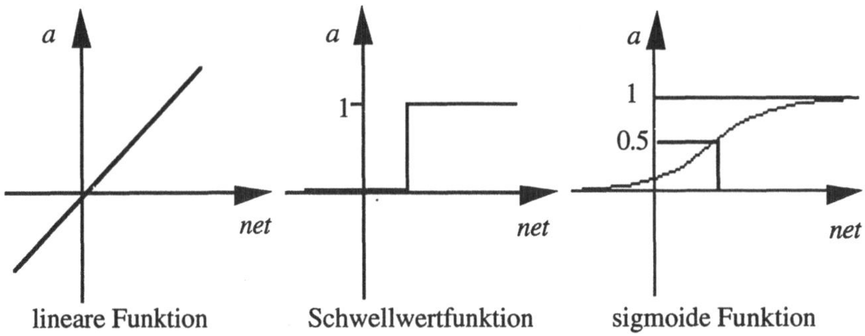

Abb. 3.2. Gebräuchliche Aktivierungsfunktionen

Die Arbeitsweise eines Neuronalen Netzes wird durch Modifizierung der Verbindungsstruktur (d.h. durch Veränderung der Gewichte) oder der verwendeten Funktionen (vor allem der Aktivierungsfunktion) geändert; dies beinhaltet auch die Zerstörung existierender und die Schaffung neuer Verbindungen. Da es für Netze realistischer Größe nicht möglich ist, eine geeignete Gewichtsmatrix direkt vorzugeben, muß diese adaptiv angenähert (eingelernt) werden. Dazu wird das System zunächst mit Eingaben versorgt (z.B. mit einem zu lernenden Muster). Während der Verarbeitung werden die Gewichte der Verbindungen ausgehend von einer (meist zufälligen) Initialbelegung anhand einer Lernfunktion adjustiert. Am Ende der Lernphase soll das Neuronale Netz die gewünschte Abbildungsfunktion approximieren. Hierbei stellen sich zwei Grundfragen:

Darstellungsproblem: Ist ein Lernziel Z (gewünschtes Ein- Ausgabeverhalten) bei einer Menge U von zulässigen Neuronen durch ein Neuronales Netz darstellbar mit $\Phi_W \supset Z$*; d.h. existiert eine entsprechende Topologie und eine geeignete Gewichtsmatrix W, so daß die Netzfunktion* Φ_W *die Testmenge Z berechnet?*

Ladeproblem: Existiert zu dem Lernziel Z und einem Neuronalen Netz mit vorgegebener Verarbeitungsstruktur und einer initialen Gewichtsmatrix W_0 *eine Trainingsmenge T und eine Lernfunktion, mit deren Hilfe die Testmenge Z gelernt werden kann?*

Diese Fragen betreffen die Kapazität, die Konvergenz und die Generalisierungsfähigkeit neuronaler Darstellungen und Lernverfahren. Eng verknüpft mit diesen eher qualitativen Betrachtungen sind die quantitativen Fragestellungen, die sich mit der Geschwindigkeit von Lernvorgängen und der Genauigkeit der Lernresultate beschäftigen. Für die *Trainingsmenge* T soll gelten, daß sie hinreichend für das Lernziel Z ist. Wenn ein Netz also T gelernt hat, soll es auch Z korrekt bearbeiten. Im einfachen Fall lernt ein Netz, einen Eingabevektor $t \in$ T abzuspeichern oder einer von endlich vielen Klassen zuzuordnen. Das Lernziel kann aber auch in der Simulation einer Funktion bestehen, die durch vorgegebene Problem/Lösungs-Paare $t^p/t^l \in$ T beschrieben ist. Hierbei legt t^p die Netzeingabe und t^l die zugehörige gewünschte Netzausgabe fest.

Die *Darstellung* eines Lernziels Z durch ein Neuronales Netz kann nach zwei verschiedenen Arten erfolgen, die sich direkt aus der verwendeten Netzarchitektur ergeben. Läßt die Topologie keine Zyklen zu, so kann man die Aktivität der einzelnen Einheiten sequentiell berechnen. Die Netzausgabe liegt dann an den Ausgängen der Einheiten an, die nicht als Eingang für andere Einheiten dienen. Ein Vertreter einer solchen Topologie ist die streng vorwärtsgerichtet vollständig verknüpfte *Schichtenarchitektur* (siehe Abb. 3.3). Zur zweiten Art gehören *rückgekoppelte Netze*, insbesondere die *vollständige Verbindungsarchitektur*. Die Netzausgabe entspricht in diesen Fällen der Ausgabe einiger vorher bestimmter Einheiten und wird berechnet, indem beginnend mit einer Initialbelegung jeder Einheiten sequentiell oder synchron die Aktivitäten aller Neuronen berechnet werden, bis die Aktivitäten der Ausgabeeinheiten konvergieren bzw. sich nicht mehr wesentlich ändern.

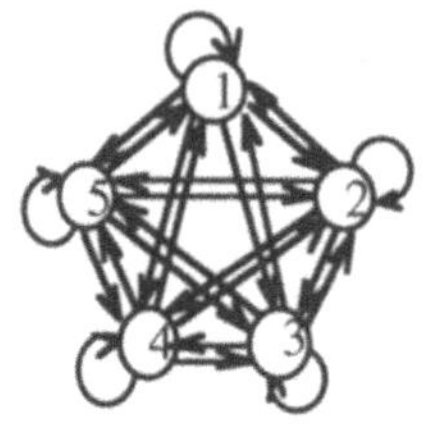

vollständige Verbindungsarchitektur

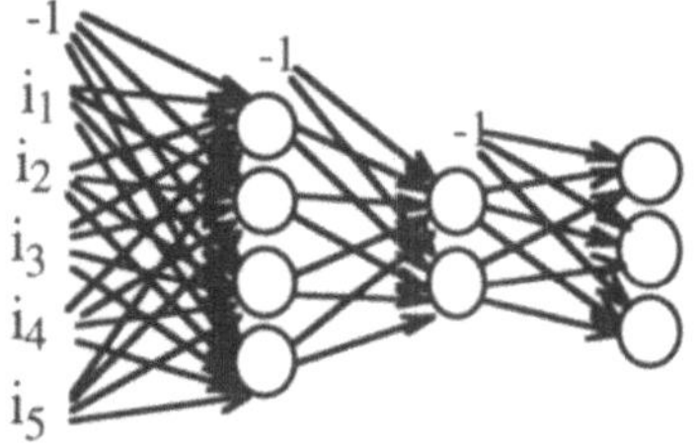

Eingabe   1. Schicht   2. Schicht   3. Schicht

Schichtenarchitektur

$$W = \begin{bmatrix} w_{11} & w_{12} & w_{13} & w_{14} & w_{15} \\ w_{21} & w_{22} & w_{23} & w_{24} & w_{25} \\ w_{31} & w_{32} & w_{33} & w_{34} & w_{35} \\ w_{41} & w_{42} & w_{43} & w_{44} & w_{45} \\ w_{51} & w_{52} & w_{53} & w_{54} & w_{55} \end{bmatrix} \qquad W = \begin{bmatrix} 0 & 0 & 0 & 0 \\ W^1 & 0 & 0 & 0 \\ 0 & W^2 & 0 & 0 \\ 0 & 0 & W^3 & 0 \end{bmatrix}$$

Abb. 3.3. Zwei gebräuchliche Netztopologien und deren Gewichtsmatrix

Dieser Prozeß wird *paralleles Einschwingen* genannt. Für Netze dieser Art muß nachgewiesen werden, daß der Berechnungsprozeß das Netz für jede Initialbelegung in einen stabilen Zustand überführt.

Das Auffinden geeigneter Topologien, Lernregeln und Testmengen basiert größtenteils immer noch auf empirischen, höchstens durch einfache Heuristiken unterstützten Suchprozessen. Es konnten bislang keine umfassenden theoretischen Grundlagen erarbeitet werden, die strukturelle Vorbelegungen zulassen würden. So ist meist die Rechtfertigung der gebräuchlichen Modelle und Lernregeln der durch ausgedehnte Testreihen empirisch nachgewiesene Lernerfolg.

Gerade die Bestimmung der Komplexität eines gegebenen Problems und damit eines Kriteriums für die Wahl der Topologie wie auch die Auswahl einer möglichst kleinen Anzahl von Trainingsbeispielen, mit denen sich das Ladeproblem lösen läßt, gestalten sich recht schwierig. Bisher wird dieses Problem hauptsächlich durch trial-and-error Strategien angegangen. Mit Hilfe solcher Strategien wurden für verschiedene Problembereiche Modelle entwickelt, die einige freie Parameter festlegen oder zumindest einschränken und so für weitere Versuche die Anzahl der Freiheitsgrade herabsetzen. Meistens wird die Übertragungsfunktion, die Aktivierungsfunktion und eine allgemeine Lernregel vorgegeben, die nur noch wenige freie Parameter aufweist. Zudem wird oft die Topologie bezüglich erlaubter Verbindungen eingeschränkt.

Nach solchen Einschränkungen lassen sich die derzeit am häufigsten verwendeten Modelle auf unterschiedliche Weise klassifizieren. Ein für die Anwendung von Neuronalen Netzen sehr sinnvolles Kriterium liefert die verwendete Lernregel. Zunächst erfolgt eine erste Unterteilung in überwacht (*supervised*) bzw. unüberwacht (*unsupervised*) lernende Modelle. Bei den überwacht lernenden Modellen kann man weiter zwischen assoziativen Modellen, die die *Hebb-Lernregel* [Hebb 1949] benutzen, und den klassifizierenden Modellen, die im weitesten Sinn die *Deltaregel* [Widrow Hoff 1960] verwenden, unterscheiden. Beim Hebb'schen Lernen werden Gewichte genau dann verstärkt, wenn sie zwei gleichzeitig aktive Neuronen verbinden. Dazu muß die Matrix W symmetrisch sein. Die Deltaregel bestimmt die Abweichung zwischen aktueller und gewünschter Netzausgabe und daraus Korrekturwerte für die Gewichte.

Bei der zweiten Hauptklasse, den unüberwachten Lernverfahren, wird das Lernziel nicht in Form von Trainingsbeispielen vorgegeben, sondern lediglich aus der Korrelation der Eingangsdaten bestimmt. Abb. 3.4 zeigt die eben beschriebene Klassifizierung. Allen Klassen wurden exemplarisch einige konkrete konnektionistische Modelle zugewiesen. Die Auswahlkriterien hierfür waren ihre Verbreitung, historische Bedeutung und Vielseitigkeit. Diese Klassifizierung sollte dem Leser lediglich als erste Orientierung dienen. Eine Einordnung aller konnektionistischen Modelle in dieses Schema ist nur bedingt möglich.

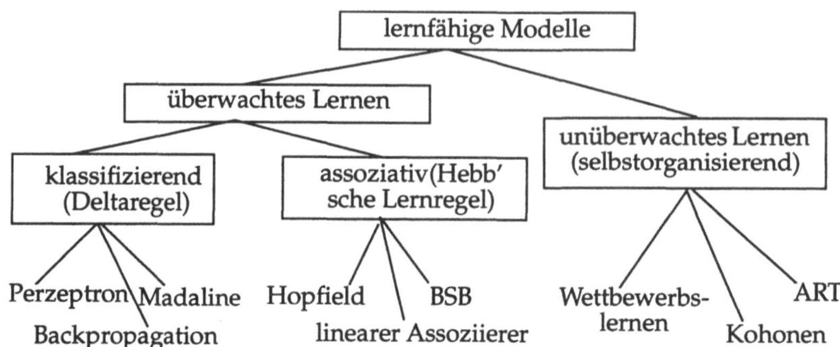

Abb. 3.4. Klassifikation von konnektionistischen Modellen

In den folgenden Abschnitten werden die in Abb. 3.4 aufgeführten Modelle vorgestellt und erläutert. Dabei wird zunächst das Perzeptron als Prototyp eines einfachen Modells vorgestellt. Im Anschluß daran folgt eine ausführliche Beschreibung der drei meistbenutzten Modelle Backpropagation, Kohonen Netz und Hopfield Netz. Die übrigen in Abb. 3.4 aufgeführten Modelle werden im Anschluß kurz diskutiert. Eine Kurzbeschreibung weiterer interessanter Modelle findet sich am Ende dieses Kapitels.

3.2 Das Perzeptron

Das von Frank Rosenblatt 1958 vorgestellte Perzeptron ist das erste lernfähige konnektionistische Modell, für dessen Lernverhalten auf mathematischer Basis Konvergenz bewiesen werden konnte. Das *Perzeptron-Konvergenztheorem* besagt das folgende:

Wenn ein Perzeptron in der Lage ist, eine beliebige, festvorgegebene Funktion f zu berechnen, dann kann es auch lernen, f zu berechnen.

Ein Perzeptron lernt, ob ein durch die Eingabe gegebenes Muster zu einer erlernten Klasse gehört oder nicht. Durch die Möglichkeit, mehrere Neuronen auf die gleichen Eingaben zu schalten und unabhängig voneinander zu trainieren, ist man in der Lage, eine komplexe Klassifikation aufzubauen.

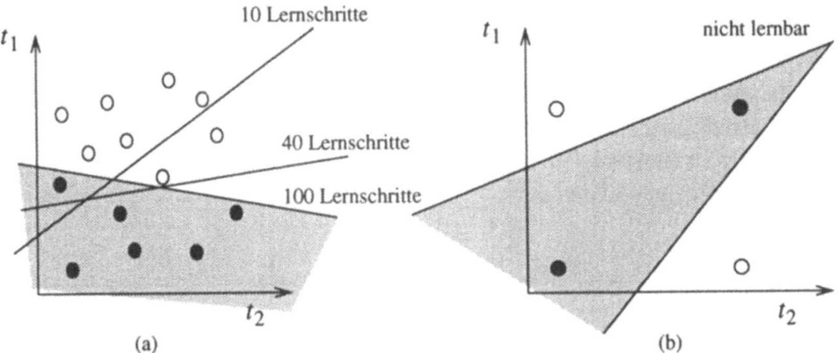

Abb. 3.5. (a) Lernen eines Klassifikationsproblems, (b) XOR-Problem als Beispiel für nicht linear trennbare Klassen

Die Verwendung von Perzeptronen ist allerdings auf linear trennbare Klassifikationen beschränkt (siehe Abb. 3.5), was die praktische Nutzung in vielen Fällen ausschließt. Die Tatsache, daß sogar eine so einfache Funktion wie die aussagenlogische Antivalenz (XOR-Problem) nicht durch ein Perzeptron berechnet werden kann, bewog Marvin L. Minsky und Seymour A. Papert in ihrer Analyse über das Perzeptron dazu, dieses Modell und gleichzeitig den konnektionistischen Ansatz überhaupt als nicht mächtig genug und daher als nicht praktisch einsetzbar zu verwerfen ([Minsky Papert 1969], S.231/232):

The perceptron has shown itself worthy of study despite (and even because of!) its severe limitations. It has many features, that attract attention: its linearity; its intriguing learning theorem; its clear paradigmatic simplicity as a kind of parallel computation. There is no reason to suppose that any of these virtues carry over to the many-layered version. Nevertheless, we consider it to be an important research problem to elucidate (or reject) our intuitive judgement that the extension is sterile. Perhaps some powerful convergence theorem will be discovered, or some profound reason for the failure to produce an interesting "learning theorem" for the multilayered machine will be found.

Es hat sich gezeigt, daß damit die Vorteile, die das Perzeptron bietet, unterschätzt wurden. Wenn die Klassen (zumindest annähernd) linear trennbar sind oder lediglich eine 'meistens' korrekte Klassifikation gefragt ist, gibt es kein Modell, das schneller lernt und arbeitet, als das Perzeptron. Oft wartet ein Perzeptron schon mit erstaunlich guten Ergebnissen auf, wenn andere Modelle noch nicht einmal richtig mit der Lernphase begonnen haben. Als mögliche Anwendung ist daher die Realisierung einer schnellen Vorabklassifikation denkbar, die als Heuristik für das weitere Vorgehen dienen kann.

<table>
<tr><td colspan="2" align="center">Perzeptronlernen</td></tr>
<tr><td align="center">Vorgaben</td><td align="center">Lernziel</td></tr>
<tr>
<td>

- Menge T von Trainingsbeispielen t^p/t^1 (Problem/Lösungs-Paare, t^p n-dim. Vektor, $t^1 \in \{0,1\}$)
- Lernrate η
- Einzelnes Neuron u mit
- $(n+1)$ gewichteten Eingängen

$$net = \sum_{j=0}^{n} w_j \cdot i_j$$

$$a = \begin{cases} 1 & \text{falls } net > w_0 \\ 0 & \text{sonst} \end{cases}$$

$$o = \text{id}$$

$$\Delta w = \eta \cdot \left(\sum_{t^p \in T_{pos}} t^p - \sum_{t^p \in T_{neg}} t^p \right)$$

</td>
<td>

1. Gewichtsbelegung W, die T korrekt klassifiziert

Algorithmus

1. Initialisieren der Gewichte $w_0,...,w_n$ mit zufälligen reellen Werten.
2. Setzen des Extraeingangs i_0 konstant auf (-1).
3. Anwenden aller Testbeispiele t^p und Sammeln der fehlerhaft klassifizierten Beispiele.

$T_{pos} = \{t^p | o=0, t^1=1\}$

$T_{neg} = \{t^p | o=1, t^1=0\}$

4. Anhalten, wenn alle Beispiele korrekt klassifiziert wurden.
5. Berechnen der neuen Gewichtsbelegung:

$$w := w + \Delta w$$

Weiter mit Schritt 3.

</td>
</tr>
</table>

Viele Modelle sind direkt oder indirekt durch das Perzeptron beeinflußt worden. So ist eine häufig angewandte Modifikation die Verwendung einer nichtlinearen oder stochastischen Aktivierungsfunk-tion. Auch einige der im folgenden vorgestellten Modelle verwenden Perzeptronen als Grundelemente. Mit CLP (Constructive Learning Procedure) wurde in [Refenes Vithlani 1991] eine Erweiterung, die sich sehr eng an das Original hält, aber auch für nicht linear trennbare Probleme einsetzbar ist, vorgestellt. Den Ausgangspunkt bildet hierbei eine vorwärtsgerichtet vollständig verknüpfte Dreischichtarchitektur, wobei die Gewichte der Einheiten der Ausgabeschicht direkt berechnet werden. Zwischen den Eingängen und Ausgängen des Netzes werden nacheinander zusätzliche Einheiten eingefügt, die mit der Perzeptron-Lernregel trainiert werden.

Beschreibungen über Funktion und Anwendungen des Perzeptrons findet man in fast allen Veröffentlichungen im Bereich des Konnektionismus. Besonders erwähnenswert sind vielleicht die Arbeiten von Frank Rosenblatt [Rosenblatt 1958, Rosenblatt 1962], die sehr mathematisch gehaltene und ausführliche Analyse [Minsky Papert 1969] und als Beispiel für eine neuere kurze Beschreibung [Brause 1991].

3.3 Backpropagation

Den derzeit populärsten Ansatz bildet das von Rumelhart, Hinton und Williams vorgestellte Backpropagation-Verfahren [Rumelhart Hinton Williams 1986, Knight 1990]. Es basiert hauptsächlich auf dem einfachen Perzeptronmodell. Um mehrschichtiges Lernen zu ermöglichen, wurde allerdings eine sigmoide Aktivierungsfunktion (siehe Abb. 3.2) gewählt. Die einzelnen Einheiten werden in Schichten eingeteilt, innerhalb derer keine Verbindungen erlaubt sind. Je zwei Schichten sind untereinander vollständig vorwärtsverknüpft verbunden, so daß die Schichten eine Abfolge bilden (siehe Abb. 3.3). Dabei erhalten lediglich die Einheiten der Eingabeschicht (input layer) eine externe Eingabe, während die Netzausgabe ausschließlich durch die Einheiten der Ausgabeschicht (output layer) bestimmt ist. Die Einheiten der Zwischenschicht(en) treten nach außen nicht in Erscheinung. Aus diesem Grund werden diese Schichten auch als verborgene Schichten (hidden layers) bezeichnet.

Nach dem Kolmogorov-Theorem ([Kolmogorov 1957]) kann jede reellwertige stetige Funktion $f:[0;1]^n -> [0;1]$ durch die gewichtete Summierung einer fest vorgegebenen Familie reellwertiger, stetiger, monoton wachsender Funktionen $g_i:[0;1] -> [0;1]$ realisiert werden. Diese Aussage läßt sich direkt auf dreischichtige Neuronale Netze mit stetiger Aktivierungsfunktion übertragen. Ein Backpropagation-Netz kann demnach beliebige berechenbare (speziell auch nicht linear trennbare) Klassifizierungen lernen.

Die Berechnung der Ausgabe erfolgt schichtweise. Durch Vergleich der tatsächlich errechneten Ausgabe mit einer idealen Vorgabe wird dann zunächst der Fehler der Ausgabeeinheiten, danach sukzessive der Fehler der Einheiten in den Zwischenschichten aus den Fehlern der nachfolgenden Schicht bestimmt. Diese Fehler werden schließlich benutzt, um die veränderte Gewichtsmatrix zu ermitteln.

<table>
<tr><td colspan="2" align="center">Backpropagation-Lernen</td></tr>
<tr>
<td valign="top">

Vorgaben

- Menge T von Trainingsbeispielen t^p/t^l (Problem/Lösungspaare)
- Lernrate η
- m Schichten von jeweils n_k Neuronen $k = 1, ..., m$
- Schichten sind jeweils vollständig, vorwärtsgerichtet verbunden
- Eingaben der Neuronen in der ersten Schicht sind durch Dimension n_1 des Eingabevektors determiniert, Anzahl der Neuronen in Schicht m durch Dimension n_m des Ausgabevektors

$$net(u_l^{k+1}) = \sum_{j=0}^{n_k} w_{lj}^k \cdot o_j^k$$

$$a = \frac{1}{1 + e^{-net}}$$

$$o = \mathrm{id}$$

$$\Delta w_{ij}^k = \eta \cdot \delta_i^{k+1} \cdot o_j^k$$

Lernziel

- Gewichtsbelegung W, die T korrekt klassifiziert

</td>
<td valign="top">

Algorithmus

1. Initialisieren aller Gewichte im Netz mit einem zufällig gewählten Wert.

2. Wählen eines Trainingsproblems t^p als Netzeingabe und Bestimmen der zugehörigen Netzausgabe o^m.

3. Sukzessives Bestimmen der Fehler für die einzelnen Neuronen u_{jk}:

$$\delta_j^k = \begin{cases} o_j^k(1 - o_j^k) \sum\limits_{i=1}^{n_{k+1}} \delta_i^{k+1} w_{ij}^k & \text{falls } k < m \\ (t_j^l - o_j^m)\, o_j^m(1 - o_j^m) & \text{sonst} \end{cases}$$

4. Berechnen der neuen Gewichtsbelegung:
$$w := w + \Delta w$$

5. Wiederholen ab Schritt 2, bis Fehlerquote einen bestimmten Grenzwert unterschreitet oder bestimmte Anzahl von Epochen (Epoche = einmalige Präsentation einer bestimmten Anzahl von Trainingsbeispielen) abgearbeitet ist.

</td>
</tr>
</table>

Im Vergleich mit dem Perzeptron kann eine wesentlich größere Klasse von Problemen bewältigt werden, allerdings sind die Trainingszeiten um ein Vielfaches länger. Es kann auch nicht gewährleistet werden, daß ein Netz das vorgegebene Lernziel erreicht, da im Suchraum lokale Minima auftreten, die der Algorithmus häufig nicht mehr verlassen kann. Es kann also vorkommen, daß eine nicht-optimale Gewichtsbelegung eingelernt wird (ein Effekt, der vor allem bei größeren Netzen auftritt).

Vor allem die sehr langsame Konvergenz des Lernverfahrens und das Problem der a priori-Bestimmung der Architektur haben zu zahlreichen Weiterentwicklungen und Abwandlungen des Algorithmus geführt. Ein Beispiel hierfür bietet die Einführung einer Lernrichtungsverstärkung (*momentum*). Eine aktuell durchgeführte Gewichtsänderung wird gespeichert, mit einem Faktor kleiner eins multipliziert und zur nächsten durchzuführenden Gewichtsänderung addiert, bevor diese ausgeführt wird. Man geht also davon aus, daß bisherige Lernschritte immer noch sinnvoll sind und deshalb bei fortschreitendem Lernprozeß mit fallender Gewichtung weiterverwendet werden können. Ein sehr schnell konvergierendes und doch relativ einfaches Backpropagation Lernverfahren ist RPROP [Riedmiller Braun 1993]. Ähnlich wie bei der *Delta-Bar-Delta-Modifikationsregel* ([Jacobs 1988]) existiert für jedes Gewicht eine eigene Lernrate, die in Abhängigkeit von der lokalen Lernrichtung verändert wird. Bei gleichbleibender Lernrichtung erhöht sich die Lernrate um einen festen Wert, bei veränderter Richtung wird sie halbiert. Weitere Möglichkeiten eröffnen sich über die Einführung einer oberen Schranke für Gewichte ([Linden 1990]) und über die Einbeziehung der zweiten Ableitung der Fehlerfunktion in das Lernverfahren ([Pöschel 1990]).

Nach [Pelikn Beran 1990] läßt sich auch die Aktivierungsfunktion a in den Lernprozeß einbeziehen. Ein zusätzlicher Faktor bestimmt die Trennschärfe. Je größer der Faktor ist, desto stärker nähert sich a einer Schwellwertfunktion an, wie sie beim Perzeptronlernen zum Einsatz kommt. Ein Verfahren, das ähnlich wie CLP die Anzahl der Einheiten der Zwischenschicht in einem dreischichtigen Netz variiert, ist unter der Bezeichnung HUV (Hidden Unit Variation) von [Hirose Yamashita Hijiya 1991] eingeführt worden. Dies sind nur einige wenige Beispiele für Varianten des ursprünglichen Modellansatzes. Eine vergleichende Bewertung ist schwierig, da Ergebnisse in der Vergangenheit zumeist in Abhängigkeit von einer speziellen Anwendung präsentiert wurden und man sich bislang nicht auf ein hinreichend komplexes, möglichst viele Facetten des Lernens widerspiegelndes Testproblem einigen konnte. Grundsätzlich kann jedoch festgehalten werden, daß eine Minimierung der frei wählbaren Lernparameter anzustreben ist. Im folgenden soll ein kleines Anwendungsbeispiel die Funktionsweise des Backpropagation-Ansatzes und das grundsätzliche Vorgehen bei dessen Verwendung illustrieren.

Gegeben sei ein Klassifikationsproblem, es soll also eine Menge von Eingabebeispielen in Klassen eingeteilt werden. Für eine begrenzte Anzahl von Trainingsbeispielen wird die richtige Klasse vorgegeben. Zudem sei bekannt, wieviele Klassen insgesamt auftreten können. Zunächst muß eine sinnvolle Kodierung der Eingabe gefunden werden. Dabei ist zu berücksichtigen, daß alle hinsichtlich der Klassifikation wichtigen Informationen enthalten sind. Redundante oder irrelevante Information kann zwar den Lernprozeß verlangsamen, stellt aber prinzipiell kein Problem dar. Die gewählte Kodierung bestimmt die Anzahl der Einheiten in der Eingabeschicht.

Im konkreten Fall soll eine vereinfachtes Folgefahrtproblem (siehe auch Kapitel 4.) realisiert werden. Zur Berechnung des Folgeverhaltens wird die Information von drei Ultraschallsensoren, die an der Stirnseite des Fahrzeugs angebracht sind, herangezogen. Ziel ist es, die Sensorinformationen einer von elf Bewegungsklassen (sehr scharfe Kurvenfahrt bis geradeaus) sowie den beiden Fahrtrichtungen rechts und links zuzuordnen.

Da die Ultraschallsensoren eine 7-Bit-Auflösung besitzen, sind zwei Kodierungsarten denkbar. Zunächst können die Bitwerte direkt auf 21 Eingabeneuronen übertragen werden. Eine weitere Möglichkeit ist es, jeden der drei Sensorwerte auf das Intervall [0;1] abzubilden. In diesem Fall werden nur drei Eingabeneuronen benötigt.

Die zum Einlernen der Netze notwendigen Muster werden aus einem praxisorientierten Sensormodell über die Positionen der beiden Fahrzeuge generiert. Aus den theoretisch möglichen 128^3 unterschiedlichen Sensorwerten und deren zugehörigen Ausgabeklassen sind bei den Untersuchungen maximal 2000 Muster, die in Folgesimulation vorkommen können, ausgewählt worden.

Hierbei stellte sich heraus, daß zufällig ausgewählte Lernmuster meist mehr als 30 000 Lernzyklen benötigen, bis das Netz vollständig eingelernt ist. In einem zweitem Ansatz wurden ganz gezielt bestimmte Folgefahrten eingelernt. Bei geeigneteter Wahl der Trajektorie konnten schon nach weniger als 5000 Lernschritten optimale Folgefahrten durchgeführt werden. Eine weitere Steigerung der Lerngeschwindigkeit ergab sich, indem man eine geringe Anzahl von Lernmustern vorgab, Folgefahrten durchführte und Situationen, die zu Fehlverhalten führten neu einlernte (Aufwand weniger als 3500 Lernzyklen). Ähnlich gute Resultate konnten erzielt werden, wenn man zunächst aus jeder Ausgabeklasse genau einen Kandidaten auswählte und diesen dann solange einlernte, bis der Ausgabefehler fast Null war (stellte sich etwa nach 30 bis 40 maliger Wiederholung des Lernmusters ein). Danach wurden zusätzlich einmal 2000 beliebig ausgewählten Muster eingelernt.

Zusammenfassend war zu beobachten, daß das Backpropagation-Netz nur dann die Folgefahrt optimal lernen konnte, wenn die Lerndaten repräsentativ ausgewählt wurden. Hierbei kam es vor allem darauf an, daß die Extremsituationen und weniger alle Ausgangsklassen gleichmäßig repräsentiert waren.

Bezüglich der Netz-Topologie wurden sowohl Netze mit ein und zwei Zwischenschichten als auch mit unterschiedlicher Anzahl von Neuronen in der Zwischenschicht getestet. Netze mit mehr als einer Zwischenschicht zeigten ein deutlich langsameres Lernverhalten als jene mit einer Zwischenschicht. Bei Netzen mit einer Zwischenschicht konnten bei unserer Ein/Ausgabe-Repräsentation mit 15 Neuronen die besten Ergebnisse erzielt werden. Bei weniger oder mehr als 15 Neuronen in der Zwischenschicht war die Lerngeschwindigkeit deutlich langsamer. Bei bestimmten Netztopologien konnte sogar nach 500 000 Lernzyklen kein hinreichend gutes Folgeverhalten erzielt werden.

Die im folgenden präsentierten Tests sind alle mit einem optimal trainierten Backpropagation-Netz (bzgl. mehrerer Referenztrajektorien) mit 21 Eingangs- neuronen, 15 Neuronen in der Zwischenschicht und 13 Ausgangsneuronen durch- geführt worden. Der Lernparameter wurde bei den durchgeführten Tests auf $\eta=0{,}7$ festgelegt. Die Werte der Ausgabeneuronen über 0,7 wurden zu eins, unter 0,3 zu null gesetzt.

Bezüglich der Fehlertoleranz des verwendeten Backpropagation-Verfahrens wurden folgende Tests vorgenommen. Zum ersten wurde untersucht inwieweit die Folgefahrt noch korrekt durchgeführt werden konnte, wenn Neuronen der Zwischenschicht ausgeschaltet wurden. Dies ist beispielsweise interessant, wenn das Netz in Hardware realisiert wäre und einige Neuronen ausfallen würden. Da- bei stellte sich heraus, daß beim Ausschalten bis zu 50% aller Neuronen der Zwi- schenschicht kaum eine Beeinträchtigung (nur unruhigeres Fahrverhalten) zu beobachten war. Weiter zeigte sich, daß einige Neuronen wichtiger für das Ge- samtverhalten des Netzes waren als andere. Schaltete man alle Neuronen bis auf diese aus, waren Folgefahrten mit fast der gleichen Leistungsfähigkeit möglich wie im ungestörten Zustand.

Ein weiterer Test, der die Fehlertoleranz der Netze zeigen sollte, war das Aus- schalten eines Sensors. Bei allen durchgeführten Testfahrten hatte der Ausfall des mittleren Sensors keinen entscheidenen Einfluß auf das Folgeverhalten. Zu beob- achten war lediglich ein unruhigeres Fahrverhalten. Beim Ausfall des rechten oder linken Sensors konnten in jedem Fall noch einfache Folgefahrten durchge- führt werden. Abhängig von den Lernmustern (z.B. mehr Linkskurvenfahrten ein- trainiert) folgte der neuronale Steuerungsalgorithmus auch in Extremsituationen noch der vorgegebene Trajektorie.

Im letzten Test wurde untersucht, inwieweit verrauschte Sensorinformationen Einfluß auf das Folgeverhalten haben. Um Rauschen zu simulieren, wurden alle Sensordaten in einem Bereich von $\pm x\%$ zufällig verändert. Hierbei stellte sich heraus, daß bei weniger als 10% Störbereich zwar unruhigeres Fahren zu beob- achten war, aber kaum eine Beeinträchtigung des Folgeverhaltens gegenüber dem ungestörten Fall. Bei 20% und mehr Rauschen konnten einfache Folgefahrten noch durchgeführt werden, allerdings keine Extremfahrten. Bei der Störung eines Sensor in einem Bereich bis zu 50% war kaum eine Verschlechterung gegenüber der Normalfahrt zu erkennen.

3.4 Kohonennetze

Teuvo Kohonen veröffentlicht seit 1972 vorwiegend über die Anwendung Neuronaler Netze als Assoziativspeicher. Ausgehend von schon bestehenden Neuronenmodellen und in Anlehnung an die in vielen Bereichen des Gehirns anzutreffende zweidimensionale Anordnung von Neuronen entwickelte er eine Verbindungsstrategie, welche dem künstlichen Neuronalen Netz die Fähigkeit zur *Selbstorganisation* gibt. Untersuchungen hatten gezeigt, daß benachbarte biologische Neuronen auf benachbarte Reize reagieren. Diesen Sachverhalt setzte Kohonen in seinem Modell um, indem er für die Neuronen eine Nachbarschaftsbeziehung einführte. Dadurch wurde es möglich, Unterschiede in den Eingaben durch räumliche Entfernungen im Netz widerzuspiegeln. Auf dieser Grundlage stellte Kohonen 1982 die *topologieerhaltenden Merkmalskarten* vor, bei denen Eingaben aus einer zweidimensionalen Eingabemenge so klassifiziert werden, daß die räumliche Anordnung der Klassen im Eingaberaum in den Nachbarschaftsbeziehungen der (die Klassen repräsentierenden) Neuronen erhalten bleibt.

Lernen mit Kohonennetzen

Vorgaben	**Algorithmus**
• Menge T von binären Trainingsbeispielen $t=(t_1,...,t_m)$ • zweidimensionales Feld von n Perzeptronen u^k mit vollständiger Verbindungsarchitektur und zusätzlich *je m* Eingängen für Testbeispiele • Erregungsradius σ und Lernrate η • Abstand $\Delta u_i^k u_j^k$ zwischen je zwei Neuronen $$w_{ij}^k = 1 - \frac{2}{1 + e^{\sigma - \Delta u_i^k u_j^k}}$$ $$\Delta w_{ij}^{ke} = \eta \cdot w_{jg}^k \cdot \left(t_j + w_{ij}^{ke} \right)$$ **Lernziel** • topologieerhaltende, fehlertolerante Speicherung von T	1. Initialisieren der Verbindungsgewichte zwischen Eingabe und Neuronen mit zufälligen Werten. 2. Berechnen des aktivsten Neurons u_g für ein t durch paralleles Einschwingen und Bestimmen der maximalen Ausgabeaktivität. 3. Berechnen der neuen Gewichtsbelegung $$w^{ke} := w^{ke} + \Delta w^{ke}$$ 4. Wiederholen ab Schritt 2 mit verringertem Erregungsradius σ für alle Eingabemuster und hinreichend vielen Epochen

Bei der Darstellung des Kohonennetzes in Abb. 3.6 wurde auf einen Teil der eigentlich vollständigen Verbindungsarchitektur verzichtet, um die Übersichtlichkeit zu wahren. Die Nachbarschaftsbeziehung wird über Gewichte realisiert und ist abstandsabhängig, d.h. auf die am nächsten liegenden Nachbarneuronen wirkt sie verstärkend, auf entfernt liegende Neuronen hemmend.

Kohonennetze sind selbstorganisierende Neuronale Netze, die sowohl für das Lernen mit als auch für das Lernen ohne Unterweisung geeignet sind. Der einfache Aufbau und die simple Lernregel machen sie zu Lösungsmöglichkeiten für eine Vielzahl von Steuerungs- und Klassifikationsaufgaben. Gerade in der Steuerungs- und Regelungstechnik und speziell in der Robotik besteht außerdem ein Bedarf an Systemen, welche die Fähigkeit besitzen, auch noch während des späteren Einsatzes weiterzulernen. Auch für die theoretische Betrachtung des Lernvorgangs und für die Interpretation des erlernten Netzzustandes stellen die topologieerhaltenden Merkmalskarten ein wertvolles Werkzeug dar. Der Aufbau als Merkmalskarte bietet die Möglichkeit zur Klassifikation von Eingaben. Durch eine einfache Erweiterung des Modells um einen Ausgabevektor pro Neuron, ist das Netz in der Lage, komplexe nichtlineare Steuerungsaufgaben zu erlernen.

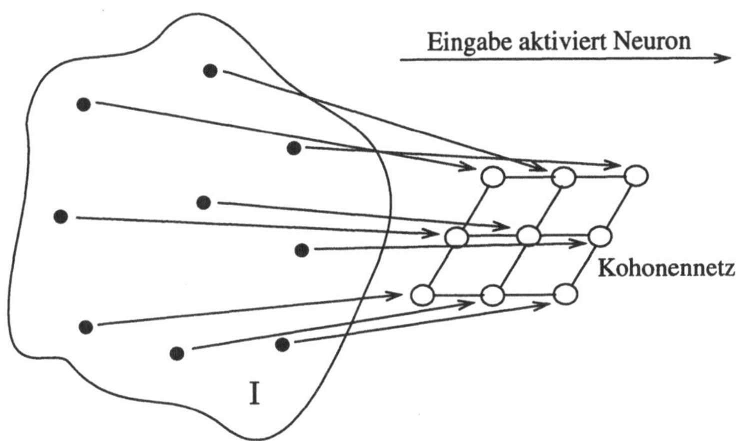

Abb. 3.6. Darstellung einer geordneten topologieerhaltenden Merkmalskarte.

Besonders beim Lernen ohne Unterweisung zeigen sich die vielfältigen Anwendungsmöglichkeiten von Kohonennetzen.

Die Funktionsweise des Kohonennetzes wird im folgenden anhand des vereinfachten Traveling-Salesman-Problemes beschrieben. Die Beschreibung des allgemeinen Problems findet sich auf Kapitel 4. Für die hier beschriebene Anwendung wird das Problem dahingehend vereinfacht, daß zwischen je zwei Städten die Existenz einer direkten Verbindung garantiert ist. Um das Ziel einer geschlossenen Verbindungslinie, die durch alle Städte führt und möglichst kurz sein sollte, im Kohonennetz zu repräsentieren, werden die Neuronen, wie in Abb. 3.7a gezeigt, als ringförmig geschlossene Kette angelegt. Die Anzahl der Neuronen sollte dabei ein Vielfaches der Anzahl der Städte betragen, da so die Beziehungen zwischen den Städten besser abgebildet werden können. Praktische Versuche haben gezeigt, daß die Zahl der Neuronen etwa als Zehnfaches der Zahl der betrachteten Städte gewählt werden sollte, da so schon gute Ergebnisse erzielt werden können, die Netze aber noch klein genug bleiben, um die Lerndauer nicht unnötig zu erhöhen.

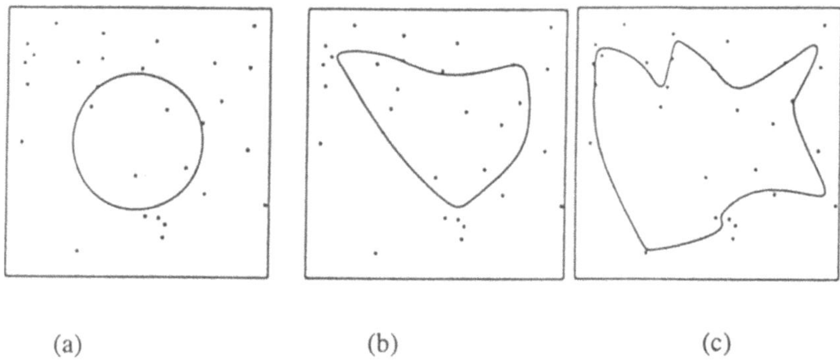

(a)   (b)   (c)

Abb. 3.7. Drei Phasen des Lernprozeßes für ein Traveling-Salesman-Problem mit 30 Städten und hundert Neuronen (aus [Ritter Martinez Schulten 1991]). Deutlich ist zu erkennen, wie ausgehend von einem Neuronenring schrittweise der Zyklus gebildet wird.

Jede Stadt wird durch einen zweidimensionalen Ortsvektor repräsentiert. Während der Trainingsphase wird in jedem Lernschritt eine Stadt zufällig ausgewählt, das Neuron u_i im Kohonennetz bestimmt, das den geringsten euklidischen Abstand zwischen Ortsvektor der Stadt und Gewichtsvektor des Neurons aufweist, und dessen Gewichtsvektor in Richtung des Ortsvektors verschoben. Desweiteren bewirkt der Lernalgorithmus, daß auch die Gewichtsvektoren benachbarter Neuronen in Richtung dieses Ortsvektors verschoben werden. Der Betrag der Verschiebung hängt dabei von der Entfernung der Nachbarneuronen von u_i sowie der Anzahl der schon durchgeführten Lernschritte ab.

Der Erregungsradius σ wird normalerweise so gewählt, daß am Anfang des Lernprozesses alle Gewichtsvektoren, am Ende nur noch die Gewichtsvektoren der direkt benachbarten Neuronen geändert werden. Die Trainingsphase wird abgebrochen, wenn alle Städte in den Zyklus aufgenommen sind.

Bei praktischen Versuchen hat sich herausgestellt, daß dies nach etwa hundert Präsentationen einer jeden Stadt gewährleistet ist. Durch sinnvolle Ausnutzung der topologieerhaltenden Eigenschaften von Kohonennetzen ist es also möglich, auch Optimierungsprobleme anzugehen.

Abb. 3.8. Zwei verschiedene Lösungen eines Traveling-Salesman-Problems mit 300 Städten nach [Suna 1991].

Unter der Vielzahl von Beschreibungen sind vor allem die Orginalarbeiten [Kohonen 1972, Kohonen 1982, Kohonen 1984, Kohonen 1991], sowie eine sehr weit gefaßte Diskussion von zugrundeliegender Theorie, Modifikationen und Anwendungen in [Ritter, Martinetz, Schulten 1991] erwähnenswert.

3.5 Hopfieldnetze

1982 veröffentlichte John J. Hopfield erstmalig seine Vorstellungen eines Netzmodells, dessen Grundprinzipien der Thermodynamik entliehen sind. Auf der Basis dieser Arbeit entwickelten er selbst und auch zahlreiche andere Forscher Abwandlungen und Erweiterungen des Grundtyps, die inzwischen unter dem Begriff thermodynamische Modelle bzw. Hopfieldnetze zusammengefaßt wurden. Der hier vorgestellte Algorithmus fußt auf dem Urnetz von Hopfield. Die Aktivität einzelner Neuronen wird im Gegensatz zu den meisten anderen Modellen sequentiell neu berechnet, was damit zusammenhängt, daß nur so die Konvergenz gegen einen stabilen Endzustand gewährleistet ist. Zudem muß die Gewichtsmatrix symetrisch sein. Ursprünglich arbeitete Hopfield mit der *Hebb-Lernregel*, die hier verwendete *Hopfield-Lernregel* führte er erst später ein (siehe Tabelle 3.1). Sie unterscheidet sich von der Hebb'schen Lernregel dadurch, daß nicht nur dann gelernt wird, wenn zwei Neuronen gleichzeitig aktiv sind, sondern in jedem Fall. Hierbei wird eine Verbindung zwischen zwei Neuronen abgeschwächt, falls genau eines dieser Neuronen aktiv ist, und in den anderen beiden Fällen (beide Neuronen inaktiv oder beide Neuronen aktiv) verstärkt.

Tabelle 3.1. Vergleich der Auswirkungen zweier Lernregeln für Hopfieldnetze

t_i	t_j	Hebb	Hopfield
0	0	0	1
0	1	0	-1
1	0	0	-1
1	1	1	1

Beiden Lernregeln gemein ist allerdings eine Neigung zum Einlernen unechter Erinnerungen, es werden also Muster gespeichert, die nicht Element der Trainingsmenge waren. Um dem zu begegnen führte Hopfield die *Unlearning-Technik* ein. Dabei wird nach Berechnung der Gewichtsbelegung die Menge der unechten Erinnerungen bestimmt, diese in einem 'negativen' Lernschritt gelöscht, danach überprüft, ob die Trainingsmenge noch gespeichert ist, gegebenenfalls wieder eingelernt und so fort. Durch Einführung einer während des Lernprozesses kleiner werdenen Lernrate kann Konvergenz sichergestellt werden. Es ist allerdings nicht garantiert, daß nach dem Lernvorgang alle unechten Erinnerungen eliminiert sind. Eine wesentliche Modifikation stellt auch die Änderung des Grundbereichs auf {-1, 1} dar, was die Tendenz zu unechten Erinnerungen etwas vermindert. Ein Beispiel für das unterschiedliche Verhalten bei verschiedenen Grundbereichen zeigt Abb. 3.9.

Die gelernte Gewichtsbelegung beschreibt einen Suchraum, für den die Trainingsvektoren lokale Minima bilden. Um eine Ausgabe zu berechnen, gibt man eine Eingabe auf das Netz und läßt es parallel einschwingen, d.h. man berechnet für jede Einheit ihre Folgeaktivität in Abhängigkeit ihrer gewichteten Eingaben so oft, bis für alle Einheiten die aktuelle Aktivität gleich der Folgeaktivität ist, sich das Netz also in einem stabilen Zustand befindet. Hopfield hat nachgewiesen, daß sich ein solcher stabiler Zustand immer in endlicher Zeit einstellen muß und ein lokales Minimum des Suchraums beschreibt. Desweiteren konnte er zeigen, daß das Netz immer in das Minimum konvergiert, das dem Ausgangspunkt am nahesten gelegenen ist. Damit erklärt sich die Eigenschaft eines Hopfieldnetzes, auch auf unvollständige Eingaben hin korrekt zu reagieren.

<table>
<tr><td colspan="2" align="center">Hopfield-Lernen</td></tr>
<tr><td align="center">Vorgaben</td><td align="center">Ziel</td></tr>
<tr>
<td>

- Menge $T=(t^1,...,t^m)$ von binären n-dimensionalen Trainingsvektoren
- n Perzeptronen, die vollständig (außer mit sich selbst) verbunden sind.
- alle Verbindungen sind symmetrisch ($w_{ij}=w_{ji}$)

</td>
<td>

- fehlertolerante, verteilte Speicherung von T mit Möglichkeit zum assoziativen Zugriff

Algorithmus

Bestimmen der Gewichtsbelegung:

$$w_{ij} = \sum_{k=1}^{m} (2t_i^k - 1)\,(2t_j^k - 1)$$

$$\text{für } i,j = 1,...,n,\ i \neq j$$

</td>
</tr>
</table>

Das Netz wurde darauf trainiert, die Begriffe FOGELMAN, GOLES, HOPFIELD und KAUFFMAN zu speichern. Obwohl bei beiden Versionen je eine unechte Erinnerung auftritt, kann man deutlich erkennen, daß das Netz über dem Grundbereich $\{-1;1\}$ hinsichtlich der Fehlertoleranz besser abschneidet.

Den Schwachpunkt des Ansatzes bildet die Speicherkapazität. Für eine genügend große Anzahl von Einheiten n gilt: $m \leq (n/2 \log n)$. Wenn man kleine Fehler zuläßt, gilt die Abschätzung $m \leq 0{,}14\,n$. Nicht durch die Trainingsmenge ausgenutzte Speicherkapazitäten werden häufig mit unechten Erinnerungen belegt. Von Vorteil ist dagegen die Möglichkeit, die Gewichtsbelegung mit Hilfe der von Hopfield eingeführten *Energiefunktion E* direkt zu bestimmen.

$$E = -\frac{1}{2}\sum_{i=1}^{n}\sum_{j=1}^{n} w_{ij} o_i o_j + \sum_{i=1}^{n} t_i o_i$$

Diese Energiefunktion beschreibt eine dem Netz eigene Gesamtenergie, die bei jeder Neuberechnung eines Neurons abnimmt, bis das Netz einen stabilen Zustand einnimmt. Sie kann (etwa über Koeffizientenvergleich) so bestimmt werden, daß sie an den gewünschten Stellen minimal wird und damit die stabilen Zustände des Hopfieldnetzes beschreibt. Mehr hierzu sowie zu Erweiterungen des Modells auf kontinuierliche Grundbereiche findet man in [Hopfield 1982, Hopfield 1984, Hopfield Tank 1985, Hopfield Tank 1986]. Das Hopfieldnetz ist das Modell, dessen Theorie am besten verstanden ist. Eine ausführliche Darstellung theoretischer Grundlagen kann man [Goles Martínez 1990] entnehmen.

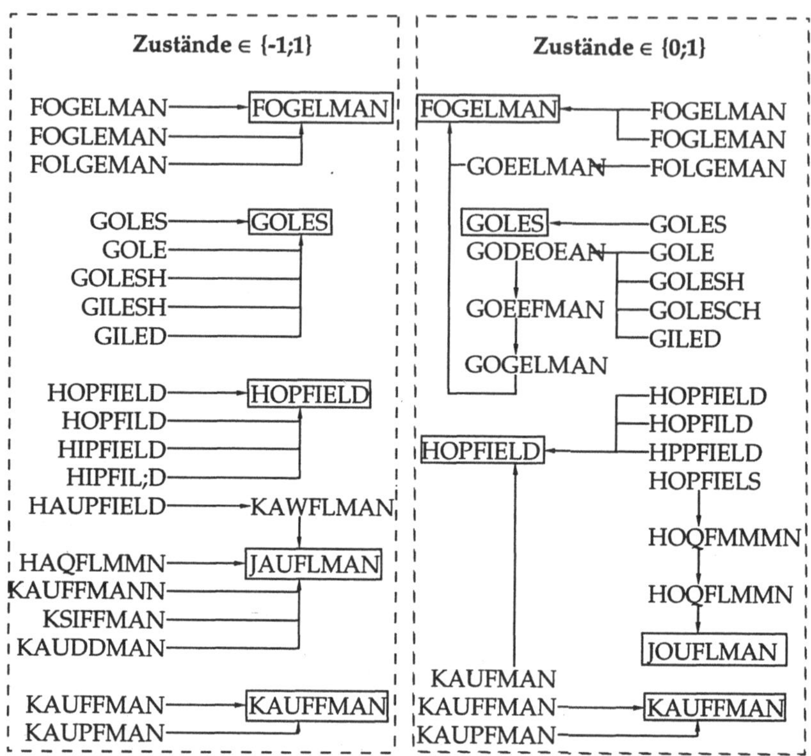

Abb. 3.9. Konvergenzverhalten zweier Hopfieldnetze mit unterschiedlichem Grundbereich nach [Fogelman Soulié].

3.6 Adaline und Madaline

1960 entwickelten B. Widrow und M. Hoff ein adaptives lineares Modell, das sie Adaline (Adaptive Linear Neuron) nannten. Das Konzept stimmt weitgehend mit dem Perzeptron überein und weist auch dessen charakteristische Eigenschaften und Schwächen auf. Der wesentliche Unterschied besteht darin, daß die Ausgabemenge auf {-1;1} festgesetzt wurde. Eine spätere Modifikation ermöglichte die Erzeugung kontinuierlicher Ausgaben.

Als erste kommerzielle Anwendung eines Neuronalen Netzes überhaupt diente Adaline, als Filter eingesetzt, zur Eliminierung von Echos in Telefonleitungen. Um auch Probleme angehen zu können, die nicht linear trennbar sind, wurden später mehrschichtige Architekturen, die aus mehreren hintereinandergeschalteten Adaline-Schichten aufgebaut waren, untersucht.

Nach einigen Fehlschlägen konnte Widrow 1963 mit Madaline (Multiple Adaline) eines der ersten mehrschichtigen trainierbaren Netze vorstellen. Madaline ist so aufgebaut, daß auf eine einfache Adaline-Schicht eine Schicht von Einheiten folgt, die eine fest vorgegebene logische Funktion ihrer Eingaben realisieren. Hierbei kommen unter anderem die Konjunktion und die Majoritätsfunktion, bei der die Ausgabe eins ist, falls mehr als die Hälfte der Eingänge aktiv sind, zum Einsatz. Ein Lernschritt besteht nun darin, für eine fehlerhafte Ausgabe die Einheit in der Adaline-Schicht zu bestimmen, deren Aktivität das falsche Vorzeichen besitzt und am nächsten an Null liegt. Diese wird nun darauf trainiert, für die falsch klassifizierte Eingabe das richtige Vorzeichen zu produzieren. Dadurch soll erreicht werden, einen Fehler mit geringstmöglichen Änderungen zu beseitigen.

1987 wurde mit Madaline II eine Erweiterung entwickelt, die den Lernprozeß effektivieren sollte. Über einen neu eingeführten Störfaktor kann die Wirkung eines Lernschrittes überprüft werden, bevor dieser tatsächlich durchgeführt wird. Dies erreicht man dadurch, daß über den zusätzlich zu den gewichteten Eingaben addierten Störfaktor die Aktivität einzelner Einheiten in der Adaline-Schicht verändert, und damit das Verhalten des Netzes nach einem Lernschritt simuliert und bewertet werden kann. Der Betrag des Störfaktors liefert ein Maß für den zu korrigierenden Fehler.

Bei Madaline III gab man die Ausgabemenge {-1,1} auf und verwendete wie beim Backpropagation-Netz eine sigmoide Aktivierungsfunktion. Dadurch sind die beiden Netztypen mathematisch nahezu äquivalent. Die Verwendung des Störfaktors führt wegen der vielen doppelten Berechnungen im direkten Vergleich gegenüber Backpropagation zu einem größeren Zeitaufwand. Da der Störfaktor jedoch auch dazu eingesetzt wird, die Lernfunktion zu vereinfachen, ist Madaline III einer Hardwareimplementierung wesentlich leichter zugänglich, was in der Realität im allgemeinen zu besseren Ergebnissen führt.

Ursprünglich für die Rekonstruktion von fehlerhaften Bildern vorgesehen, wurden Adaline und Madaline bald für eine Vielzahl von Anwendungen im Bereich der Sprach- und Zeichenerkennung sowie für die Durchführung adaptiver Kontrollaufgaben herangezogen. 1963 stellte Widrow auf einer Konferenz den legendär gewordenen 'broom balancer' vor, ein System, das in der Lage war, einen Besen zu balancieren. Damit trat er den Beweis an, daß Neuronale Netze reale Kontrollaufgaben bewältigen können. Eine Beschreibung der Modellansätze und einiger Anwendungen finden sich in [Widrow Hoff 1960, Widrow 1962, Widrow Stearns 1985, Widrow 1987, Widrow Winter Baxter 1987, Nguyen Widrow 1990, Hecht-Nielsen 1990, Brause 1991].

<table>
<tr><td colspan="2" align="center">Madaline III</td></tr>
<tr><td align="center">Vorgaben</td><td align="center">Algorithmus</td></tr>
<tr>
<td valign="top">

- Menge T von Trainingsbeispielen t^p/t^1 (Problem/Lösungspaare)
- Lernrate η
- zweischichtiges Feedforward-Netz mit m_1 Einheiten in der Zwischenschicht und m_2 Einheiten in der Ausgabeschicht, die fest vorgegebene logische Funktionen realisieren und über feste identische Gewichte mit der ersten Schicht verbunden sind. m_2 ist durch Dimension des Lösungsvektors determiniert.
- n=dim t^p
- Störfaktor Δs
- Fehlerreduzierung $\Delta \varepsilon$

$$\Delta w_{ji}^1 = \begin{cases} \eta \dfrac{\Delta \varepsilon}{\Delta s} t_i^p & \text{für } j=k \\ 0 & \text{sonst} \end{cases}$$

Lernziel

- Gewichtsbelegung W, die T korrekt klassifiziert

</td>
<td valign="top">

1. Initialisieren aller Gewichte zwischen Eingabe und erster Schicht mit zufällig gewählten Werten.

2. Wählen eines Trainingsproblems t^p als Netzeingabe und Bestimmen der zugeh. Netzausgabe o^2.

3. Bestimmen der Einheit u_k in der ersten Schicht, deren Korrektur die größte Verbesserung in Aussicht stellt (Veränderung der Aktivität von u_k korrigiert eine maximale Zahl falscher Ausgaben der Einheiten in der Ausgabeschicht).

4. Bestimmen des Störfaktors so, daß die Ausgabe von u_k 'gekippt' wird:

$$\Delta s = -2 \sum_{i=1}^{n} t_i^p w_{ki}^1$$

5. Berechnen der Fehlerreduzierung unter Zuhilfenahme des Störfaktors:

$$\Delta \varepsilon = \sum_{i=1}^{m_m} (o_i^2 - t_i^l)^2 - \sum_{i=1}^{m_m} (\varrho_i - t_i^l)^2$$

$$\text{mit} \quad \varrho_i = a_i \left(\left(\sum_{j=1}^{n} w_{ij}^2 o_j^1 \right) - 2 \, (w_{ik}^2 o_k^1) \right)$$

6. Berechnen der neuen Gewichtsbelegung, falls Fehlerreduzierung positiv:
$w := w + \Delta w$

7. Nullsetzen des Störfaktors.

8. Wiederholen ab Schritt 2, bis Fehlerquote einen bestimmten Grenzwert unterschreitet oder bestimmte Anzahl von Epochen vorüber sind.

</td>
</tr>
</table>

3.7 Linearer Assoziierer

Dieselbe Aufgabe wie ein Hopfieldnetz soll der von James A. Anderson 1972 vorgestellte lineare Assoziierer bewältigen. Im Gegensatz zu ersterem werden jedoch kontinuierliche Werte für die zu lernenden Beispiele zugelassen. Ein linearer Assoziierer mit m Einheiten kann genau m linear unabhängige m-dimensionale Vektoren speichern. Diese werden jedoch auch bei fehlerhafter Präsentation erkannt und korrekt reproduziert. Alle Trainingsbeispiele werden nur einmal präsentiert. Wenn die Trainingsvektoren nicht linear unabhängig gewählt werden, kann es vorkommen, daß schon gespeicherte Beispiele wieder gelöscht oder modifiziert werden. Über die Parameter x und y der Aktivierungsfunktion besteht die Möglichkeit, die Netzausgabe zu skalieren bzw. zu verschieben.

Ein vorstellbares Einsatzgebiet bildet die Mustererkennung verrauschter Signale, wenn sich die Anzahl der zu erkennenden Muster in Grenzen hält und die einzelnen Muster linear unabhängig sind. So versuchte Anderson, die Erkennung handgeschriebener Ziffern zu realisieren. Eine Beschreibung des Ansatzes findet sich in [Anderson 1972, Anderson Rosenfeld 1988].

Lernen mit linearem Assoziierer	
Vorgaben	**Lernziel**
• Menge T von Trainingsbeispielen $t = (t_1, ..., t_m)$ • Lernrate η • m Neuronen mit jeweils m Eingängen • Parameter x, y für Aktivierungsfunktion $net = \sum_{j=1}^{m} w_{ij} \cdot t_j$ $a = x \cdot net + y$ $\Delta w_{ij} = \eta \cdot t_j \cdot t_i$ $o = \mathrm{id}$	• fehlertolerante, verteilte Speicherung von T **Algorithmus** 1. Nullsetzen aller Gewichte im Netz. 2. Wählen eines *Trainingsbeispiels t*. 3. Berechnen der neuen Gewichtsbelegung: $w := w + \Delta w$ 4. Wiederholen ab Schritt 2 für alle Testbeispiele.

3.8 Brain-State-in-a-Box

Ein etwas komplexeres Modell stellte die Gruppe um James A. Anderson 1977 vor. Der Hauptunterschied zum linearen Assoziierer besteht in dem nichtlinearen Erinnerungszyklus, BSB berechnet seine Ausgabe also wie ein Hopfieldnetz. Zudem ist der Bereich der Einzelkomponenten der Trainingsvektoren auf $\{-1,1\}$ eingeschränkt, so daß der Raum aller möglichen Eingaben die Eckpunkte eines m-dimensionalen Würfels bildet

BSB-Lernen	
Vorgaben	**Algorithmus**
• Menge T von Trainingsbeispielen $t=(t_1,...,t_m)$ • Lernrate η • Verbindungsdichte φ • Parameter x für Aktivierungsfunktion • m Neuronen, die untereinander vollständig verbunden sind $$net_i = \sum_{j=1}^{m} w_{ij}o_j$$ $$a = x \cdot net$$ $$o = \text{id}$$ $$\Delta w_{ij} = \eta \cdot (t_i - o_i) \cdot t_j$$ **Lernziel** • fehlertolerante, verteilte Speicherung von T	1. Zufälliges Löschen einzelner Verbindungen, bis Verbindungsdichte φ unterschritten, Verbindungen wii müssen erhalten bleiben. 2. Initialisieren der übriggebliebenen Gewichte mit zufälligen Werten. 3. Auswählen eines Testbeispiels t und Setzen der Aktivität des Netzes auf t: $$net_i:=t_i$$ 4. Berechnen der Netzausgabe, bis Differenz zwischen zwei aufeinanderfolgenden Ausgaben unter *Limit* oder gewisse Anzahl von Schritten vorüber. 5. Berechnen der neuen Gewichtsbelegung: $$w:=w+\Delta w$$ 6. Wiederholen ab Schritt 3, bis Fehlerquote bestimmten Grenzwert unterschreitet oder bestimmte Anzahl von Epochen durchlaufen sind.

Die Lernregel stellt sicher, daß sich schon präsentierte Eckpunkte als stabile Zustände festigen, so daß bei Präsentation fehlerhafter Eingaben die Ausgabe gegen die am nächsten eingelernte Würfelecke konvergiert. Eine ausführliche Beschreibung des Modellansatzes kann man [Anderson Silverstein et al. 1977] entnehmen.

3.9 Wettbewerbslernen (competitive learning)

Auch wenn vorab keine Lösung für ein Trainingsbeispiel angegeben werden kann
oder soll, ist es möglich, mit Hilfe Neuronaler Netze bestimmte Korrelationen der
Eingangsgrößen festzustellen. Ein Beispiel hierfür ist das von Grossberg 1972
vorgestellte Wettbewerbslernen, das eine natürliche Einteilung der Testbeispiele
in Klassen finden soll. Die Basis hierfür bildet das Perzeptronmodell, welches in
der Form erweitert wird, daß die einzelnen Perzeptronen untereinander mit hem-
menden, nicht veränderbaren Gewichten verbunden werden. Dies hat zur Folge,
daß auf die Eingabe eines Testbeispiels eine Anfangsaktivität der einzelnen Perzeptronen erzeugt wird, die im weiteren Verlauf durch die gegenseitigen hem-
menden Gewichte abgeschwächt wird, bis nur noch eine Einheit aktiv ist. Ein
solches Prinzip wird *winner-takes-all* genannt und ist vor allem im Bereich des
unüberwachten Lernens weit verbreitet.

<table>
<tr><td colspan="2" align="center">Wettbewerbslernen</td></tr>
<tr><td align="center">Vorgaben</td><td align="center">Algorithmus</td></tr>
<tr>
<td valign="top">

- Menge T von Trainingsbeispielen $t=(t_1,...,t_m)$ (binäre Mustervektoren)
- Lernrate η
- n Perzeptronen mit jeweils $n+m$ gewichteten Eingängen ($(n-1)$ Eingänge sind mit festen, für das gesamte Netz identischen hemmenden Gewichten und den Ausgaben der anderen Perzeptronen belegt)

$$\Delta w_{ij} = \eta o_i \left(\frac{t_j}{k} - w_j \right) \text{ mit } k = \sum_{i=1}^{m} t_i$$

Lernziel
- Gewichtsbelegung W, die T in maximal n natürliche Klassen einordnet.

</td>
<td valign="top">

1. Initialisieren der Verbindungsgewichte zwischen Eingabe und Perzeptronen mit zufälligen Werten so, daß

$$\sum_{j=0}^{m} w_{ij} = 1$$

   für alle Perzeptronen.
2. Nullsetzen der Ausgaben der Perzeptronen.
3. Berechnen der neuen Ausgabe für ein t, bis nur noch eine Einheit aktiv ist.
4. Korrigieren der Gewichte der Verbindungen zwischen Eingabe und Perzeptronen:

$$w := w + \Delta w$$

5. Wiederholen ab Schritt 2 für alle Eingabemuster und hinreichend viele Epochen.

</td>
</tr>
</table>

Ein Lernschritt besteht darin, die Gewichte dieser Einheit so zu verschieben, daß sie bei späterer Präsentation dieser Eingabe wiederum aktiv sind. Um die Wahrscheinlichkeit, daß dabei einige Einheiten nie gewinnen, zu verringern, wird die Summe der Gewichte zwischen externer Eingabe und Perzeptron auf eins festgesetzt.Wettbewerbslernen ermöglicht eine natürliche Klassifikation ungeordneter Testbeispiele, was vor allem im Bereich komplex strukturierter Daten eine große Hilfe bedeuten kann. Die in dieser Form klassifizierten Beispiele können dann etwa in einem zweiten Netz oder auch in einem konventionellen System weiterverarbeitet werden. Die nach Abb. 3.10 kodierten Angaben über verschiedene Tiere reichen aus, damit ein Netz mit drei Perzeptronen eine Einteilung in drei Klassen lernt, die den natürlichen Klassen Säugetiere, Reptilien und Vögel entsprechen. Entwicklung und Beschreibung verschiedener Modelle, mit denen Wettbewerbslernen durchgeführt werden kann, lassen sich [Grossberg 1987, Rumelhart 1985] entnehmen.

	hat Haare?	hat Schuppen?	hat Federn?	fliegt?	lebt im Wasser?	legt Eier?	
Hund	1	0	0	0	0		
Katze	1	0	0	0	0		Säugetiere
Fledermaus	1	0	0	1	0		
Wal	0	0	0	0	1		
Eule	0	0	1	1	0		
Papagei	0	0	1	1	0		Vögel
Strauß	0	0	1	0	0		
Schlange	0	1	0	0	0		
Eidechse	0	1	0	0	0		Reptilien
Krokodil	0	1	0	0	1		

Abb. 3.10. Eingabedaten für einen unüberwachten Lernvorgang

3.10 Adaptive Resonance Theory

Die von Grossberg und Carpenter seit 1976 vorgestellten Ansätze ART1 bis ART3 gehören wohl zu den komplexesten mathematisch fundierten Modellen sowohl hinsichtlich ihrer Topologie als auch was Funktionsweise oder Lernverhalten angeht. Die hier vorgestellte Variante wurde so angelegt, daß trotz drastischer Vereinfachungen die wesentlichen Charakteristika erhalten blieben. Dies wurde dadurch erreicht, daß einige Funktionen, die eigentlich durch das Netz realisiert wurden, in den Lernalgorithmus integriert und damit nachvollziehbar gemacht wurden.

Prinzipiell kann die Funktionsweise des Netzes wie folgt umrissen werden. Jede Einheit der Klassifikationsschicht u^k steht für eine Klasse von Trainingsbeispielen. Ziel ist es, die Beispiele so auf Klassen zu verteilen, daß das Netz zwar in bestimmten Grenzen neue, noch nicht klassifizierte Eingaben lernen kann, aber gleichzeitig ein Maximum der schon gespeicherten Informationen behält. Dies wird dadurch erreicht, daß zum einen eine neue Klasse erst dann eröffnet wird, wenn eine neue Eingabe in absolut keine der schon angelegten Klassen passen will, und zum anderen jede Klasse durch einen Repräsentanten dargestellt wird, der den Mittelpunkt aller Elemente dieser Klasse bildet.

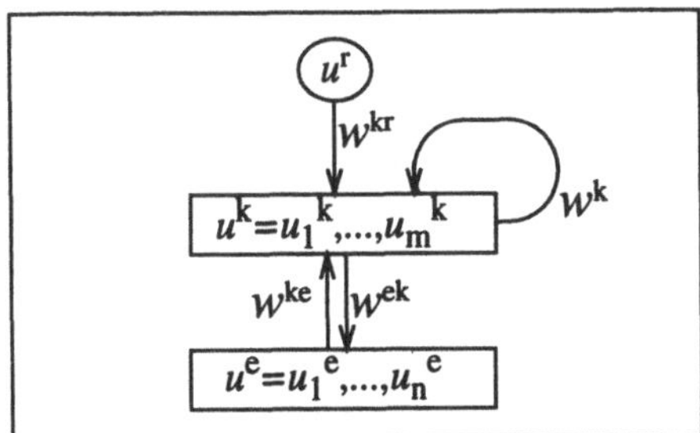

Abb. 3.11. Schematische Darstellung eines vereinfachten ART-Netzes

Dabei kommt dem Aufmerksamkeitsparameter a eine maßgebliche Bedeutung zu. Er legt fest, wie groß die Abweichungen innerhalb einer Klasse sein dürfen. Für $a=0$ werden alle denkbaren Eingaben in einer Klasse zusammengefaßt, für $a=1$ bildet jede Eingabe eine Klasse für sich. Damit weist ART einen Mittelweg zwischen konventionellen sequentiellen Speichern, die von vorn nach hinten aufgefüllt werden und die Annahme neuer Eingaben verweigern, wenn das Ende erreicht ist, und beispielsweise linearen Assoziierern, bei denen alte Werte durch das Speichern neuer Eingaben verloren gehen können.

Interessant ist auch, daß nicht alle Einheiten der Klassifikationsschicht zum Einsatz kommen müssen. Da im Gegensatz zum Wettbewerbslernen immer nur bei Bedarf eine neue Klasse eröffnet wird, kann man diese Einheiten als 'Vorrat' ansehen oder gar die Vorstellung entwickeln, daß bei Bedarf neue Einheiten in die Klassifikationsschicht eingefügt werden können, die Topologie also dynamisch erweitert wird. Um sich mit dem gesamten Modellansatz vertraut zu machen, sollte man sich vielleicht über einen Umweg durch den entsprechenden Abschnitt in [Brause 1991] und ausgerüstet mit dringend erforderlichen mathematischen Kenntnissen direkt mit den Grossberg'schen Originalveröffentlichungen [Carpenter Grossberg 1986, Carpenter Grossberg 1987, Carpenter Grossberg 1990] auseinandersetzen. Die Ausführungen in [Brause 1991] dürften jedoch für die meisten Fälle genügen.

Adaptive Resonance Theory

Vorgaben	Algorithmus
• Menge T von binären Trainingsbeispielen $t=(t_1,...,t_n)$ • maximale Anzahl m von Klassen • Steuerneuron u^r (reset) mit konstanter Aktivität eins • Eingabevergleichsschicht $u_1^e,...,u_n e$ mit gewichteten Eingaben w^{ek} von den u^k • Klassifikationsschicht $u_1^k,...,u_m^k$ mit vollständiger Verbindungsarchitektur w^k und gewichteten Eingaben w^{ke} von den u^e und w^{kr} von u^r • net wie beim Perzeptron, $a = o = id$ • Aufmerksamkeitsparameter a, $0 \leq a \leq 1$ **Lernziel** • Gewichtsbelegung W, die T in maximal m natürliche Klassen einordnet.	1. Nullsetzen aller Verbindungsgewichte und aller Einheiten (außer u^r), Initialisieren des winner-takes-all Netzes: $$w_{ij}^k := \begin{cases} -1/m, & i \neq j \\ 1, & \text{sonst} \end{cases}$$ 2. Geben eines neuen Testbeispiels t^{neu} auf die Eingabevergleichsschicht. 3. Berechnen der gewichteten Summen der Einheiten der Klassifikationsschicht. Falls alle Einheiten $u_1^k,..., u_m^k$ inaktiv sind gehen zu Schritt 7. 4. Bestimmen des aktivsten Neurons u_j^k durch Umfeldhemmung 5. Falls $(\sum_{i=1}^n w_{ij}^{ke} t_i^{neu}) / (\sum_{i=1}^n t_i^{neu}) < a$ dann Setzen des Gewichts $w_j^{kr} := -m$ (das in Schritt 4 bestimmte Neuron u_j^k wird ausgeschaltet) und Gehen zu Schritt 3. 6. Verändern der Gewichte der Verbindungen von und zu u_j^k: $$w_{ij}^{ek} := w_{ij}^{ek} + t_i^{neu}/n \qquad w_{ji}^{ke} := \frac{w_{ij}^{ek} \cdot n}{\sum_{i=1}^n w_{ij}^{ek}}$$ und gehen zu Schritt 8. 7. Aktivieren einer unbenutzten Klassifikationseinheit u_j^k $(\sum_{i=0}^n w_{ji}^{ke} = 0)$, falls es noch eine gibt. $$w_{ij}^{ke} := t_i^{neu} \qquad w_{ji}^{ek} := t_i^{neu}/n$$ 8. Einschalten aller ausgeschalteten Neuronen $(w^{kr} := 0)$ und Gehen zu Schritt 2, falls es noch neue Testbeispiele gibt.

3.11 Weitere Modelle

Im folgenden soll noch auf weitere Modellansätze hingewiesen werden, die zwar für die hier beschriebenen Anwendungen nicht benutzt werden, in der gegenwärtigen Forschung jedoch großen Raum einnehmen.

- 1971 stellte James S. Albus mit *CMAC* (Cerebellar Model Articulation Controller) ein assoziatives Netzmodell vor, das speziell auf Steuerungsaufgaben zugeschnitten ist. Es dauerte allerdings noch etliche Jahre, bis die Vorteile von CMAC allgemein erkannt wurden. Diese sind: lokale Generalisierung, funktionale Repräsentation, Superposition der Ausgaben, schnelle Konvergenz des Lernverfahrens, inkrementelles Training und einfache, schnelle Hardware-Realisierung. Problematisch für manche Anwendungen ist, daß nicht global generalisiert wird und keine Fehlerfreiheit garantiert werden kann. Beschreibungen von CMAC findet man in [Albus 1971, Albus 1972, Albus 1975].

- Eine *Boltzmann-Maschine* ist eine Variation der Idee eines Hopfieldnetzes, die 1982 von Derthick veröffentlicht wurde. Zusätzlich zu der Fähigkeit, assoziative Speicher aufzubauen, können Hopfieldnetze eine Vielzahl von Problemen lösen, bei deren Lösung vorgegebene Randbedingungen zu berücksichtigen sind. Jede Einheit kann als Hypothese interpretiert werden, und unvereinbare Hypothesen sind über negative Gewichte verbunden. Die weitergehende Verwendung von Hopfieldnetzen ist hauptsächlich dadurch beschränkt, daß sie sich in lokalen Minima festsetzen.
Bei der Erfüllung von Randbedingungen muß man aber das globale Minimum des Netzes finden. Boltzmann-Maschinen lösen dieses Problem durch die Anwendung einer Suchtechnik, die *simulated annealing* [Kirkpatrick Gelatt Vecchi 1983] genannt wird. Einheiten verändern ihren Zustand zuerst rein zufällig, aber wenn das Netz 'abkühlt' nähert es sich mehr und mehr einem Hopfieldnetz an. Wenn sich dieser Kühlvorgang langsam genug vollzieht, läßt sich garantieren, daß lokale Minima übersprungen werden. Beschreibungen dieses Ansatzes und der zum Einsatz kommenden Lernverfahren finden sich in [Derthick 1982, Hinton Sejnowski Ackley 1985, Hinton Sejnowski 1986].

- Zu den unüberwacht lernenden Modellen zählt man auch Systeme, die auf einen Lehrer lediglich in Form eines bewertenden Signals zurückgreifen, da hier lediglich ein Minimum von Wissen vorausgesetzt wird. Sie werden unter dem Begriff *Reinforcement-Lernen* zusammengefaßt. Einer der ersten und bedeutendsten Ansätze wurde 1983 von A. Barto vorgestellt. Meistens wird jedoch versucht, eines der schon beschriebenen Modelle durch spezifische Modifikationen auf diesen Problembereich anzuwenden.

Dabei unterscheidet man zwischen Belohnungs- und Bestrafungslernen, die auch gleichzeitig zum Einsatz kommen. Beim *Belohnungslernen* werden für den Fall einer positiven Bewertung der berechneten Ausgabe die Gewichte zwischen aktiven Einheiten verstärkt. Falls eine negative Bewertung der Ausgabe erfolgt ist, werden beim *Bestrafungslernen* die Gewichte zwischen aktiven Einheiten abgeschwächt. Oft werden auch Ausgleichsregeln für inaktive Einheiten formuliert, um zu verhindern, daß einige Einheiten den Lernprozeß dominieren. Mehr über solche Lernverfahren und ihre Anwendung kann man [Barto Sutton Anderson 1983, Barto Anadan 1985, Williams 1988, Robinson Fallside 1989, Schmidhuber 1990, Zachmann Berns 1991, Whitehead Ballard 1991] nachlesen.

- Feldman und Ballard untersuchten 1982 Netzelemente, deren Aktivität durch das *Produkt* ihrer gewichteten Eingaben festgelegt ist (*Pi-Units*). In der Folge stellten Rumelhart, McClelland und Hinton mit den *Sigma-Pi-Units* eine Möglichkeit vor, die Eingabe einer Einheit nicht als einfache Linearkombination ihrer Eingaben, sondern als Polynom höherer Ordnung auszuwerten. Ein Netz, das solche Einheiten enthält, kann mit Hilfe einer generalisierten Form der Deltaregel trainiert werden.
  Die multiplikative Verbindung ermöglicht die Einrichtung von Steuerleitungen, d.h. wenn ein Steuerneuron aktiv ist, kann das gesteuerte Neuron unbehelligt arbeiten, wenn das Steuerneuron jedoch inaktiv ist, wird auch das gesteuerte Neuron blockiert. Man kann zeigen, daß es keinen Sinn macht, noch komplexere Propagierungsfunktionen einzuführen, da alle denkbaren Anwendungen mit Hilfe von Sigma-Pi-Units realisierbar sind. Mehr über Verwendung und Einsatz dieses Modellansatzes findet sich in [Feldman Ballard 1982, Rumelhart Hinton McClelland 1986, Durbin Rumelhart 1989].

- Das *Neocognitron* wurde von Kunihiko Fukushima 1979 erstmals vorgestellt und bis 1988 mehrfach modifiziert. Bei der Entwicklung stützte sich Fukushima auf die Erfahrungen, die er mit seinem ersten Modell, dem *Cognitron*, zwischen 1975 und 1981 gemacht hatte. Die sehr enge Anlehnung an das biologische Vorbild bei gleichzeitiger Beschränkung auf eine strenge Schichtenarchitektur ließ eines der komplexesten und gegenwärtig vielversprechendsten Modelle entstehen.

  Es wird vor allem zur Mustererkennung, etwa im Bereich der Klassifikation handgeschriebener Ziffern, eingesetzt. Dabei kann es sowohl unüberwacht als auch unter Zuhilfenahme von Vorgaben trainiert werden. Prinzipiell wird mit den einzelnen Schichten versucht, sukzessive immer allgemeinere, globalere Aussagen über ein als Bitfeld präsentiertes Muster zu finden, bis schließlich in der letzten Schicht die Gesamtklassifikation erreicht ist. Einen Überblick über Aufbau, Funktionsweise und Lernverhalten kann man [Fukushima 1979, Fukushima 1988, Fukushima 1989, Hecht-Nielsen 1990] entnehmen.

- Wenn man an die Ausgänge eines Kohonennetzes vollständig vorwärts verknüpft eine Schicht von *Grossberg-Einheiten* anhängt, erhält man einen neuen Netztyp, der 1986 von Robert Hecht-Nielsen unter der Bezeichnung *Counterpropagation* eingeführt worden ist. Grossberg- Einheiten zeichnen sich dadurch aus, daß sie einen Extraeingang aufweisen, über den die gewünschte Ausgabe intern zur Gewichtsveränderung herangezogen werden kann. Auf die Berechnung der Ausgabe hat der Wert dieses Extraeingangs keinen Einfluß. Beschreibungen von Grossberg-Einheiten finden sich in [Grossberg 1969, Grossberg 1971, Grossberg 1982].
  Lernen erfolgt in zwei Schritten. Zunächst lernt das Kohonennetz eine Klassifikation der Eingabe. In einem zweiten Schritt werden die Gewichte zwischen dem Kohonennetz und den Grossberg-Einheiten so eingestellt, daß sie einen Mittelwert der gewünschten Ausgaben für die in einer Klasse zusammengefaßten Eingaben bilden. Das Gesamtnetz realisiert also eine Treppenfunktion, die eine durch Trainingspaare vorgegebene reellwertige Funktion auf einem kompakten Intervall approximiert. Weitere Informationen zu Aufbau und Anwendung von Counterpropagation-Netzen finden sich in [Hecht-Nielsen 1987, Hecht-Nielsen 1988].

- In neuerer Zeit wurden vermehrt Versuche unternommen, die Leistungen Neuronaler Netze durch die Einführung von *Rückkopplungen* zu verbessern. Insbesondere die Behandlung von Zeitsequenzen unterschiedlicher Länge, die mit vorwärts verknüpften Topologien meist zu unhandlich großen Netzen führt, zeigte die Notwendigkeit auf, Netze mit einer Art von Gedächtnis zu versehen. Zumeist basieren diese Ansätze auf einfachen Backpropagation Netzen, bei denen eine oder mehrere Schichten mit vorherigen Schichten über konstant gewichtete Rückkopplungen verbunden sind. Dadurch wird es möglich, den Backpropagation-Algorithmus im wesentlichen unverändert anzuwenden.
  Erste Überlegungen in diesem Bereich wurden mit *Backpropagation Through Time (BPTT)* schon in [Rumelhart Hinton Williams 1986, Nguyen Widrow 1989] angestellt. Dabei wird eine vollständige Verbindungsarchitektur durch Vervielfachung des Netzes in eine (wesentlich umfangreichere) vorwärtsverknüpfte Topologie umgewandelt, bei dem eine Schicht dem Orginalnetz zu einem bestimmten Zeitpunkt t entspricht. Die Verbindungen verlaufen nicht mehr innerhalb der Schicht, sondern verbinden Schicht t mit Schicht t+1. Damit entsteht eine Architektur, die mit Backpropagation trainierbar ist. Da jedes Gewicht des Orginalnetzes mehrfach auftritt, ist darauf zu achten, daß die Korrekturvorgaben für identische Gewichte harmonisiert werden. Nach dem Lernvorgang wird das Netz wieder auf seine Orginalarchitektur reduziert.
  Eine alternative Möglichkeit, Zeitsequenzen zu behandeln, bietet das *Time-Delay Neural Network (TDNN)* [Waibel 1988], eine Erweiterung von Backpropagation, bei der jede Schicht durch zeitversetzt arbeitende Kopien ergänzt wird. Zu den bekanntesten Vertretern rückgekoppelter Netze zählen weiterhin

Jordan-Netze [Jordan 1986, Jordan 1988, Elman 1990], *Recurrent Backpropagation* [Pearlmutter 1988, Pineda 1988, Simard Ottaway Ballard 1988, Williams Zipser 1988] und *Reverse TDNN* [Simard LeCun 1992].

Die folgende Tabelle stellt noch einmal alle erwähnten Modelle chronologisch dar. Als Publikation wurde das Werk des Autors ausgewählt, in dem das entsprechende Modell zum ersten Mal in Funktion und Aufbau beschrieben ist. Für eine Einführung in die Arbeitsweise dieser Modelle sind diese Veröffentlichungen oft nicht geeignet. Deshalb sei noch einmal auf die Literaturhinweise in den einzelnen Abschnitten verwiesen. Die Referenz-Spalte führt alle Abschnitte dieses Buches auf, in denen ein Modell beschrieben wird oder zur Anwendung kommt.

Tabelle 3.2. Chronologische Übersicht über die wichtigsten Modellansätze

Modell	Publikation	Eigenschaften, Bemerkungen	Referenz
Perzeptron	[Rosenblatt 1958]	Anwendung auf linear trennbare Klassifikationsprobleme beschränkt	3.2, 4.2, 4.3, 4.5, 4.8
Adaline	[Widrow Hoff 1960]	quasi identisch mit Perzeptron	3.4, 4.1, 4.6, 4.7
Madaline	[Widrow 1963]	einfach zu implementierende mehrschichtige Erweiterung von Adaline	3.4, 4.6
CMAC	[Albus 1971, 1972, 1975]	assoziatives Netzmodell, vor allem für Kontrollaufgaben geeignet	3.11, 4.3, 4.6
Kohonen-netz	[Kohonen 1972]	topologieerhaltende fehlertolerante Speicherung	3.9, 4.1, 4.2, 4.3, 4.4, 4.5, 4.6, 4.7, 4.8
linearer Assoziierer	[Anderson 1972]	fehlertolerante Speicherung linear unabhängiger Beispiele	3.6
Wettbewerbslernen	[Grossberg 1972]	natürliche Klassifizierung	3.8, 4.3, 4.4, 4.7, 4.8
(Neo-)Cognitron	[Fukushima 1975, 1979]	Klassifikation und Mustererkennung	3.11, 4.1, 4.3
ART1 - ART3	[Grossberg 1976] [Carpenter Grossberg 1986,1987,1990]	mathematisch fundiert, ins Netz integrierter Lernalgorithmus, Verarbeitung kontinuierlicher Eingaben	3.10, 4.1, 4.3, 4.4
Brain-State-in-a-Box	[Anderson et al. 1977]	fehlertolerante Speicherung binärer Eingaben	3.7, 4.2
Hopfield-Netz	[Hopfield 1982]	assoziative, verteilte, fehlertolerante Speicherung	3.5, 4.1, 4.2, 4.3, 4.4, 4.5, 4.6, 4.7, 4.8

Modell	Publikation	Eigenschaften, Bemerkungen	Referenz
Boltzmann-Maschine	[Derthick 1982]	ermöglicht Lösung komplexer Constraint-Systeme	3.11, 4.1, 4.3, 4.4, 4.5, 4.7
Pi-Units	[Feldman Ballard 1982]	ermöglicht Einführung von Schaltneuronen, bislang kaum erforscht	3.11
Reinforcement-Lernen	[Barto Sutton Anderson 1983]	besonders geeignet, wenn keine ideale Lernvorgabe möglich	3.11, 4.3, 4.4, 4.6, 4.7
Backpropagation	[Rumelhart Hinton Williams 1986]	Schichtenarchitektur, benötigt idealen Lehrer, derzeit populärstes Modell	3.3, 4.1, 4.2, 4.3, 4.4, 4.5, 4.6, 4.7, 4.8
Sigma-Pi-Units	[Rumelhart Hinton McClelland 1986]	Kombination aus Pi-Units und Backpropagation	3.11, 4.3
Counterpropagation	[Hecht-Nielsen 1987]	Erweiterung Kohonen-Netz, approximiert Funktion durch Treppenfunktion	3.11, 4.2, 4.3, 4.4, 4.8
BPTT, TDNN	[Rumelhart et al. 1986], [Waibel 1988]	Backpropagation mit Rückkopplungen für Klassifikation von Zeitsequenzen	3.11, 4.2, 4.4

4 Experimentelle Anwendungen in Forschung und Entwicklung

In diesem Kapitel sollen exemplarisch einige Arbeiten vorgestellt werden, in denen mögliche Anwendungsgebiete für konnektionistische Systeme experimentell untersucht werden. Hierbei wurde weitestgehend auf Veröffentlichungen zurückgegriffen, die sich im engeren Sinn auf die in Kapitel 3 eingeführten Grundtypen Neuronaler Netze stützen. Die Zuteilung von Artikeln an die einzelnen Unterkapitel gestaltete sich teilweise recht schwierig und wurde in mehrdeutigen Fällen auf der Basis der für die jeweiligen Autoren wichtigsten Aspekte ihrer Arbeit gewählt. Im Bereich experimenteller Anwendungen können im wesentlichen drei Gebiete unterschieden werden.

Das erste Gebiet, die Analyse bzw. Klassifikation der Muster nimmt einen solch großen Raum ein, daß es sinnvoll erscheint, es in drei Teilgebiete, nämlich die visuelle Mustererkennung, die nichtvisuelle Mustererkennung und die Analyse zu unterteilen. Das zweite Gebiet behandelt die Synthese von Mustern aus einer gegebenen Klassifikation. Schließlich gibt es noch Arbeiten, die zunächst klassifizieren und daraufhin neue Muster synthetisieren oder Muster direkt in andere transformieren. Im Rahmen dieses Gebietes sind zwei speziellere Teilgebiete von besonderem Interesse, so daß auch sie ausgegliedert wurden. Es handelt sich hierbei um Steuerungsaufgaben einerseits und um Planungs- und Optimierungsaufgaben andererseits.

Eine solche Einteilung muß natürlich mehrdeutig bleiben, da keine allgemein gebräuchliche Abgrenzung zwischen einfachen Mustern und komplexer Klassifikation definiert ist. Die hier erfolgte Einteilung orientiert sich an der Vorstellung, daß eine *Klassifikation* ein Musteranalyseprozeß ist, der folgende Merkmale aufweist:

1. Die Einheiten der Ausgabeschicht können in disjunkte Gruppen derart eingeteilt werden, daß jeder Gruppe eine unabhängige Bedeutung entspricht.

2. Die Klassen innerhalb einer Gruppe sind disjunkt (für jede Eingabe ist genau eine Einheit in jeder Gruppe aktiv).

3. Die Anzahl der Gruppen ist vergleichsweise klein.

Mit dieser vorsichtigen Abgrenzung ist natürlich noch keine Eindeutigkeit gewährleistet, aber für die meisten Fälle ist die gewählte Einordnung so nachvollziehbar. Die Unterkapitel sind alle nach dem-selben Grundschema aufgebaut. Zunächst wird der Bereich allgemein vorgestellt und charakteristische Probleme und Vorgehensweisen an einem konkreten Beispiel illustriert. Danach folgt eine kurze Beschreibung einiger weiterer interessanter Anwendungen. Diese werden zunächst tabellarisch vorgestellt. Um einen Überblick über Art und Umfang bislang veröffentlichter Anwendung zu bieten, wird als Abschluß in einer Tabelle jeweils auf weitere Arbeiten hingewiesen. Dabei wurden die Tabelleneinträge so gewählt, daß die Vielseitigkeit der Anwendungen sichtbar wird. In Bereichen, denen sich viele Forscher widmen, wie etwa der Erkennung von Ziffern, wurden lediglich einige wenige Arbeiten exemplarisch aufgenommen, um die Länge der Tabellen in Grenzen zu halten.

Die in abschließenden Tabellen angegebenen Netze geben lediglich eine einfache Klassifikation wieder. Eine genauere Beschreibung der verwendeten Abwandlungen, Topologien und Parameter entnehme man direkt der angegebenen Literatur. Wenn in den Tabellen zwei Netztypen mit einem '+' verknüpft sind, so handelt es sich um ein kombiniertes System, das für verschiedene Aspekte der Anwendung die besonderen Vorteile eines Netzes zur Geltung bringt. Sind zwei Netztypen mit einem '/' kombiniert, so wurden beide Netztypen unabhängig für diese Anwendung eingesetzt, um die erbrachten Leistungen vergleichen zu können.

4.1 Visuelle Mustererkennung

Der weitaus größte Teil der Anwendungen Neuronaler Netze ist dem Bereich der Mustererkennung zuzuordnen. Um der Fülle der Veröffentlichungen gerecht zu werden, wurde der Bereich auf drei Unterkapitel verteilt. Während das Unterkapitel 'Analyse, Verrechnung verschiedenartiger Eingaben' der Klassifikation komplexer Muster vorbehalten ist, werden bei einfachen Mustererkennungen visuelle, also vom Menschen mit Hilfe der Augen direkt wahrgenommene, und sonstige (nichtvisuelle) unterschieden.

Im Bereich der visuellen Mustererkennung geht es also darum, aus Bildern, wie sie auch das menschliche Auge wahrnimmt, bestimmte Muster zu segmentieren und zu erkennen. Vorwiegend handelt es sich hierbei um Versuche zur Identifizierung von Objekten oder Gesichtern unabhängig von Größe, Orientierung, Lage und Helligkeit und um das Lesen von gedruckter oder handgeschriebener Schrift. Problematisch wirkt sich hier vor allem die große Anzahl irrelevanter Daten aus, die jedoch nicht in jedem Fall von vornherein lokalisiert werden können. So bleiben etwa bei der Ziffernerkennung auf Basis von Pixelbildern sehr viele

Pixel unverändert, egal welche Ziffer dargestellt ist. In komplexen farbigen Szenen ist das Problem der Erkennung einzelner Objekte noch um ein Vielfaches größer. Die komplexeste Stufe schließlich sind Klassifikationen auf Basis von Bildfolgen. Obwohl der Mensch derartige Erkennungsaufgaben problemlos bewältigt, ist es bislang nicht einmal ansatzweise gelungen, solche Fähigkeiten maschinell zu realisieren. Erste vorsichtige Schritte sind auf spezielle, einfach strukturierte Umgebungen und die Erkennung weniger Situationen oder Objekte beschränkt. Für die Klassifikation von Werkstücken in einem industriellen Fertigungsprozeß oder das maschinelle Einlesen handgeschriebener Schriftstücke sind die hier vorgestellten Ansätze jedoch mächtig genug. Dies wird auch durch die immer größere Verbreitung neuronaler Mechanismen in der visuellen Qualitätssicherung, etwa bei der Beurteilung von Lackierungen in der KFZ-Industrie bestätigt.

Problem	Netz	Bemerkungen, Besonderheiten	Publikation
Gesichtserkennung	Backpropagation	zunächst Komprimierung, danach Erkennung	[Cottrell 1990]
Druckzeichenerkennung	Backpropagation	fontunabhängige Repräsentation mit Erkennungsrate von 96,7%	[Sabourin Mitiche 1991]
Objekterkennung in Grauwertbildern	Backpropagation	kommerziell einsatzfähiges System zur Entlastung von Überwachungspersonal	[Vey Bermbach 1991]
Segmentierung von Ziffern	Backpropagation	Erkennung zusammenhängender Ziffernfolgen	[Martin Rashid 1992]

- Garrison W. Cottrell vom Computer Science & Engineering Dept., University of California, San Diego, veröffentlichte 1990 und gemeinsam mit Janet Metcalfe 1991 Ergebnisse, die er im Bereich der *Gesichtserkennung* erzielt hat. Dabei ging er in zwei Schritten vor. Zunächst trainierte er ein dreischichtiges Backpropagation-Netz darauf, Bilder von Gesichtern in 256 Grauwertstufen und einer Auflösung von 512×512 Pixeln zu reproduzieren, wobei die Zwischenschicht lediglich 64×64 Einheiten aufwies. Diese komprimierte Darstellung der Bilder wurde nun als Eingabe für das eigentliche Klassifikationsnetz verwendet. Dieses wurde darauf trainiert, zu erkennen, ob das Eingabebild ein Gesicht darstellt, ob es sich um ein bekanntes Gesicht handelt, ob ein Mann oder eine Frau dargestellt ist und welche Stimmung das Gesicht ausdrückt.

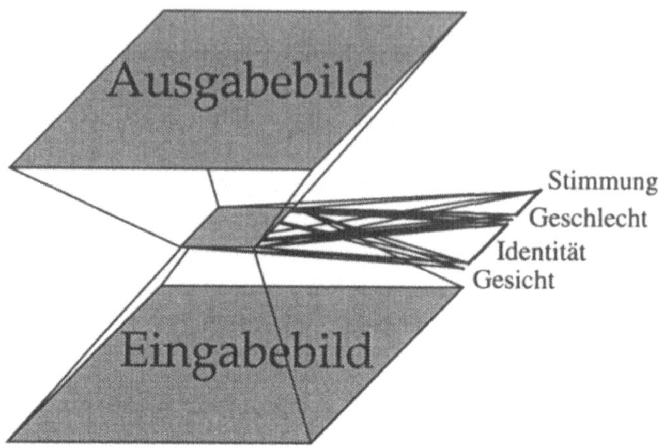

Abb. 4.1. Aufbau des Erkennungssystems in [Cottrell Metcalfe 1991]

Ausgangspunkt des Trainings war eine Datenbasis von Bildern, die zu einem kleinen Teil keine Gesichter darstellten. Bei der Identifikation und Geschlechtszuordnung von neuen Bildern, die eingelernte Personen zeigten, konnte eine Erkennungsrate von 98% erreicht werden. Die Erkennung neuer Gesichter als solche gelang vollständig, aber ein Drittel der Frauen wurde als männlich klassifiziert. Versuche über die Identifizierung eingelernter Personen bei Verdeckung eines Bildfünftels durch einen grauen Balken verliefen sehr positiv, solang das oberste Fünftel des Gesichts unbedeckt blieb. Bei der Erkennung der Stimmungen glücklich, traurig, erstaunt, erfreut, müde, wütend, gelangweilt, ergaben sich Probleme bei der Unterscheidung von negativen Stimmungen, während bei der Erkennung positiver Stimmungen gute Ergebnisse erzielt werden konnten. Detaillierte Beschreibungen findet man in [Cottrell 1990, Cottrell Metcalfe 1991].

- Mit der Erkennung von *fontunabhängigen* Druckzeichen beschäftigten sich Michael G. Sabourin und Amar Mitiche im Auftrag von INRS/Telecommunications, Verdun, Québec. Ihre Ergebnisse trugen sie 1991 auf der Neuro Nimes vor. Das von ihnen angestrebte Ziel war eine fontunabhängige Repräsentation von Schriftzeichen. Dazu verwendeten sie ein hierarchisches Backpropagation-Netz, das sie schrittweise trainierten. Die vorgegebene Klasseneinteilung kann man Tabelle 1.1 entnehmen; die ebenfalls in der Tabelle aufgeführte zweite Erkennungsrate ergibt sich bei Nichtberücksichtigung der durch Problemzeichen verursachten Fehler. Nachdem die Testergebnisse eines ersten

Netzes mit 95,2% unterhalb der Erkennungsrate eines konventionellen Erkennungssystems (95,9%) lagen, das für seine Analyse auch Ligaturen verwendete, wurden die Klassen um eine Anzahl Ligaturen (ff, fi, ffi, rt, tt, etc.) erweitert und die Trainingsmenge drastisch (von 200 auf 100000 Buchstaben pro Teilnetz) erhöht. Dieses erweiterte Netz erreichte eine Erkennungsrate von 96,7%. Zusätzliche Informationen sind [Sabourin Mitiche 1991] zu entnehmen.

Tabelle 4.1. Zusammenstellung der Ergebnisse in [Sabourin Mitiche 1991]

Teilnetz	Klasseneinträge	Netz-Konfiguration	Erkennungsrate	2. Erkennungsrate	Problemzeichen
Ascender Typ 0	CEFGHIJKLMN STUVWXYZfhkl t123457	64-96-60-30	94,55%	97,64%	Il1, S5, kK
Ascender Typ 1	ADOPQRbd0469	64-128-36-12	98,01%	98,81%	OO
Ascender Typ 2	B8	64-64-32-2	99,04%	99,04%	
Normal Typ 0	cmnrstuvwxz	64-64-63-12	99,14%	99,14%	
Normal Typ 1	aeo	64-64-24-3	99,23%	99,23%	
Descender Typ 0	jy	64-64-32-2	100,0%	100,0%	
Descender Typ 1	gpq	64-64-30-3	99,07%	99,07%	
Punktationszeichen	´` - . , _ ! ? : ; =	32-76-26-13	100,0%	100,0%	
TOTAL	ASCII		97,57%	99,08%	

- S. Vey entwickelte am Institut für Datentechnik, Universität Darmstadt, in Zusammenarbeit mit R. Bermbach von der Heimann GmbH, Wiesbaden, ein System zur *Objekterkennung* in Grauwertbildern. Besonderen Wert legte er auf die kommerzielle Einsatzfähigkeit, wobei er ein Hauptanwendungsgebiet in der Entlastung von Überwachungspersonal sieht. Dazu werden die von diesem normalerweise direkt ausgewerteten Monitorbilder segmentiert und vorklassifiziert. Lediglich bei kritischen Fällen wird auf die Entscheidung des Personals zurückgegriffen, indem solche Problembereiche explizit kenntlich gemacht werden. Ein Bild wird zunächst mit konventionellen Mitteln vorverarbeitet und segmentiert, sowie einer Merkmalsextraktion unterzogen. Für die eigentliche Klassifikation wird ein 60-50-40-k-Backpropagation-Netz eingelernt. Die Anzahl k der Einheiten in der Ausgabeschicht hängt hierbei von der Anzahl der zu unterscheidenden Objektklassen ab. Zu Testzwecken wurde eine Identifizierung von Puzzleteilen bei Einstreuung von Fremdgegenständen wie Schrauben u.ä. eingelernt. Eine fünfmalige Präsentation jedes Puzzleteils genügte für eine fehlerfreie Identifikation aller Teile. Lediglich bei überlappender Präsentation der Teile traten vereinzelt Fehler auf. Weitere Einzelheiten finden sich in [Vey Bermbach 1991].

- Gale L. Martin und Mosfeq Rashid vom MCC in Austin beschäftigten sich in ihrem Artikel von 1992 mit der Segmentierung und Erkennung von überlappenden handgeschriebenen *Ziffern*. Hierzu wurde ein Fenster ausreichender Größe über eine Zahlenkolonne geschoben. Ein vierschichtiges Backpropagation-Netz in der Konfiguration 36×20-2016-180-11 wurde darauf trainiert, die Ziffer zu erkennen, die sich im Zentrum des Fensters befindet, bzw. zu erkennen, wenn dies auf keine der Ziffern zutrifft. Die Ausgabe wurde zurückgewiesen, falls kein eindeutiger Gewinner feststand. Unter diesen Voraussetzungen konnte die Fehlerrate bei einem Prozent gehalten werden. Die Zurückweisungsrate stieg mit der Länge der Ziffernfolge von 7% (für zwei Ziffern) bis auf 36% (für sechs Ziffern). Näheres läßt sich in [Martin Rashid 1992] nachlesen.

Problem	Netz	Bemerkungen, Besonderheiten	Publikation
Assoziative Mustererkennung	Hopfield	Modifikation für parallele Bildverarbeitung in mehreren Schichten	[Braham 1988]
Invariante Bilderkennung	ART	Verarbeitung verrauschter Bilder in drei Stufen	[Carpenter Grossberg Mehanian 1988]
Merkmalsextraktion und - repräsentation	Neocognitron	Untersuchung der Repräsentation von Mustern in jeder Schicht	[Johnson Daniell Burman 1988]
Optische Zeichenerkennung	Backpropagation	Vergleich der Leistungen bei Schwarz-, Weiß- und Grauwertbildern	[Lee(K.) 1988]
Mustererkennung und Merkmalsextraktion	Neocognitron	Kombination mit Expertensystem für Entscheidungen auf höherer Ebene	[Li Wee 1988]
Identifizierung von Gesichtern	Backpropagation	Leistung weniger von Schichtenanzahl als von Startgewichten abhängig	[Midorikawa 1988]
Invariante Objekterkennung	ART	Erzeugung von rotations-, größen- und translationsinvarianten Mustern	[Rak Kolodzy 1988]
Visuelles Inspektionssystem	Backpropagation	Trainingsmenge wird automatisch durch Kontrolleinheit generiert	[Beck McDonald Brzakovic 1989]
Invariante Bildverarbeitung	Backpropagation + Adaline	Vorverarbeitung mit Adaline	[Cruz Cristobal et al. 1989]

Problem	Netz	Bemerkungen, Besonderheiten	Publikation
Textursegmentierung	Kohonen	Aufteilung in Mustererkennung und Mustersegmentierung	[Dupaguntla Vemuri 1989]
Mustererkennung in Bildern	Backpropagation	erstes Netz erzeugt invariantes Bild, zweites Netz klassifiziert	[Hosokawa Omatu Fukumi 1989]
Unterscheidung zweier Spiralen	Backpropagation	Diskussion verschiedener Varianten von Backpropagation	[Lang Witbrock 1989]
Multispektrale Bildverarbeitung	Backpropagation	Pixelklassifikation mit Dreischichtnetz	[McClellan deWitt et al. 1989]
Erkennen von Kursivschrift	Backpropagation/Kohonen	Vergleich der beiden Modelle und Integration in kombiniertem System	[Morasso 1989]
Unterscheidung von Kanji-Zeichen	Backpropagation	Aufdecken der hierarchischen Struktur der Zeichen	[Mori Yokosawa 1989]
Verifikation von Unterschriften	Backpropagation	Dreischichtnetz, ausführliche Protokollierung der Ergebnisse	[Wilkinson Mighell Goodman 1989]
Erkennen handgeschriebener Zeichen	Backpropagation	Untersuchung verschiedener Lernverfahren	[Yamada Kami et al. 1989]
Erkennen handgeschriebener Ziffern	Backpropagation	Erkennung von Postleitzahlen mit Fehlerrate 1% bei Rückweisungsrate 9%	[LeCun Boser et al. 1990]
Erkennen handgeschriebener Zeichen	Backpropagation	Lesen von handgeschriebenen Briefen und von Ziffern auf Bankschecks	[Martin Pittman 1990]
Erkennung von Blockschriftzeichen	Backpropagation	Erkennen von Symbolen in zweidimensionalen mathematischen Formeln	[Hotz Kölsch et al. 1991]
Segmentierung handgeschriebener Ziffern	Backpropagation	Erkennung sich berührender oder überlappender Ziffern	[Keeler Rumelhart Leow 1991]
Matchen von Stereo-Bildern	Backpropagation	Identifikation zugehöriger Punkte von dargestellten Objekten	[Khotanzad Lee 1991]
Extraktion von Konturen	Boltzmann	helligkeitsunabhängige fehlertolerante Erkennung starker Kontraste	[Lacaille Azencott 1991]
Lokalisierung von Wellen	Backpropagation	Klassifikation spezieller Wellenformen für medizinische Diagnose	[Freeman 1992]
Erkennung von Ziffernfolgen	Backpropagation	Zentrierung der einzelnen Ziffern für Erkennung	[Matan Burges et al. 1992]

4.2 Nichtvisuelle Mustererkennung

Eine sehr große Zahl von Veröffentlichungen im Bereich der nichtvisuellen Mustererkennung beschäftigen sich mit der Erkennung von Sprache. Ein zweites großes Anwendungsgebiet ist die Auswertung von Sensoren auf nichtvisueller Basis wie Radar- oder Echolotsignale und Signale taktiler Sensoren. Bei der Sprachverarbeitung, zumal der kontinuierlichen Erkennung von Sprache, sind vor allem folgende Schwierigkeiten zu bewältigen:

- zu erkennende Muster sind über eine nicht allgemein im voraus bestimmbare Zeitdauer verteilt,

- ein Muster kann unterschiedlich stark über die Zeit gedehnt sein und zu unterschiedlichen Zeitpunkten auftreten,

- entscheidungsrelevante Merkmale von Mustern sind häufig kontextabhängig und resultieren in überaus komplexen Entscheidungsräumen.

Um diese Schwierigkeiten anzugehen, gibt es zwei grundsätzlich unterschiedliche Ansätze. Zum einen kann ein festes Fenster über einen Zeitabschnitt definiert und das eventuell unvollständig repräsentierte Muster auf dieser Basis klassifiziert werden. Dieses Vorgehen erfordert ein hohes Maß an Fehlertoleranz. Eine zweite Möglichkeit bietet die Verwendung rückgekoppelter Netze, die über Statusneuronen den zeitlichen Kontext einer Situation in den Mustererkennungsprozeß einbeziehen.

Alexander Waibel, Toshiyuki Hanazawa, Geoffrey Hinton, Kiyohiro Shikano und Kevin J. Lang veröffentlichten 1989 eine Möglichkeit, temporale Muster verschiedener Dauer zu klassifizieren, ohne auf Rückkopplungen zurückgreifen zu müssen. Das von ihnen eingeführte TDNN (Time-Delay Neural Network) verwendet hierarchisch gestaffelte Fenster, deren Größe für jede Schicht des Netzes getrennt definiert werden kann. Hierzu werden zeitversetzte Kopien einer jeden Schicht eingeführt, die in die Berechnung der Aktivitäten der jeweiligen Folgeschicht mit eingehen (siehe Abb. 3.2). Für die dargestellte Anwendung einer kontinuierlichen Spracherkennung wurde zudem die Invarianz bezüglich zeitlicher Verschiebungen dadurch gefördert, daß die korrespondierenden Gewichte zwischen einer Schicht und ihrer Folgeschicht und zwischen einer zeitversetzten Kopie und der Folgeschicht gleichgesetzt werden.

Durch die Vorgabe von Fenstern für jede Schicht kann erreicht werden, daß zunächst ein recht kleiner Ausschnitt des Musters vorklassifiziert wird, und in der Folge mehrere Vorklassifizierungen zur Weiterklassifizierung herangezogen werden. Die Architektur unterstützt also die schrittweise Klassifizierung immer größerer Merkmale, bis das Gesamtmuster erkannt werden kann.

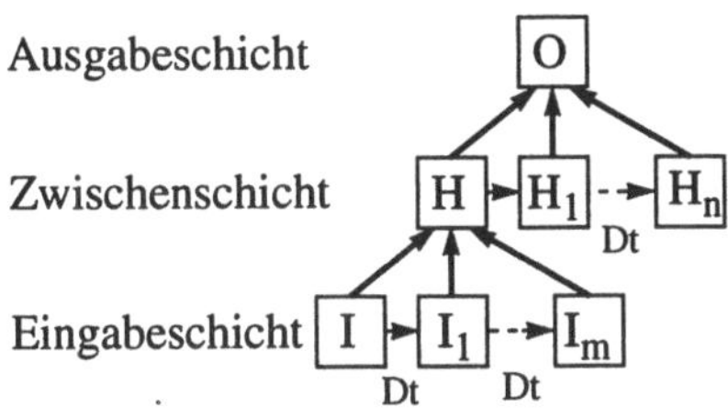

Abb. 4.2. Topologie eines TDNN

Tabelle 4.2. Erzielte Ergebnisse in [Waibel Hanazawa et al. 1989]

Sprecher	Buchstabe	Anzahl Test-beispiele	TDNN			HMM		
			Anz. Fehler	Erken-nungsrate	Gesamter-kennung	Anz. Fehler	Erken-nungsrate	Gesamter-kennung
1	B	227	4	98,2 %		18	92,1 %	
	D	179	3	98,3 %	98,8 %	6	96,7 %	92,9 %
	G	252	1	99,6 %		23	90,9 %	
2	B	208	2	99,0 %		8	96,2 %	
	D	170	0	100 %	99,1 %	3	98,2 %	97,2 %
	G	254	4	98,4 %		7	97,2 %	
3	B	216	11	94,9 %		27	87,5 %	
	D	178	1	99,4 %	97,5 %	13	92,7 %	90,9 %
	G	256	4	98,4 %		19	92,6 %	

Zur Illustrierung der Mächtigkeit dieses Ansatzes wurde ein 16-8-3-3-Netz mit drei Zeitkopien in der Eingabeschicht, fünf Zeitkopien in der ersten Zwischenschicht und acht Zeitkopien in der zweiten Zwischenschicht darauf trainiert, die gesprochenen Phoneme 'B', 'D' und 'G' in einem kontinuierlich von drei verschiedenen Sprechern vorgetragenen Text zu erkennen. Dabei wurde für jeden der Sprecher ein eigenes Netz trainiert. Die Netze wurden mit Backpropagation eintrainiert, wobei unterschiedliche Korrekturwerte für dasselbe Gewicht durch ihren Durchschnitt ersetzt wurden. Um die Lerngeschwindigkeit zu erhöhen, wurde zunächst ein Prototyp-Beispiel für jede der drei Klassen ausgewählt und mit diesen gelernt. Wenn sich die Fehlerquote nicht mehr signifikant änderte, wurden weitere Beispiele in den Lernvorgang einbezogen. Als Vergleichsgröße für die Bewertung des Ansatzes wurden diskrete HMM (Hidden Markov Models) herangezogen, da diese häufig und mit großem Erfolg in der Sprachverarbeitung eingesetzt werden. Die erzielten Ergebnisse sind in Tabelle 1.2 zusammengestellt. Eine ausführliche Beschreibung dieser Anwendung findet man in [Waibel Hanazawa et al. 1989].

Problem	Netz	Bemerkungen, Besonderheiten	Publikation
Sprecherunabhängige Phonemerkennung	TDNN	Vergleich mit diskreten Hidden Markov Models	[Waibel Hanazawa et al. 1989]
Sprengstoffdetektor	Backpropagation	wird kommerziell auf verschiedenen Flughäfen in den USA eingesetzt	[Sanchez1989] [Shea Lin 1989]
Sprecherunabhängige Ziffernerkennung	Backpropagation	Vergleich mit Dynamic Time Warping, Erkennungsrate bis 99%	[Bouttou et al. 1990]
Ziffernerkennung	Kohonen	Versuche zur Ermittlung optimaler Nachbarschaftsbeziehungen	[Bauer Pawelzik Geisel 1992]
Analyse von Partikelströmen	Backpropagation	Rekonstruktion von Quarks beim Aufeinanderprallen von Partikelströmen	[Becks Dahm Seidel 1992]

- SAIC entwickelte 1989 den *Sprengstoff-Detektor* SNOOPE für die Gepäck-Abfertigung auf Flughäfen. Zum Einsatz kam ein dreischichtiges Backpropagation-Netz, das mit vorverarbeiteten Daten trainiert wurde. SNOOPE bestrahlt die Gepäckstücke mit Neutronen. Diese werden von allen Materialien absorbiert und bewirken Gammastrahlung unterschiedlicher Energie, die Rückschlüsse auf Lage und Menge von chemischen Elementen erlaubt. Eine erhöhte Menge Stickstoff weist auf mögliche Sprengladungen hin. Das Netz wurde darauf trainiert, zu entscheiden, ob es sich bei ausreichender Stickstoffkonzentration tatsächlich um eine Sprengladung handelt. Der Detektor ist auf den internationalen Flughäfen von Los Angeles und San Francisco in Betrieb und arbeitet mit vergleichbarer Geschwindigkeit wie herkömmliche radargestützte Detektoren, deren Bilder von Menschen ausgewertet werden. SNOOPE erkennt aber über die Leistungen solcher Systeme hinaus auch Plastikspprengstoffe mit hoher Zuverlässigkeit. Weitere Informationen entnehme man [Sanchez 1989] oder [Shea Lin 1989].

- 1990 veröffentlichten L. Bouttou, F. Fogelman Soulié, P.Blanchet und J.S. Liénard ihre Untersuchungen über die Erkennung von sprecherunabhängigen isolierten französischen Ziffern. Hierzu verwendeten sie zum einen Backpropagation, zum anderen DTW (Dynamic Time Warping), ein Verfahren, das speziell für Spracherkennungsaufgaben konzipiert wurde.

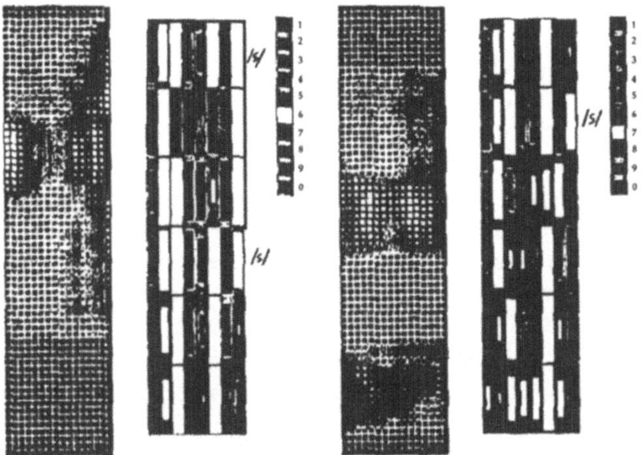

Abb. 4.3. Aktivitätsmuster des Netzes für 6 (six) und 7 (sept) in [Bouttou Fogelman Sou lié et al. 1990]

Die zehn Ziffern wurden von zehn Frauen und sechzehn Männern auf Band aufgenommen und derart vorverarbeitet, daß sie in Form von sechzehn Acht-Bit-Werten pro Zeitintervall vorlagen und zwischen 15 und 61 Zeitintervalle benötigten. Im Fall von Backpropagation wurden in einem ersten Schritt zeit-unabhängige Muster erstellt und diese dann in einem weiteren Schritt klassifiziert. Spätestens nach fünfzehn Lernepochen erreichte Backpropagation eine Erkennungsrate von 98–99% und damit in etwa die Leistungen von DTW. Bei Reduzierung der Trainingsmenge nahm die Erkennungsrate des Backpropagation-Netzes allerdings rapide ab. Insgesamt wurde der Ansatz jedoch positiv bewertet. Die exakten Trainings- und Testdaten, sowie weitere Details kann man [Bouttou Fogelman Soulié et al. 1990] entnehmen.

- Hans-Ullrich Bauer, Klaus Pawelzik und Theo Geisel forschten am Institut für theoretische Physik der Universität Frankfurt im Rahmen des Sonderforschungsbereichs Nichtlineare Dynamik an der Verbesserung von Kohonen-topologischen Karten. Hierbei galt ihr besonderes Interesse der Optimierung von Nachbarschaftsbeziehungen. Um ihre Ergebnisse zu illustrieren, veröffentlichten sie 1992 die Anwendung ihres Ansatzes auf sprecherabhängige und -unabhängige Erkennung von Ziffern. Sie konnten nachweisen, daß in beiden Fällen ein dreidimensionaler Ausgaberaum (also eine dreidimensionale Nachbarschaftsbeziehung zwischen den Einheiten der Klassifikationsschicht) optimale Erkennungsraten erbringt, während man bisher vorwiegend mit zweidimensionalen Ausgaberäumen gearbeitet hat. Bemerkenswert ist auch, daß eine sprecherunabhängige Erkennung von Ziffern das Problem nicht in dem Maße kompliziert, daß eine weitere Steigerung der Ausgabedimension von Nutzen wäre. Weitere Informationen finden sich in [Bauer Pawelzik Geisel 1992].

- K.-H. Becks, J.Dahm und F. Seidel untersuchten 1992 an der Fakultät für Physik der Universität Wuppertal Möglichkeiten zur *Analyse von Partikelströmen* mit Backpropagation. Ziel war es, durch das Aufeinanderprallen von zwei Partikelströmen entstehende elementare Bausteine der Natur (Quarks) zu rekonstruieren. Dazu standen lediglich Daten über die registrierten Partikel zur Verfügung. Mit Hilfe eines 40-20-1- und eines 40-20-10-1-Netzes wurde versucht, die Art eines erzeugten Quarks zu klassifizieren. Die Eingabe steht für das Moment der zehn schnellsten Partikel in jedem der beiden Partikelströme, sowie für ihren Abstand von der Zentralachse der Ströme. Aufgrund der physikalischen Unabhängigkeit der Ströme voneinander erwies es sich als vorteilhaft, Eingabe- und (erste) Zwischenschicht zweigeteilt zu behandeln, so daß die Werte des einen Partikelstromes keinen Einfluß auf die Aktivität der Zwischenschichthälfte des zweiten Partikelstromes ausüben konnten. Die Eingaben wurden auf [0;1] normalisiert. Als größtes Problem bei der Auswertung der Ergebnisse erwies sich die nachlassende Generalisierungsfähigkeit bei zu langem Lernen. Die Grundkonzeption wurde jedoch als fruchtbar angesehen. Eine Erweiterung soll neue Aufschlüsse über physikalische Eigenschaften von Partikelströmen ermöglichen. Zusätzliche Informationen kann man [Becks Dahm Seidel 1992] entnehmen.

Problem	Netz	Bemerkungen, Besonderheiten	Publikation
Klassifikation von Radarsignalen	Brain State in a Box	Identifikation von Art und Anzahl der Sender im Mikrowellenbereich	[Anderson Penz et al. 1988]
Identifizierung von Personen	Kohonen	Stimmanalyse zur Erkennung	[Naylor Higgins et al. 1988]
Sprecherunabhängige Silbenerkennung	Backpropagation	Erkennen englischer Silben nach Training mit begrenzter Sprechergruppe	[Anderson Merill Port 1989]
Sprachkodierung	Backpropagation	Einsatz phonetischer Spektren	[Bengio Cardin et al. 1989]
Sprecherunabhängige Spracherkennung	Backpropagation	Einsatz eines Vierschichtnetzes, Vergleich mit rückgekoppelter Version	[Franzini et al. 1989] [Franzini 1989]
Erkennung einzelner Worte	Perzeptron	Verbesserung durch dynamische Erweiterung der Trainingsmenge	[Kämmerer Küpper 1989]
Invariante Aortasegmentierung	Backpropagation	Interpretation von 'Magnetic Resonance Images'	[Katz Merickel 1989]

Problem	Netz	Bemerkungen, Besonderheiten	Publikation
Zielerkennung in passivem Sonarsystem	Backpropagation+Kohonen	Kohonen für Rauschunterdrückung und Vorverarbeitung	[Khotanzad Lu Srinath 1989]
Spracherkennung	Kohonen	Phonetische Schreibmaschine für beliebiglangen Text, kommerziell genutzt	[Kohonen 1888] [Kohonen 1989]
Erkennen von Radarsignalen	Backpropagation	Kompression von Pulsen und Ausnutzung von Regularitäten	[Kwan Lee 1989]
Phonetische Klassifikation von Lauten	Backpropagation	Untersuchungen zur Erkennung von 16 amerikanischen Sprechlauten	[Leung Zue 1989]
Graph-Matching für Objekterkennung	Hopfield	ermöglicht modellbasierte Objekterkennung	[Li Nasrabadi 1989]
Erkennen von Phonemen	Backpropagation+Kohonen	Kohonen für Vorverarbeitung	[Renals Rohwer 1989]
Identifizierung von Echolotzielen	Counterpropagation	Vergleich mit Leistungen von Delphinen	[Roitblat Moore et al. 1989]
Akustische Silbenerkennung	Backpropagation+BSB	Backpropagation-Netz für Lernen, Brain-State-in-a-Box für Auswertung	[Rossen Anderson 1989]
Erkennen von Formschluß	Backpropagation	Auswertung taktiler Sensorsignale	[Worth Spencer 1989]
Spracherkennung	Backpropagation	Erkennung von fünftausend japanischen Worten mit Fehlerquote unter 5%	[Iso Watanabe 1991]
Klassifikation von Phonemen	Backpropagation	Erkennung sprecherunabhängig, Netz besser als herkömmliche Verfahren	[Leung Glass et al. 1991]
Klassifikation von Proteinen	Kohonen	36 Eingabe- und 13×13 Klassifikationseinheiten für Sekundärstruktur	[Merelo Andrade et al. 1991]
Kontinuierliche Spracherkennung	Kohonen	Betrachtung von Sequenzen von Eingabemustern	[Noetzel Park 1991]
Ertasten feiner Oberflächen	Backpropagation	Lösung nichtlinearer Problemstellungen	[Canepa Morabito et al. 1992]
Klassifikation für Herzschrittmacher	Backpropagation	Verbesserung von Herzschrittmachern durch bessere Anforderungserkennung	[Jabri Pickard et al. 1992]
Verifikation von Unterschriften	Backpropagation	Daten von drei Beschleunigungssensoren in Stift	[Klett 1992]

4.3 Analyse, Verrechnung verschiedenartiger Eingaben

In diesem Unterkapitel sollen vor allem Klassifikationsprobleme behandelt werden, die komplexe Kombinationen einzelner Merkmale extrahieren und analysieren. Dies gilt vor allem für Diagnosesysteme im medizinischen und technischen Bereich sowie für Produktionsüberwachungsaufgaben und Fehlerdetektion im Bereich industrieller Fertigung. Die Einbeziehung verschiedenartiger Daten in einen Problemlösungsprozeß ist eine Fähigkeit, ohne die das menschliche Folgern kaum auskommen würde. Ständig werden Signale, die durch die Sinnesorgane aufgenommen werden, miteinander koordiniert, mit vorhandenen Erfahrungswerten verknüpft und zu neuen Repräsentationen zusammengefaßt. Dabei kann je nach Situation die Aufmerksamkeit verlagert werden. Maschinelle Problemlöseverfahren sind von solchen Fähigkeiten noch weit entfernt. Eine explizite Vorgabe für die Verrechnung verschiedenartiger Eingaben läßt sich im allgemeinen Fall nicht geben.

Da Neuronale Netze ihre Ausgaben völlig unabhängig davon berechnen, auf welcher Basis bestimmte Eingabewerte gewonnen wurden, und da die Verrechnungsvorschrift nicht vorgegeben werden muß, sondern sich implizit während des Lernvorganges herausbildet, ist es sehr wahrscheinlich, daß sich in diesem noch weitgehend unerforschten Bereich wichtige Anwendungen für konnektionistische Systeme finden lassen.

1990 beschäftigte sich William G. Baxt am Department of Medicine, University of California, San Diego Medical Center, mit der *Diagnose von Herzinfarkten* mit Backpropagation. Als Basis dienten ihm die Ärzten zugänglichen Daten aus der Patientenkartei. Nachdem er eine Anzahl von Angaben als irrelevant verworfen hatte, wurden die übrigen Angaben (wie z.B. Alter, Geschlecht, Kurzatmigkeit, Diabetes, Bluthochdruck, fünf EKG-Werte) auf den Bereich [0;1] normiert. Insgesamt wurden 356 Patienten betrachtet, davon 120 ohne Herzinfarkt. Zum Einlernen des 20-10-10-1 Netzes mittels Backpropagation wurde jeweils die Hälfte der Patienten mit bzw. ohne Herzinfarkt zufällig ausgewählt. Die andere Hälfte der Patienten wurde zunächst als Testgruppe verwendet, in einem zweiten Durchgang wurden Test- und Trainingsmenge vertauscht. Besonders schwierig ist die Diagnose in den Fällen, bei denen das EKG keine Auffälligkeiten zeigt. Deshalb wurden diese Herzinfarktpatienten (kritische Fälle) noch einmal gesondert betrachtet.

Die Auswertung der Ergebnisse, wie sie in Tabelle 4.3 zusammengestellt ist, zeigt, daß das Neuronale Netz die Leistungen sowohl symbolischer Verfahren als auch menschlicher Experten bei weitem übertrifft. Bemerkenswert ist vor allem das Ergebnis, das ohne Einbeziehung der EKG-Werte erzielt werden konnte. Eine Analyse der für das Netz aufbereiteten Daten und deren Verrechnung könnte zu neuen Resultaten über relevante Merkmalskorrelationen führen und so auch Fehldiagnosen bei menschlichen Experten vermeiden helfen. Die gesamte Untersuchung ist in [Baxt 1990] ausgeführt.

Tabelle 4.3. Erzielte Ergebnisse in [Baxt 1990]

korrekte Erkennung von Patienten	menschlicher Experte	symbolisches Verfahren	Neuronales Netz	Neuronales Netz (kritische Fälle)
mit Herzinfarkt	88%	88%	92%	86%
ohne Herzinfarkt	71%	74%	96%	92%

Problem	Netz	Bemerkungen, Besonderheiten	Publikation
Diagnose von Herzinfarkten	Backpropagation	Verwendung realer Daten aus Patientenkarteien von Ärzten	[Baxt 1990]
Strukturierung unbekannter Welten	Backpropagation	Klassifikation der Wirkung von Aktionen	[Mozer Bachrach 1990]
Spracherkennung	Backprop. + Sigma-Pi-Unit	Einbeziehung visueller Daten in den Erkennungsprozeß	[Sejnowsky Yuhas et al. 1990]
Fehlerdiagnose	Backpropagation	Kraftwerksdiag. mit einfachen, Schalterdiag. mit hierarchischen Netzen	[Ogi Tanaka Akimoto 1991]
ALVINN	Backprop. + Sigma-Pi-Unit	Steuerung eines autonomen Fahrzeugs auf verschiedenem Untergrund	[Pomerleau 1989] [Pomerleau 1991]
Fehlerdiagnose	Backpropagation/Kohonen	Erkennung von Fehlern in integrierten Schaltkreisen	[Surmann Kiziloglu et al. 1991]

- Michael C. Mozer, University of Colorado, und Jonathan Bachran, University of Massachusetts, veröffentlichten 1990 einige Ideen zur aktiven *Strukturierung* einer unbekannten Umgebung. Ausgangspunkt war eine *n*-Räume-Welt, die nur endlich viele Zustände aufweist und durch endliche Automaten modelliert werden konnte. Die Räume sind kreisförmig angeordnet und verfügen über jeweils einen Durchgang zu den zwei benachbarten Räumen. Innerhalb eines jeden Raumes befindet sich ein Licht und ein Lichtschalter. Damit sind drei Aktionen denkbar: *'verlasse Raum im Uhrzeigersinn'*, *'verlasse Raum gegen Uhrzeigersinn'* und *'betätige Lichtschalter'*.

Das Ziel ist eine Klassifikation der Wirkung von Aktionen. Um dies zu erreichen, wird ein Neuronales Netz mit vollständiger Verbindungsarchitektur für jede der drei Aktionen generiert. Die Einheiten stehen zum einen für mögliche Zustände, zum anderen für Übergänge zwischen den Zuständen. Der Lernvorgang gestaltet sich mittels Einzelschritten des Backpropagation-Algorithmus. Zusätzlich werden verschiedene Randbedingungen gestellt, deren Einhaltung nach jedem Lernschritt überprüft wird. Lernziel ist die Generierung von Folgesituationen auf Eingabe einer Startsituation bei wiederholter Ausführung einer der Aktionen. Soweit die Umgebung nicht zu komplex ist, gelingt die Strukturierung, d.h. die Folgesituationen werden korrekt berechnet. Weiteres findet sich in [Mozer Bachrach 1990].

- T. J. Sejnowsky am Salk Institute und am Department of Biology, University of California, San Diego sowie B.P. Yuhas, M.H. Goldstein, Jr. und R.E. Jenkins an The Johns Hopkins University, verbesserten die Leistung eines Spracherkennungssystems durch Einbeziehung visueller Daten. Hierzu wurde ein dreischichtiges Backpropagation-Netz mit 500 Eingabeeinheiten, 32 Ausgabeeinheiten und fünf Einheiten in der Zwischenschicht darauf trainiert, auf der Basis einer Sequenz von normalisierten Lippenbildern ein Amplituden-Diagramm der zugehörigen Phoneme zu erzeugen. Ein weiteres Netz, das als Eingabe ein solches Amplituden-Diagramm erwartet, wurde mit Hilfe realer akustischer Phoneme eingelernt. Dieses Netz erreichte für Diagramme akustischer Phoneme eine Erkennungsrate von nahezu 100%. Für Diagramme, die auf dem Wege des Lippenlesens gewonnen wurden, konnte eine Erkennungsrate von 65% erzielt werden.

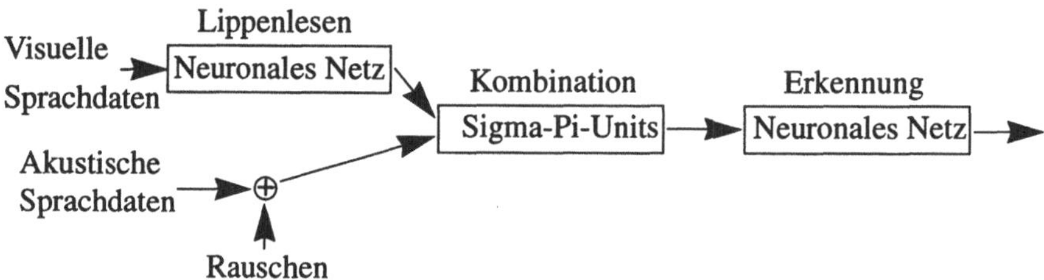

Abb. 4.4. Aufbau des Spracherkennungs-Systems in [Sejnowsky Yuhas et al. 1990]

Die Bildsignale sollten nun dazu verwendet werden, die Erkennungsrate für stark verrauschte akustische Signale zu verbessern. Hierzu wurde ein Netz aus Sigma-Pi-Units darauf trainiert, aus dem Diagramm eines verrauschten akustischen Signals und dem zugehörigen durch Lippenlesen erzeugten Diagramm eine Eingabe für das Erkennungsnetz zu erzeugen. Tatsächlich konnten die so kombinierten Diagramme fast fehlerlos klassifiziert werden. Weitere Einzelheiten kann man [Sejnowski Yuhas et al. 1990] entnehmen.

- Hiromi Ogi, Hideo Tanaka und Yoshiakira Akimoto von der Tokyo Electric Power Company versuchten 1991, Fehler in Kraftwerken und in Schaltern zu diagnostizieren. Für die Fehlersuche in Kraftwerken verwendeten sie ein 37-50-10-Backpropagation-Netz, das verschiedene Leistungsdaten als Eingabe erhielt. Trainiert wurde auf Basis von 41 Beispielen, von denen zehn keine Fehler aufwiesen. Das Netz arbeitete auch auf nicht eingelernten Beispielen nahezu fehlerfrei.

In einem zweiten Versuch wurden die Leistungsdaten eines 275 kV-Wechselstromschalters analysiert. Hierbei sollten sechs Fehlerklassen erkannt werden. Neben einem einfachen 64-50-6-Backpropagation-Netz wurde ein Ansatz mit vier Netzen untersucht, die jeweils eine Teilanalyse leisten sollten (siehe Abb. 3.5). Das erste dieser Netze wurde darauf trainiert, zu erkennen, ob überhaupt ein Fehler vorliegt. Das zweite Netz klassifizierte fehlerhafte Schalter dahingehend, ob schlechter Kontakt vorliegt, oder ob sich ein Partikel (z.B. ein Aluminiumspan von der Fertigung) im Gehäuse befindet. Das dritte Netz erkannte bei Schaltern mit schlechtem Kontakt, ob eine Materialschwäche vorliegt oder die Teile nicht richtig zusammengefügt wurden. Schließlich lokalisierte das vierte Netz bei Schaltungen mit Partikeln, ob diese frei, am Leiter oder am Gehäuse sind. Die Netze wurden unabhängig mit Backpropagation trainiert und die Ergebnisse mit denen des einfachen Netzes verglichen. Bei Verwendung von bis zu 80% aller verfügbaren Daten für das Einlernen schnitt das einfache Netz um etwa 10-20% schlechter ab und benötigte dafür die fünffache Trainingszeit. Die Kombination aus vier Netzen konnte eine Bestleistung von 85% korrekter Fehlererkennung auf nicht eingelernten Beispielen erreichen. Weitere Details sind in [Ogi Tanaka Akimoto 1991] aufgeführt.

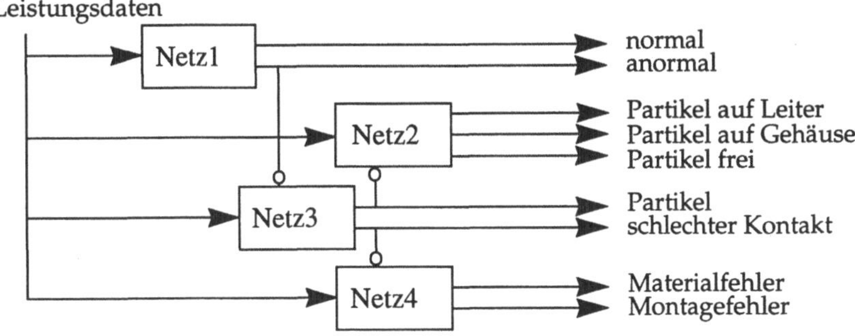

Abb. 4.5. Aufbau des hierarchischen Diagnosesystems in [Ogi Tanaka Akimoto 1991]

- Dean A. Pomerleau arbeitete an der School of Computer Science, Carnegie Mellon University, Pittsburgh, an ALVINN (Autonomous Land Vehicle In a Neural Network), einem System, das ein Fahrzeug auf verschiedenen Untergründen so steuern kann, daß es dem Verlauf einer Straße folgt. Hierzu verwendete er verschiedene Backpropagation-Netze und unterschiedliche Sensorkonfigurationen. In einer ersten Version wurden die Daten einer Videokamera auf 30×32 Einheiten und eines Entfernungsmessers auf 8×32 Einheiten kodiert und über eine Zwischenschicht von 29 Einheiten und eine Ausgabeschicht von 49 Einheiten propagiert. Nachdem es sich gezeigt hatte, daß die Daten des Entfernungsmessers lediglich für die Kollisionsvermeidung relevant waren, auf das Verfolgen des Straßenverlaufs jedoch keinen Einfluß hatten, wurde eine zweite Version mit einem reduzierten Netz von 30×32-5-30 Einheiten verwendet, die direkt über die Steuerwerte eines menschlichen Fahrers trainiert wurde. Dieses Netz war in der Lage, das Versuchsfahrzeug bis zu dessen Maximalgeschwindigkeit von 36 km/h sicher zu steuern.

  Für die *Kollisionsvermeidung*, deren Qualität wesentlich von den Daten des Entfernungsmessers abhängt, wurde ein weiteres Netz konzipiert. Für die Entscheidung, welches der Netze die Steuerung übernehmen soll, wurden Untersuchungen mit Sigma-Pi-Units durchgeführt. In zukünftigen Versionen sollen mehrere kleine Netze mit unterschiedlichen Spezialaufgaben und Einsatzbereichen (etwa unterschiedliche Bodenbeschaffenheiten oder verschiedene Sichtverhältnisse) eingesetzt werden, deren Koordination über ein Koordinierungsnetz oder über einen symbolischen Entscheidungsalgorithmus gewährleistet wird. Eine ausführliche Beschreibung und Diskussion der verschiedenen Ansätze kann man [Pomerleau 1989] und [Pomerleau 1991] entnehmen.

- Hartmut Surmann, Benhür Kiziloglu, Ulrich Rückert und Karl Goser von der Universität Dortmund veröffentlichten 1991 einen Artikel über die Erkennung von Fehlern in integrierten Schaltkreisen mit Backpropagation- und Kohonen-Netzen. In einer ersten Untersuchungsreihe wurden Backpropagation-Netze verschiedener Topologie auf die Erkennung von diversen Fehlern trainiert.

Tabelle 4.4. Trainingsresultate zweier Backpropagation-Netze [Surmann Kiziloglu et al. 1991]

	Topologie	Lernschritte	Fehlerrate	Trainingszeit
Dreischichtnetz	64-30-10	2789	0,0168	600 Sekunden
Vierschichtnetz	64-30-15-10	568	0,0456	140 Sekunden

Nachdem die Ergebnisse nicht zufriedenstellten, wurden Kohonennetze mit 256 Eingabeeinheiten und variierender Anzahl von Klassifikationseinheiten (14×14 und 16×16 Einheiten) verwendet. Die hier erreichten Trainingszeiten waren bei vergleichbarer Erkennungsrate wesentlich kürzer. Auch die Erhöhung der Anzahl der Trainingsbeispiele wirkte sich bei den Kohonennetzen auf die Trainingszeit bei weitem nicht in dem Maße aus, wie dies bei den Versuchen mit Backpropagation der Fall war. Die Auswertungen der einzelnen Versuche sind in [Surmann Kiziloglu et al. 1991] zusammengestellt.

Problem	Netz	Bemerkungen, Besonderheiten	Publikation
Medizinische Diagnose	Backpropagation	System war im Test 3 Ärzteteams und einem Fuzzylogik-System überlegen	[Bounds Lloyd et al. 1988]
Medizinische Diagnose	Backpropagation	Dreischichtnetz erreichte Leistungen von Likelihood-Schätzer	[Kudrycki 1988]
Kreditvergabe	Backpropagation	Durchführung von Tests mit fehlerhaften bzw. fehlenden Daten	[Madey Denton 1988]
Dermatologische Diagnose	Backpropagation	Klassifikation von Hautanomalien, Einsatz für Training von Medizinstudenten	[Yoon Peterson Bergstresser 1988]
Qualitätskontrolle	Backpropagation	Überprüfung von ATM-Datentransmissionsnetzen von B-ISDN	[Hiramatsu 1989]
Situationsanalyse	Kohonen+ Neo-cognitron	Erkennung und Rekonstruktion räumlich orientierter Objektgruppen	[Jakubowicz 1989]
Berechnen visueller Tiefe	Kohonen	Nutzung der Bewegungsparallaxe	[Marshall 1989]
Visuomotor-Koordination bei Robotarm	Kohonen	sowohl Einlernen der Kinematik als auch der Dynamik	[Martinetz Ritter Schulten 1989]
Interpretation von Biosensor-Daten	Backpropagation	System erweist sich als überlegen gegenüber Standardtechniken	[McAvoy Wang et al. 1989]
Sensorbasierte Robotkontrolle	CMAC	Echtzeitanwendung	[Miller 1989]
Erkennen transparenter Flächen	Backpropagation	Ausnutzung von mangelnden Übereinstimmungen bei Stereogrammen	[Quian Sejnowski 1989]
Erkennen von Öffnungen	Backpropagation + Hebb	erzielte Leistung vergleichbar mit biologischem visuellen System	[Sereno 1989]
Erkennen von Protein-Homologien	Backpropagation	Lokalisierung von Immunoglobin in Aminosäure-Sequenzen	[Bengio Pouliot et al. 1990]

Problem	Netz	Bemerkungen, Besonderheiten	Publikation
Aktive Erkundung	Reinforcement-Lernen	Integration von Sensorinformation und Hintergrundwissen in Blockswelt	[Whitehead Ballard 1990]
Verstehen natürlicher Sprache	Backpropagation	Einbeziehung visueller Eindrücke (Mimik) in den Erkennungsprozeß	[Yuhas Goldstein et al. 1990]
Autonomes Fahrzeug	Backpropagation .	Vergleich mit Fuzzy-Logik	[Brown Harris 1991]
Identifikation von Unterschriften	Backpropagation/ Kohonen	Integration visueller, geometrischer und Konturdaten	[Cardot Revenu et al. 1991]
Diagnosesystem für Autozündanlagen	Backpropagation/ Kohonen	Echtzeitdiagnose, Erkennungsrate: Backpropagation 87%, Kohonen 92%	[Farges 1991]
Identifikation von Wellenformen	Backpropagation	Reaktion auf Einnahme von fünf Substanzen für Schluß auf Wirkstoffe	[Rayburn Januszkiewicz et al. 1991]
Analyse von Schlaf-EEGs	Kohonen	Clustering multidimensionaler Signale bei geringen Vorkenntnissen	[Roberts Tarassenko 1991]
Kontrolle einer Robothand	Backpropagation	Einbindung taktiler Informationen und Positionsinformationen	[Sperduti Starita 1991]
Automaten-gesteuertes Fahrzeug	Backpropagation	Vergleich mit proportionaler Kontrolle	[Cheng Xiao LeQuoc1992]
Optische Qualitätssicherung	Perzeptron	Funktionstest für Prüfröhrchen im chemischen Bereich	[Geiger Müller 1992]
Analyse linguistischer Parameter	Perzeptron	Separierung von relevanten Parametern für Spracherkennung	[Gupta Touretzky 1992]
Getriebediagnose	Backpropagation	Klassifikation von Schaltfehlern in verschiedenartigen Automatikgetrieben	[Lutz Schmid-Lutz Schöneburg 1992]
medizinische Diagnose	Backpropagation	Erkennungsrate 97% für Früherkennung vaskulärer Nekrose	[Manduca Christy Ehmann 1992]
Umfangreiche Diagnoseprobleme	Backpropagation	einfaches Backprop. bei wachsender Eingabedimension mit Schwierigkeiten	[Monostori Bothe 1992]
Backgammon	Reinforcement-Lernen	erreichte Spielstärke ist herkömmlichen Systemen weit überlegen	[Tesauro 1992]
Interpretation von EEG-Daten	Backpropagation	Überwachung der Wachsamkeit von Wachpersonal	[Venturini Lytton Sejnowski 1992]

4.4 Mustersynthese, Modellbildung, Vorhersage

Die Bildung komplexer Muster auf der Basis einfacher Merkmale ist ein Bereich, den die konnektionistische Forschung erst spät erschlossen hat. Zunächst wurden Neuronale Netze als Klassifikator oder Speicher gesehen. Erst mit den ersten Versuchen zum Aufbau fehlertoleranter adaptiver Steuerungen ging man einen Schritt weiter. Die Klassifikation von Situationen nach Aktionen ging quasi nahtlos über in Bildung von Modellen, aus denen die Aktionen abzuleiten sind. Ein Unterschied besteht lediglich in der Komplexität des erzeugten Musters. Diese neue Sichtweise erschloß den Bereich allgemeiner Modellbildung, in dem verschiedene Beispielfakten, Abläufe oder Zusammenhänge in einem konstruktiv erschlossenen Modell integriert werden. Dieses Modell wird dann in der Folge verwendet, um Aussagen über noch unbekannte Aspekte zu verifizieren. Dabei hängt die Güte des Modells natürlich unmittelbar von der Qualität der ausgewählten Beispiele ab. Ein grundlegender Vorteil Neuronaler Netze ist es, daß irrelevante Komponenten in den präsentierten Beispielen bis zu einem bestimmten Grad erkannt und nicht zur Modellbildung herangezogen werden. Der Einsatz solcher Modelle ist vor allem in Bereichen von Nutzen, in denen direkte Aussagen schwerlich oder überhaupt nicht möglich sind. Dies ist etwa bei Vorhersageversuchen der Fall. Die direkte Aussage ist hier erst in dem Moment möglich, wo sie für den Anwender wertlos ist. Auch für die abschließende Beurteilung der Güte gewählter Repräsentationen kann man diese Modelle einsetzen, indem man die vom Modell abgeleitete Aussage im nachhinein mit direkt gewonnenen Aussagen vergleicht.

Ein vielbeachtetes Beispiel für den Versuch einer Modellbildung wurde 1992 von Hermann Hild, Johannes Feulner und Wolfram Menzel am Institut für Logik, Komplexität und Deduktionssysteme der Universität Karlsruhe präsentiert. Mit Hilfe eines Backpropagation-Netzes (HARMONET) wurde versucht, die Harmonien in Bach-Chorälen nachzubilden und das eingelernte Modell auf andere Melodien anzuwenden. Choräle sind üblicherweise vierstimmig, wobei eine Stimme (Sopran) der Melodie entspricht. Da sich die Baßstimme direkt aus der Melodie bestimmen läßt, reduziert sich die zu bewältigende Aufgabe auf die Synthese von Alt- und Tenorstimme. Hierzu wurde ein 106-70-20-Netz darauf eingelernt, aus den Harmonien der letzten beiden Vierteltakte sowie der Melodie des aktuellen und des folgenden Vierteltaktes die fehlenden Stimmen des aktuellen Melodiewertes zu bilden. Hierzu wurden zwei Mengen von jeweils zwanzig originalen Bach-Chorälen in moll- und Dur-Tonarten verwendet, die etwa tausend Trainingsbeispiele ergaben. In einem zweiten Schritt wurde ein weiteres Netz dazu benutzt, die auf Viertelnoten festgelegten Grundmuster mit charakteristischen Achtel-Dissonanzen anzureichern.

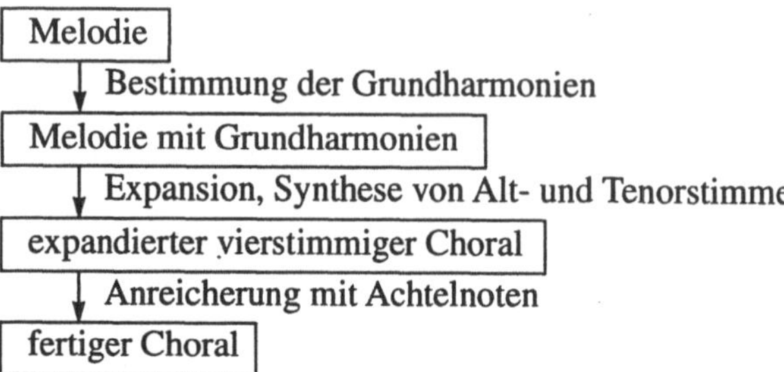

Abb. 4.6. Verarbeitungsschritte von HARMONET

Die Leistungen von HARMONET wurden anhand nicht eingelernter Bach-Cho-
räle sowie der Melodie 'Happy Birthday to You' demonstriert. Ein Auditorium
von Musikexperten bescheinigte, daß HARMONET das Niveau eines improvisie-
renden Organisten erreicht. Versuche, ein ähnlich gutes Resultat mit symbolischen Verfahren zu erreichen, schlugen fehl. Eine Beschreibung von
HARMONET findet sich in [Hild Feulner Menzel 1992].

Problem	Netz	Bemerkungen, Besonderheiten	Publikation
Nachbildung von Harmonien	Backpropa-gation	Harmonisierung von Bach-Chorälen auf Niveau von Organisten	[Hild Feulner Menzel 1992]
Vorhersage Prote-instruktur	Backpropa-gation	Vorhersage sowohl der Sekundär- als auch der Tertiärstruktur	[Fedholm Bohr et al. 1991]
System-identifikation	ART	Schätzen von Kontrollparametern für einen Regler	[Kumar Guez 1991]
Interpolation von Funktionen	Backpropa-gation + ART	Illustrierung durch Flüssigkeitsstand-Kontrolle	[Sørheim 1991]
Charakterisierung seismischer Signale	Backpropa-gation	Bestimmung von Position und Ursa-che von Erdbeben	[Perry Baumgerdt 1991]
Automatischer Beweiser	Boltzmann	Beweis logischer Klauseln	[Pinkas 1992]
Kreditwürdigkeits-prognose	Counterpro p./Kohonen	Vergleich verschiedener Verfahren	[Schumann Lor-bach Bährs 1992]
Vorhersage von Wechselkursen	Backpropa-gation	Kauf- und Verkaufsentscheidungen für Devisen (Dollar)	[Würtz deGroot 1992]

• Eine Gruppe vorwiegend skandinavischer Forscher um Hendrik Fredholm untersuchte 1991 verschiedene Vorgehensweisen zur Vorhersage dreidimensionaler Strukturen von Proteinen. Derzeit sind etwa 20.000 Proteinabfolgen bekannt, aber lediglich 300 3D-Strukturen. Es zeichnet sich auch keine Möglichkeit ab, dieses Mißverhältnis in absehbarer Zukunft auszugleichen. Deshalb gab es immer wieder Ansätze, von der Proteinabfolge zumindest auf die Sekundärstruktur (Helix, Spirale oder Fläche) zu schließen. Bislang wurden hierzu drei Methoden angewendet:

1. Schluß von bekannten 3D (bislang beste Ergebnisse)

2. Schluß von 2D

3. Minimierung der Gesamtenergie

Dabei wurden Resultate zwischen 50% und 60% – mit einem konnektionistischen Ansatz in [Kneller Cohen Langridge 1990] sogar 65% – erzielt. Dabei gelangte jeweils die erste Methode zur Anwendung. Fredholm versuchte, die bislang erzielten Ergebnisse durch Kombination verschiedener Methoden zu verbessern. Er trainierte also ein Backpropagation-Netz mittels bekannter 3D-Strukturen darauf, aus der Abfolge der Aminosäuren eine Distanzmatrix aufzubauen, die durch Minimierung der Gesamtenergie in eine 3D-Struktur überführt werden kann. Dabei wurde vereinfachend von einem Fenster, das 61 Aminosäuren enthält, und von binären Abstandsbedingungen ausgegangen. Jede Aminosäure wurde durch 20 Einheiten repräsentiert, so daß die Eingabeschicht insgesamt aus 1220 Einheiten bestand. Diese wurden über eine Zwischenschicht von 300 Einheiten mit der Ausgabeschicht verbunden, die 30 Einheiten für die Abstandsbedingungen zwischen Aminosäure$_0$ und den 30 vorhergehenden Aminosäuren und drei weitere Einheiten für die Vorhersage der Sekundärstruktur aufwies (siehe Abb. 3.7). Es wird also ein 61 Komponenten (wegen Symmetrie) breites Band in der Diagonalen der Distanzmatrix vorhergesagt.

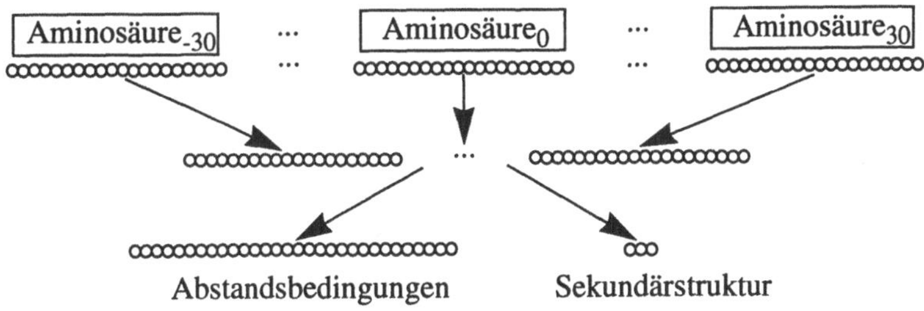

Abb. 4.7. Netztopologie in [Fredholm Bohr et al. 1991]

Als Trainingsmenge wurden dreizehn unterschiedlich strukturierte Proteine verwendet, deren 3D-Struktur bekannt ist. Nach jeweils 200 Präsentationen dieser Proteine wurde deren Struktur perfekt vorhergesagt. Für nicht eingelernte Proteine konnten Ergebnisse von 96,6% erzielt werden. Das bedeutet z.B. für das Protein 1TRM, das 223 Aminosäuren aufweist, eine Gesamtabweichung in der vorausgesagten Struktur von 3Å. Möglichkeiten zur weiteren Verbesserung des Ansatzes sehen die Forscher in einer Verdopplung der Breite des Eingabefensters. Weitere Einzelheiten finden sich in [Fredholm Bohr et al. 1991].

- Sanjay S. Kumar und Allon Guez forschten an der Drexel University 1991 im Bereich *Modellbildung* für Kontrollaufgaben. Dabei stellt sich das Problem, daß jeder Lernvektor lediglich einmal präsentiert wird, ein Epochenlernen also nur unter Verwendung eines Puffers durchführbar ist und auch dann nicht sichergestellt werden kann, daß zu Beginn präsentierte Eingaben nicht wieder verlernt werden.

  Bei Kontrollaufgaben sind zwei adaptive Ansätze denkbar: Direkte adaptive Kontrolle stützt sich auf ein festes Modell und versucht, den Fehler zwischen tatsächlicher und vorhergesagter Ausgabe zu minimieren. Indirekte adaptive Kontrolle schätzt Ausgabeparameter und verwendet diese Schätzung als Modell. Kumar und Guez widmeten ihre Aufmerksamkeit dem zweiten Ansatz. Ein ART2-Netz wurde eingesetzt, um als Systemidentifikations-Komponente in einem Regler zu arbeiten. Das Gesamtsystem wurde simuliert, der Lernvorgang wurde off-line durchgeführt. In einer Beispielumgebung, die sich in zwei Umgebungsparametern über die Zeit nichtlinear veränderte, wurden zwei Kontrollparameter so geschätzt, daß die Veränderung der Umgebung so weit als möglich kompensiert wurde. Eines der Ergebnisse ist in Abb. 3.8 illustriert. Weitere Einzelheiten kann man [Kumar Guez 1991] entnehmen.

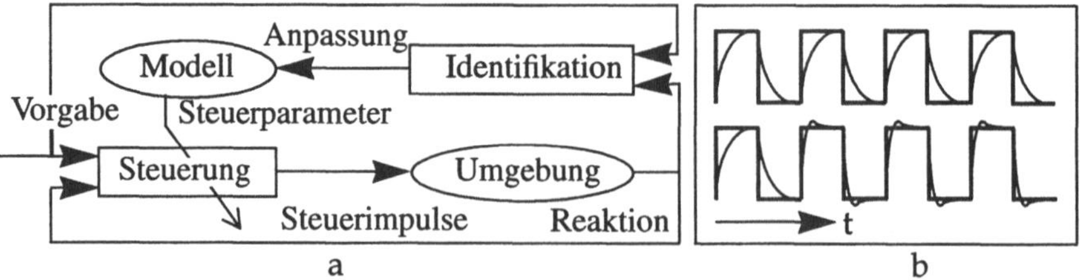

Abb. 4.8. a) Schema einer adaptiven Steuerung, Netz lernt die Identifikation. b) Ergebnis der ART2-Systemanpassung bei zyklischer Veränderung eines Umgebungsparameters, oberes Schaubild zeigt Verhalten vor Lernen, unteres zeigt Endresultat.

- Einar Sørheim stellte 1991 am Department of Computer Science, University of Oslo, einen Ansatz zur *Interpolation* von Funktionen vor. Um die Dauer des Lernvorganges zu reduzieren, wurden die Stützstellen in einem ersten Schritt mit Hilfe eines ART2-Netzes klassifiziert. Für jede der so gebildeten Klassen wurde nun ein 2-2-1-Backpropagation-Netz eingerichtet, das lediglich mit den Stützstellen der jeweiligen Klasse eingelernt wurde. Um die Leistungen dieses Ansatzes zu illustrieren, wurde eine Flüssigkeitsstand-Kontrolle simuliert. Ein unregelmäßig geformter Tank wird mit Flüssigkeit gefüllt. Ziel ist es, auf der Basis des gegenwärtigen Standes und der Flüssigkeitszunahme pro Zeiteinheit, den Flüssigkeitsstand nach der nächsten Zeiteinheit zu prognostizieren. Als Trainingsmenge dienten tausend zufällig ausgewählte Flüssigkeitzugaben bei unterschiedlichem Flüssigkeitspegel. Das ART2-Netz bildete bei einmaliger Präsentation dieser Trainingsbeispiele 140 Klassen, so daß die Beispiele im zweiten Schritt auf 140 Back-propagation-Netze verteilt wurden. Untersuchungen zeigten, daß es möglich ist, Trainingsbeispiele, die in eine bestimmte Klasse gehören, zu puffern und dadurch on-line zu lernen. Im direkten Vergleich mit einem (off-line eingelernten) Maximum-Likelihood-Schätzer schnitt das konnektionistische System mit einem Durchschnittsfehler von etwa 1% um das Zehnfache besser ab. Der Ansatz ist ausführlich in [Sørheim 1991] beschrieben.

- J.L. Perry und D.R. Baumgardt, die in der Signal Analysis and Systems Division der ENSCO Inc. tätig sind, untersuchten 1991 die Eignung von Backpropagation-Netzen für die *Charakterisierung seismischer Signale*. In verschiedenen Experimenten versuchten sie, die Tiefe eines Erdbebenherdes, den zeitlichen Abstand zwischen einzelnen Stößen und Ursachen (tektonische Spannung, Vulkanausbruch, nukleare Explosion) zu bestimmen. Für die Tiefenbestimmung wurde ein dreischichtiges Backpropagation-Netz mit 1620 Einheiten in der Eingabeschicht darauf trainiert, zu bestimmen, ob der Erdbebenherd tiefer als 4 km lag oder nicht. Dies wurde mit 90,76% Erkennungsrate geleistet. Der zeitliche Abstand zwischen zwei Stößen wurde auf einem 256-24-7 Netz zunächst mit Mustern eingelernt, die zwei Stöße beinhalteten. Die Erkennungsrate lag hier bei 81,82%. Daraufhin wurde zusätzlich mit Mustern gelernt, die drei Stöße enthielten, wodurch eine fehlerfreie Einordnung in sieben Zeitabstände zwischen 37 und 188 ms erreicht werden konnte. Die Ursache einer seismischen Störung wurde bei nur 69,4% der Testbeispiele richtig erkannt. Bei 27,7% der Beispiele war die Netzausgabe indifferent. Weitere Einzelheiten finden sich in [Perry Baumgardt 1991].

- Gadi Pinkas entwickelte 1992 am Computer Science Department, Washington University, eine Methode zur *Beweisführung* über logische Ausdrücke mit Boltzmann-Maschinen. Als Ausgangsbasis dienten ihm eine zu beweisende Anfrage und eine Faktensammlung in Form von Klauseln. Klauseln sind mittels 'v' verknüpfte Literale, ein Literal ist ein atomares Prädikat oder ein negiertes atomares Prädikat. Jede beliebige prädikatenlogische Formel erster Stufe läßt sich bis auf Erfüllbarkeitsäquivalenz in Form einer Klauselmenge darstellen. Ein Beweis besteht aus einer Folge von Klauseln, die entweder in der Faktensammlung auftreten oder aus schon bewiesenen Klauseln durch Resolution hervorgegangen sind. Die Anfrage ist eine zu beweisende Klauselmenge.

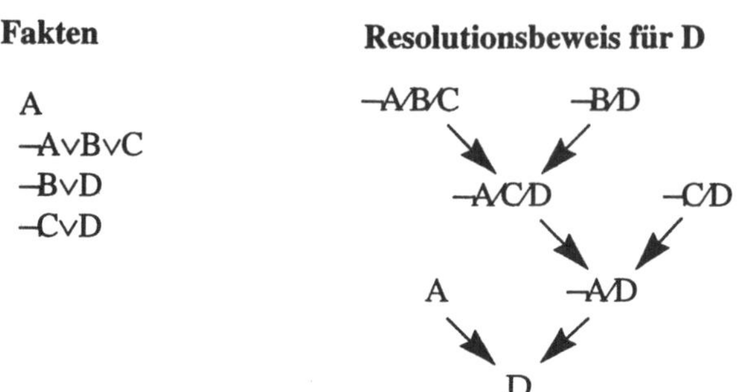

Abb. 4.9. Beispiel für einen einfachen aussagenlogischen Resolutionsbeweis

Einen möglichen Weg, den Beweis zu führen, bietet der logische Abschluß, d.h. die Faktensammlung wird solange durch Resolventen erweitert, bis jede weitere Resolvente bereits Element der Klauselmenge ist. Der Beweis reduziert sich damit auf die Überprüfung, ob die Anfrage Teilmenge der so erweiterten Faktensammlung ist. Diese Methode funktioniert nur, wenn man einen Komplexitätsparameter i einführt, der aussagt, wie oft die verwendeten Funktionen maximal aufeinander angewendet werden dürfen. Doch auch nach Einführung von i wächst der logische Abschluß der Faktensammlung exponentiell, so daß der Aufwand für diese Art der Beweisführung zu hoch ist, um im allgemeinen Fall in dieser Form vorgehen zu können. Auch die Größe der von Pinkas eingeführten Beweis-Netze wächst exponentiell. Durch die Möglichkeit der Parallelverarbeitung läßt sich jedoch ein Teil des erhöhten Aufwandes auffangen. Da zudem die zu erwartende Komplexität sowie die maximale Beweislänge vorab festgelegt werden muß, der Beweiser also lediglich für Anfragen einer beliebigen, aber festen Maximalkomplexität vollständig ist, und da in den meisten Fällen die Komplexität einen relativ kleinen Wert nicht übersteigt, wächst die Netzgröße lediglich polynomial. Anhand der auftretenden Literale und ihrer Verknüpfungen in der Faktensammlung wird das Netz aufgebaut. Die Verbindungsgewichte werden so eingerichtet, daß die Endaktivität des Netzes den optimalen Beweisweg widerspiegelt, falls er existiert. Einzelheiten über die gewählte Repräsentation finden sich in [Pinkas 1992].

- M. Schumann, T. Lohrbach und P. Bährs untersuchten 1992 an der Universität Göttingen, Abteilung Wirtschaftsinformatik II, die Eignung verschiedener konnektionistischer Modelle, unter anderem Counterpropagation und Kohonennetze, für *Kreditwürdigkeitsprognosen*. Als Basis diente ein Datensatz aus 1095 Kreditanträgen mit jeweils zwanzig Merkmalen der Kreditsuchenden, die eine bayrische Großbank zwischen 1973 und 1975 als Ratenkredite vergeben hatte. Neun der vorgegebenen Merkmale wurden als relevant bewertet. Dies waren:

  1. Art des bestehenden, laufenden Kontos bei der Bank
  2. Laufzeit des Darlehens in Monaten
  3. bisherige Zahlungsmoral
  4. Höhe des Darlehens
  5. Sparkonto oder Wertpapiere
  6. Dauer der Beschäftigung beim jetzigen Arbeitgeber
  7. Ratenhöhe in Prozent des verfügbaren Einkommens
  8. Dauer des jetzigen Wohnsitzes
  9. Art des bestehenden Vermögens

  Die neun Merkmale wurden auf drei verschiedene Arten kodiert (20 binäre Werte, 44 binäre Werte, 9 kontinuierliche Werte aus [0;1]). Unabhängig vom verwendeten Verfahren wurden mit der dritten Kodierung mit 60%–70% Erkennungsrate die besten Ergebnisse erzielt.

  Als Problem stellt sich für Neuronale Netze die fehlende Begründung, wenn ein Antrag abgelehnt wird. Eine Möglichkeit, dieses Problem zu umgehen bietet sich, wenn man die Eingabe in einzelnen Komponenten variiert, um so eine Antragsannahme zu erzwingen. Die variierte Komponente bildet dann die Grundlage für eine Begründung oder gegebenenfalls (Variation der Kredit- oder Ratenhöhe) für ein Kreditangebot von seiten der Bank. Eine genaue Beschreibung aller durchgeführten Untersuchungen und Ergebnisse findet man in [Schumann Lohrbach Bährs 1992].

- Diethelm Würtz und Claas de Groot forschten an der ETH Zürich unter anderem über Möglichkeiten zur Vorhersage von *Wechselkursen*. Dabei wählten sie eine Anzahl relevanter Indikatoren aus, die sie zunächst mit einem linearen Netz einlernten. Durch unterschiedliche Belegung von Parametern und verschiedene Startbelegungen wurde zudem eine Anzahl unabhängiger Backpropagation-Netze geschaffen, die als Experten fungierten. Sämtliche Netze wurden darauf trainiert, vorherzusagen, ob der Eröffnungskurs des amerikanischen Dollar im Vergleich zum Vortag steigen oder fallen würde. Bei prognostiziertem Kursanstieg wurde gekauft, und am nächsten Tag wieder verkauft, bei Vorhersage eines fallenden Kurses wurde auf der Basis des Kurses vom Folgetag verkauft. Die Kaufs- und Verkaufsentscheidungen wurden auf unterschiedliche Weise gewonnen. Zunächst wurden die Gewinne des linearen Modells als Vergleichsbasis ermittelt. *5 Durchschnitt* bezeichnet fünf unabhängig entscheidende Netze, deren Durchschnittsgewinn berechnet wird, *5 Mittelwert* (bzw. *10 Mittelwert*) kombiniert die Ergebnisse von fünf (bzw. zehn) Netzen vor dem Handeln, *5 Majorität* wird nur dann aktiv, wenn drei der fünf Netze dieselbe Prognose abgeben und *5 Konsens* fordert eine einheitliche Prognose aller fünf Netze.

Tabelle 4.5. Erzielte Ergebnisse in [Würtz deGroot 1992]. Die Prozentzahlen in Klammern markieren den Gewinn bezüglich des eingesetzten Kapitals, während die anderen Prozentzahlen für den objektiveren Vergleichsmaßstab des erzielten Gewinns in Abhängigkeit vom zu erzielenden Maximalgewinn stehen.

Methode	1987	1988	1989	Total
Linear	18,7 (29,3)	8,6 (10,7)	12,0 (19,2)	13,1±4,2 (19,7)
5 Durchschnitt	10,7 (16,7)	9,4 (11,7)	14,2 (22,8)	11,4±2,0 (17,1)
5 Mittelwert	14,9 (23,3)	22,7 (28,4)	11,9 (19,1)	16,5±4,0 (23,6)
5 Majorität	7,2 (11,2)	15,4 (19,2)	8,3 (13,3)	10,3±4,4 (14,6)
5 Konsens	9,2 (14,4)	3,9 (4,9)	14,7 (23,6)	9,3±5,4 (14,3)
10 Mittelwert	16,7 (26,1)	13,8 (17,3)	15,4 (24,8)	15,3±1,5 (22,7)

Verblüffend ist vor allem das recht gute Abschneiden des linearen Ansatzes. Da die Angabe des Gewinns bezüglich des eingesetzten Kapitals von Jahr zu Jahr unterschiedlich hoch ausfallen kann, wurde das Verhältnis zwischen erzieltem und maximal möglichem Gewinn als Bewertungsgrundlage herangezogen. Eine Übersicht kann man in [Würtz deGroot 1992, deGroot Würtz 1992] finden.

Problem	Netz	Bemerkungen, Besonderheiten	Publikation
artikulierte Rezitation	Boltzmann/ Backprop.	Dreischichtnetz für lautes Vorlesen von englischem Text	[Sejnowski Rosenberg 1986]
Beantworten von Fragen über Mikrowelt	Backpropagation	Test verschiedener Topologien, Netz generalisiert für nicht gelernte Fragen	[Allan 1988]
Vorhersage von Mustern	Backpropagation	Vorhersage des Verhaltens eines Mustergenerators für 2-dim. Muster	[Collins 1988]
Schätzen von Obligationswerten	Backpropagation	Einsatz in diesem Bereich vorteilhaft	[Dutta Shekhar 1988]

Problem	Netz	Bemerkungen, Besonderheiten	Publikation
Lernen kinematischer Kontrolle	Backpropagation	fehlertolerante Anpassung auch an sehr komplexe, sich verändernde Systeme	[Elsley 1988]
Modellierung eines Fledermausgehörs	Kohonen	Simulation der Repräsentation von Ultraschall-Signalen in der Hör-Cortex	[Martinetz Ritter Schulten 1988]
Vorhersage von Aktienkursen	Backpropagation	Einfaches Backpropagation zu schwach	[White 1988]
Komponieren von Musikstücken	Spezialnetz	Entwickeln neuer Melodien auf der Basis eingelernter Beispiele	[Todd 1989]
Modellierung eines endl. det. Automaten	ART	Echtzeitsimulierung der Übergangsfunktion	[Winter 1989]
Kompensierung von Kopfbewegungen	Backpropagation	Modellierung von Augenbewegungen bei Rotation des Kopfes	[Fanelli Raphan Schnabolk 1990]
Reproduktion von Signalen	Kohonen	Erzeugung von Sprachmustern aus quantisierten Verbänden	[Martinelli Ricotti Ragazzini 1990]
Kollisionsvermeidung und Steuerung	Hopfield	Neuronenverbindungen modellieren Wechselwirkungen zw. Elementen	[Morasso Sanguineti et al. 1990]
Repräsentation von Regeln	Backpropag./Wettbewerbsl.	Bilden von komplexen Regeln aus einfachen if–then Anweisungen	[Touretzky ElvgenIII 1990]
Vorhersage von Sonnenflecken	Backpropagation	Ergebnisse wesentlich besser als bei herkömmlichem System	[Weigend Rumelhart Huberman 1990]
Vorhersage von An-/Verkaufszeitpunkten	Backpropagation	Bestimmung des günstigsten (gewinnbringendsten) Zeitpunkts erfolgreich	[Collard 1991]
Lernen von Kontrollaufgaben	Reinforcement	Test des Systems mit Temperatursteuerung nach vorgegebenen Werten	[Guha 1991]
optimierte Sprachsynthese	Backpropagation	Einlernen natürlicher Tonhöhenveränderungen beim Sprechvorgang	[Morton 1991]
Komponieren von Musikstücken	rek. Backpropagation	neuer Ton als Funktion des vorhergehenden Tones und eines Kontextes	[Mozer Soukup 1991]
Vorhersage von Börsenkursen	Backpropagation	Einbeziehung ökonomischer Faktoren führt zu Leistungssteigerung	[Freisleben 1992]
Synthese von Buchstaben in div. Fonts	Backpropagation	Umsetzen von Texten in Font, der durch wenige Buchstaben gegeben ist	[Grebert Stork et al. 1992]

Problem	Netz	Bemerkungen, Besonderheiten	Publikation
Vorhersage von Software-Zuverlässigkeit	Backpropagation	als Eingabe dienen Programmumfäng und -typ und Anzahl gefundener Fehler	[Karunanithi Whitley Malaiya 1992]
Modellierung eines Industrie-Trockners	Backpropagation	Bestimmung von Feuchtigkeitsgrad und Temperatur nach Trokkenvorgang	[Lackner Melsheimer Beard 1992]
Generierung von Trajektorien	Backpropagation	netzgesteuertes Schreiben von Buchstaben	[Simard LeCun 1992]
Lastprognose	Backpropagation	mittelfristige (6–18h) Vorhersage des zu erwartenden Leistungsbedarfs	[Zielonka 1992]

4.5 Rekonstruktion, Konvertierung, Speicherung

Im Bereich der Transformation bzw. Konvertierung von Daten kann man grundsätzlich zwischen zwei Problemklassen unterscheiden. Zum einen gibt es Probleme, die sich auf einfache Weise in einen Analyse- und einen Synthesevorgang unterteilen lassen, etwa die Übersetzung von Sprachen, wo es sich geradezu anbietet, zunächst eine sprachunabhängige Repräsentation (*Interlingua*) heranzubilden, die dann in die Zielsprache umgesetzt wird. Ein Beispiel für ein solches Vorgehen bietet das unter der Leitung von Alexander Waibel entwickelte JANUS-System [Waibel Jain et al. 1992], welches das ehrgeizige Ziel verfolgt, einen maschinellen *Simultanübersetzer* zu entwickeln. Durch die Aufteilung des Übersetzungsvorganges in Erkennung, Parsing und Generierung konnten verschiedene symbolische wie konnektionistische Komponenten miteinander kombiniert und getestet werden. Insgesamt kamen bislang für die Erkennung vier konnektionistische Verfahren, für das Parsing ein traditioneller LR-Parser und ein konnektionistisches System (PARSEC, beschrieben in [Jain 1992]) und für die Sprachgenerierung diverse kommerzielle symbolische Sprachgeneratoren zum Einsatz.

Für die zweite Problemklasse läßt sich eine solche Aufteilung – wenn überhaupt – nur mit größeren Schwierigkeiten definieren. Die Approximation einer durch Stützstellen gegebenen Funktion ist ein Beispiel für ein solches Problem. Es ist nicht nur schwierig, eine Aufteilung zu bestimmen, man hat anders als bei Übersetzungsproblemen auch keinerlei Verwendung für das zu erwartende Zwischenergebnis. Für die Bewältigung derart gestalteter Probleme kommen von vornherein nur neuronale Modelle in Frage, deren Einheiten kontinuierliche Werte erzeugen können und deren Berechnungs- und Lernalgorithmus eine solche Erzeugung kontinuierlicher Werte auch unterstützt. Populärster Vertreter solcher Netze ist das Backpropagationmodell.

Genau gegenteilige Eigenschaften sind bei Speicherungsproblemen gefordert. Hier soll eine endliche Menge von Beispielen so eingelernt werden, daß ähnliche Eingaben auf dasselbe, eingelernte Beispiel abgebildet werden, die Netzausgabe also durch eine endliche Menge anziehender Fixpunkte charakterisiert ist. Diese Eigenschaften werden beispielsweise von Hopfieldnetzen gewährleistet.

Die obige Charakterisierung läßt die Auffassung zu, daß Speicherung ein Spezialfall für eine Klassifikation sei. Da man aber überdies zumeist einen kleinen Teil des zu speichernden Objektes (Schlüssel) als besonders relevant ansieht, auf dessen Eingabe hin das vollständige Objekt reproduzierbar sein soll, also ein wichtiger Aspekt in der Rekonstruktion des Gesamtmusters besteht, ist die Einordnung in diesem Abschnitt durchaus gerechtfertigt. Zudem ist jede Speicherung stets auch eine – wenn auch triviale – Konvertierung.

Problem	Netz	Bemerkungen, Besonderheiten	Publikation
Sprachübersetzung	TDNN	strukturiertes System für Verwendung hybrider Mechanismen	[Waibel Jain et al. 1992]
Sprachübersetzung	Backpropagation	kontextabhängige Übersetzung von Lokalpräpositionen	[Munro Tabasko 1991]
Wissensspeicherung	Hopfield	Kodierung von aktiven und passiven Erinnerungsprozessen	[Ruppin Yeshurun 1991]

- P.W. Munro und M. Tabasko untersuchten am Department of Information Science der University of Pittsburgh 1991 die Möglichkeit der Einsetzbarkeit von Backpropagation-Netzen für die Etablierung *semantischer Repräsentationen* als Ausgangspunkt für einen Übersetzungsmechanismus. Dies wurde an dem Teilproblem der korrekten Übersetzung von Lokalpräpositionen illustriert. Die Schwierigkeit bei der Übersetzung liegt darin, daß in verschiedenen Sprachen mit überwiegend korrespondierenden Präpositionen kontextbedingte Unterschiede in der Anwendung bestehen. So läßt sich das englische *'on'* oft korrekt durch *'auf'* übersetzen. Bei einer Vielzahl von Kontexten wie etwa *'house on lake'* ist die richtige Übersetzung jedoch *'an'*. Um dieser Schwierigkeit zu begegnen, wurde ein Netz aufgebaut, das als Eingabe einen Ausdruck der Form 'Substantiv – Präposition – Substantiv' sowie eine semantische Repräsentation erwartet. Die Ausgabeschicht reproduziert die Präposition und ihre kontextabhängige semantische Repräsentation. Für das Training wurde eine Datenbasis von zehn Substantiven und fünf Lokalpräpositionen benutzt. Bei der Hälfte der generierten Trainingsbeispiele wurde die verwendete Präposition gelöscht, bei der anderen Hälfte die zugehörige semantische Repräsentation. Lernziel war es, die korrekte Ausgabe bei derart reduzierter Eingabe zu reproduzieren.

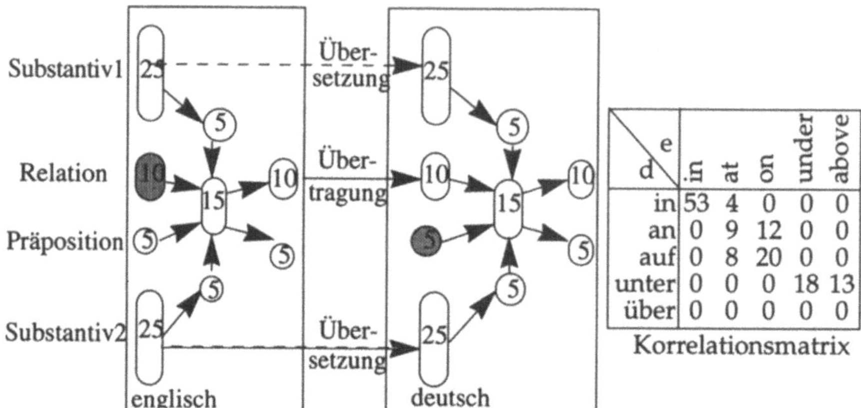

e / d	in	at	on	under	above
in	53	4	0	0	0
an	0	9	12	0	0
auf	0	8	20	0	0
unter	0	0	0	18	13
über	0	0	0	0	0

Abb. 4.10. Topologie des Übersetzungssystems in [Munro Tabasko 1991]. Grau gehaltene Netzkomponenten werden reproduziert. Die sich ergebenden Übersetzungen sind in der Korrelationsmatrix zusammengestellt.

Zwei identisch aufgebaute Netze wurden parallel mit deutschen bzw. englischen Sprachdaten trainiert. Durch Hintereinanderschalten der Netze, wobei das erste Netz die semantische Repräsentation an das zweite übergibt, und dieses daraus die entsprechende Präposition bildet, wurde ein Übersetzungsmechanismus realisiert, der bei gegebener Übersetzung der Substantive zugehörige Präpositionen bildet. Von 137 eintrainierten Ausdrücken wurden in vier Testläufen durchschnittlich 98,72% von Englisch nach Deutsch und 95,07% von Deutsch nach Englisch korrekt übersetzt. Als interessantes Nebenergebnis läßt sich festhalten, daß bei Erweiterung dieses Ansatzes Aufschlüsse über eine sprachunabhängige semantische Repräsentation beliebiger Ausdrücke (Interlingua) erhofft werden können. Der beschriebene Ansatz ist ausführlich in [Munro Tabasko 1991] dargestellt.

- E. Ruppin, Y. Yeshurun untersuchten am Department of Computer Science, Tel Aviv University, 1991 die Korrelation der Speichereigenschaften des menschlichen Gedächtnisses mit denen hopfieldartiger Netze und damit deren Eignung als *Speicher* für Wissen in menschenähnlicher Repräsentation. Dabei konzentrierten sie sich auf aktive und passive Erinnerungsprozesse. Als aktiven Erinnerungsprozeß kann man das Reproduzieren von Erinnerungen verstehen, der passive Prozeß beruht auf der Feststellung, ob eine Erinnerung möglich ist. Technisch ausgedrückt handelt es sich um das Laden gespeicherter Daten bzw. die Überprüfung, ob bestimmte Daten gespeichert sind. Ausgehend von der Erfahrung, daß außer den eingelernten Beispielen auch lokale Minima existieren, die nicht eingelernt wurden, für deren Konvergenz jedoch signifikant mehr Zeit benötigt wird, wurde die aktive Erinnerung so definiert, daß auf Eingabe eines Beispiels der nächste konvergente Netzzustand geladen wird. Das Laden schlägt fehl, falls dieser Netzzustand einem nicht eingelernten lokalen Minimum entspricht. Die passive Erinnerung arbeitet direkt mit der Konvergenzzeit. Wenn nach einer bestimmten Anzahl von Berechnungsschritten noch kein konvergenter Zustand erreicht ist, kann man darauf schließen, daß sich das Netz einem nicht eingelernten Minimum nähert und damit das präsentierte Beispiel nicht gespeichert sein kann.

Auf der Basis dieser einfachen Abbildung menschlicher Erinnerungsprozesse wurden verschiedene beim Menschen beobachtete Phänomene in Korrelation gesetzt und diverse interessante Parallelen aufgedeckt. So konnten der Effekt einer schnellen Wiedererkennung häufig vorkommender Daten, die Schwierigkeiten beim Erinnern in überladenen Bereichen, sowie die Kontextabhängigkeit von Erinnerungsabläufen nachgebildet werden. Diese Ergebnisse sollten nun keinesfalls zu dem Schluß verleiten, man könne damit ein menschliches Gehirn nachbilden. Die Intention war lediglich, anhand eines einfachen Modells die Eignung von Hopfieldnetzen zu menschenähnlicher Repräsentation einer begrenzten Wissensmenge aufzuzeigen, und andererseits eine mögliche Grundlage für diese Erinnerungsphänomene beim Menschen anzubieten. Näheres erfährt man in [Ruppin Yeshurun 1991].

Problem	Netz	Bemerkungen, Besonderheiten	Publikation
Matrixinvertierung	Hopfield	analoge Hardware-Implementierung, funktioniert für singuläre Matrizen	[Jang Lee Shin 1988]
Sortieren von positiven Zahlenreihen	Hopfield	Ableitung mathematischer Bedingungen	[Atkins 1989]
Assoziativer Speicher	Backpropagation	Untersuchungen über Qualität und Kapazität	[Cherkassky Vassilas 1989]
Assoziativer Speicher	Hopfield	Verfahren zur Sicherung der zu speichernden Eingaben	[Farrell Michel 1989]
Aufsplittung von EMG-Signalen	Hopfield	Ermittlung der Aktionspotentiale einzelner Muskelfasern	[Graupe Vern et al. 1989]
Berechnung Inverser Kinematik	Hopfield	Zustände der Neuronen repräsentieren Gelenkgeschwindigkeiten	[Guo Cherkassky 1989]
Speicher mit assoziativem Zugriff	Boltzmann	Einträge werden als lokale Minima gespeichert	[Kam Cheng 1989]

Problem	Netz	Bemerkungen, Besonderheiten	Publikation
Adaptive Signal-vorverarbeitung	Backpropagation	reduziert nicht-gauß'sches Rauschen von 26% auf 4%	[Lippmann Beckman 1989]
Eingabe-/Ausgabe-Repräsentationen	Backpropagation	Erhöhung der Systemleistung	[Miikulainen Dyer 1989]
Assoziativer Speicher	Hopfield	Definition einer Obergrenze in Abhängigkeit vom Interaktionslevel	[Xu Tsai 1989]
Speicher für analoge Vektoren	Hopfield	zweischichtige Erweiterung für Speicherung reelwertiger Komponenten	[Atiya Abu-Mostafa 1990]
Speicher für Kontroll-Anwendungen	Kohonen	Netz speichert Modellierungsdaten für erwartete Wirkung von Aktionen	[Hormel 1990]
Unterdrückung von Streueffekten	Perzeptron	Korrekturen in Elektronenstrahl-Lithographie viel schneller als symb. Verf.	[Frye Cummings Rietman 1991]
Trajektorien-Kontrolle	Perzeptron/Backprop.	Berechnung inverser Jacobi-Matrix	[Gardner Brandt Luecke 1991]
Inverse Kinematik eines Robotarms	Kohonen	Lernen off-line, große Anzahl von Lernschritten nötig	[Kieffer Morellas Donath 1991]
Ausfiltern von AM-Impulsen	Backpropagation	Empfangsverbesserung bei TV-Bildern, besser als symbolische Verfahren	[Pearson Spence Sverdlove 1991]
EKG-Monitoring	Bachpropagation/Kohonen	Backprop. besser als Kohonen besser als herkömmliche Methoden	[Zhu Noakes Green 1991]

4.6 Steuerung, Regelung

Erlernen einer Folgefahrt mit Neuronalen Netzen

Im Forschungszentrum Informatik an der Universität Karlsruhe wurde unter Leitung von Karsten Berns für einen autonomen mobilen Roboter, der omnidirektional steuerbar ist, ein Folgeverhalten mit Hilfe mehrerer Backpropagation-Netze erlernt. Neben internen Sensoren (z.B. Inkrementgeber) sind zusätzlich mehrere Ultraschallsensoren am Fahrzeug angebracht, mit deren Hilfe es möglich ist, Abstandsmessungen zu Objekten durchzuführen (Messungen zwischen 0 und 5m in einem Streuwinkel von 20°). Die im folgenden beschriebenen Versuche sind in einer Simulation durchgeführt worden, wobei die simulierte Sensorik und Motorik der des realen Fahrzeugs entspricht. Der Übergang zur Simulation ist notwendig, um verschiedene Netztypen bzw. unterschiedliche Parameterbelegungen schnell testen zu können und um beliebige Fahrszenen als Trainingsmuster generieren zu können. Ein weiterer praktischer Grund ist, daß eine falsch gelernte Steuerung während der Test- und Trainingsphase zu Beschädigungen am Fahrzeug führen kann. Eine Skizze des Versuchsfahrzeugs ist in Abb. 3.11 gezeigt.

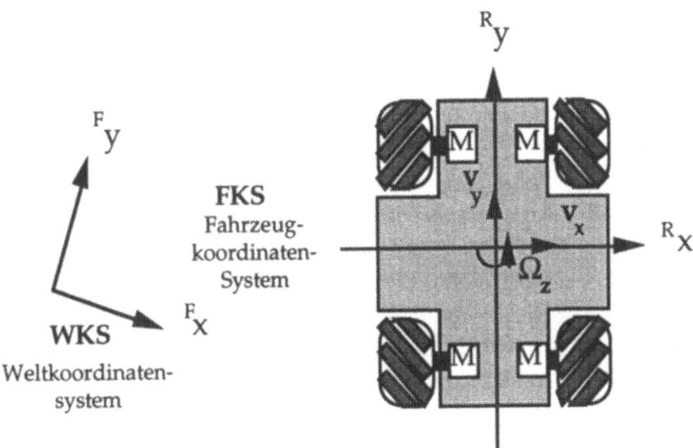

Abb. 4.11. Der autonome, omnidirektional steuerbare, mobile Roboter. Das Fahrzeug ist 90cm lang, 65 breit und kann sich mit etwa 3km/h fortbewegen. Bis zu 24 Ultraschallsensoren können am Fahrzeug angebracht werden. An zusätzlichen externen Sensoren verfügt das Fahrzeug über ein Stereokammerasystem.

Das zu erlernende Folgeverhalten soll folgenden Randbedingungen genügen:

- das Fahrzeug soll einem baugleichen oder ähnlichen Objekt in einem vordefinierten Abstand kollisionsfrei folgen,

- die Steuerung soll auch im Meßgrenzbereich der Ultraschallsensoren mit stark verrauschten Meßdaten hinreichend gut funktionieren,

- das Folgeverhalten sollte anhand von Beispielen bestehend aus aktuellen Sensorwerten und motorischen Stellgrößen erlernt werden,

- der Steuerungsalgorithmus sollte adaptiv sein, d.h. sich an leicht geänderte Bedingungen wie nicht planare Reflexionsebene für die Ultraschallsensoren anpassen können,

- beim Ausfall eines Sensors oder einiger Neuronen sollten einfache Folgefahrten noch möglich sein.

Im folgenden soll weniger auf die verwendeten Netze und deren Parameter eingegangen werden, sondern die Idee des Lernprozesses erläutert werden. Alle Lernbeispiele bestanden aus Paaren von Ultraschallmeßwerten, die auf das Intervall [0,1] normiert wurden, sowie einem Steuerwert (im folgenden als Radius bezeichnet), mit dessen Hilfe die Orientierung des Fahrzeugs im Raum und die zu fahrende Strecke in x- und y-Richtung für einen Zeitschritt berechnet wird. Diese Art der Kodierung der Steuerwerte ermöglicht kompaktere Netze, was sich positiv auf die Lerngeschwindigkeit und die Generalisierungseigenschaft der Netze auswirkt.

Die Grundidee beim Generieren von Trainingsbeispielen ist, ausgehend von Meßwerten, die man bei einer manuellen Verfolgung eines Objekts mit dem realen Fahrzeug (Joystickfahrt) aufgenommen hat, einen geeigneten Trainingssatz für den Lernprozeß zusammenzustellen. Für das effiziente Trainieren von Backpropagation-Netzen ist eine repräsentative Auswahl von Lernbeispielen unbedingt notwendig. Das Erzeugen einer ausreichenden Menge repräsentativer Beispiele für ein effizientes Folgeverhalten ist in beliebigen Welten mit Hindernissen äußerst schwierig. Deshalb wurde das gesamte Folgeverhalten in einer Art Bootstrap-Verfahren eingelernt. Zunächst wurde mit drei an der Stirnseite des Fahrzeugs angebrachten Ultraschallsensoren ein Grundfolgeverhalten in einer Welt ohne Hindernisse erlernt. Das Erstellen eines geeigneten Trainingssatzes ist für dieses Teilproblem relativ einfach. Mit der trainierten Steuerung wurden einfache Folgefahren durchgeführt; dabei wurden für sieben Ultraschallsensoren (jeweils ein Sensor rechts und links, zwei Sensoren in den Ecken und drei an der Stirnseite) Meßwerte und die entsprechenden Steuerwerte protokolliert. Diese Daten wurden dazu verwendet, ein Netz mit sieben Eingangswerten (entspricht sieben Neuronen in der Eingabeschicht) einzulernen. Aufgrund der Generalisierungseigenschaften von Backpropagation-Netzen wies dieses Netz ein erheblich besseres Folgeverhalten auf, als das entsprechende mit drei Eingabewerten. Abb. 3.12 zeigt die verwendete Sensorkonfiguration am Versuchsfahrzeug.

Mit dem eingelernten Folgeverhalten wurden verschiedene Folgefahrten in Welten mit Hindernissen durchgeführt, wobei diesmal die Meßwerte des hinteren und der seitlichen Sensoren protokolliert wurden. Zusätzlich wurden Korrekturwerte für die Steuerung bestimmt, falls das Fahrzeug mit einem Hindernis kollidierte. Diese Beispiele dienten zum Einlernen eines Korrekturnetzes, das den Steuerwert für das Grundfolgeverhalten so modifiziert, daß keine Kollisionen mit Hindernissen mehr auftreten.

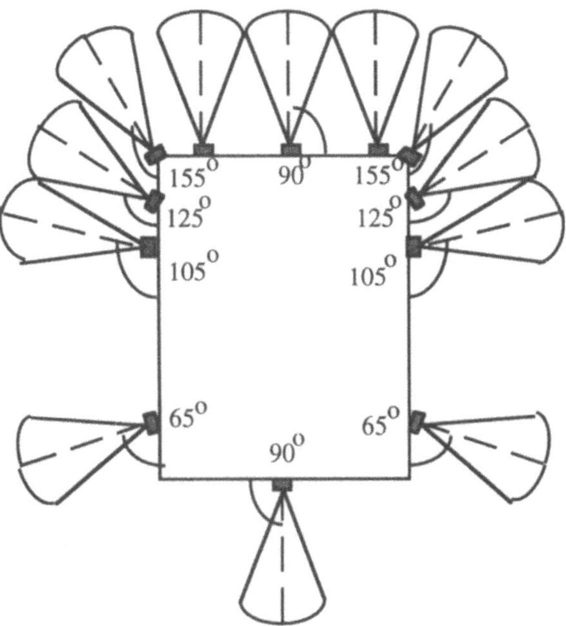

Abb. 4.12. Sensorkonfiguration des Folgefahrzeugs. 5 Sensoren sind am Kopf des Fahrzeugs, 3 jeweils an den Seiten und 1 Ultraschallsensor an der Rückseite angebracht. Die Sensorkonfiguration wurde so gewählt, daß ein optimales Erfassen der Umwelt während der Folgefahrt möglich ist.

Die Struktur der Steuerung der Folgefahrt ist in Abbildung 4.13 dargestellt. Nach der Trainingsphase konnte das Folgefahrzeug dem Leitfahrzeug in beliebigen Welten folgen. Selbst bei Rückwärtsfahrten des Folgefahrzeugs traten keine Kollisionen auf. Bezüglich der Fehlertoleranz der Steuerung wurden unterschiedliche Tests durchgeführt, bei denen ein starkes Rauschen einiger Sensoren bzw. der Ausfall eines Sensors simuliert wurde. Das Folgeverhalten war bis zu einem Rauschfaktor von 10% fast unverändert. 30% verrauschte Meßwerte einiger Sensoren konnte bei einfachen Folgefahrten noch verkraftet werden. Eine Anpassung der Steuerung an eine leicht modifizierte Sensorkonfiguration ist durch Nachtrainieren möglich. Abb. 3.14 zeigt zwei Folgefahrten in Welten mit Hindernissen.

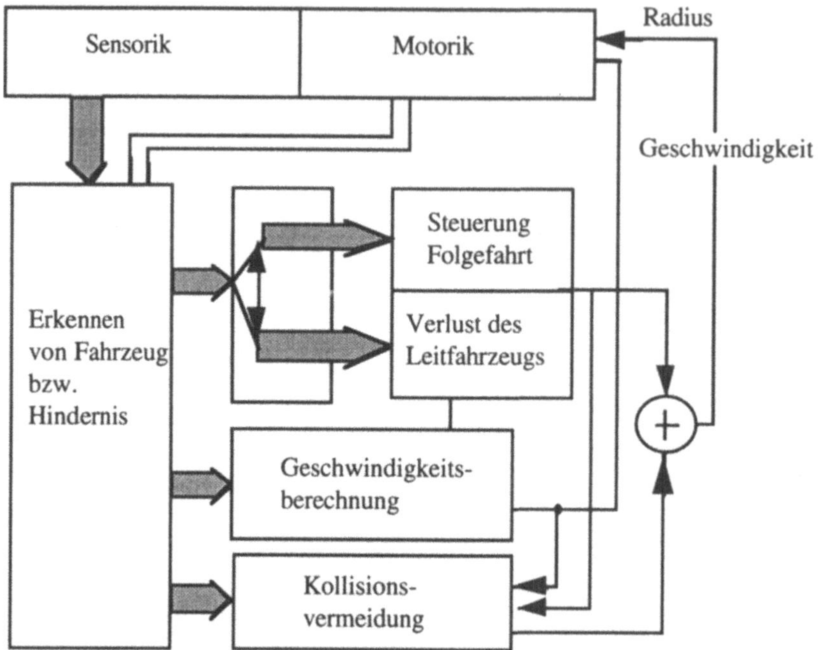

Abb. 4.13. Struktur der Steuerung. Das Entscheidungsmodul bestimmt, welche Sensoren Hindernisse messen und welche das Leitfahrzeug. Die Meßwerte von Hindernissen werden im Kollisonsvermeidungsmodul, die vom Leitfahrzeug im Modul zur Steuerung der Grundfolgefahrt bearbeitet, um die Steuerwerte für das Fahrzeug zu berechnen. Zusätzlich Strategien implementiert, die bei Verlust des Leitfahrzeugs aktiviert werden bzw. die Geschwindigkeit des Folgefahrzeugs berechnen. Das Entscheidungsmodul wurde mit einem rekurrenten Backpropagation-Netz, der Kollisionsalgorithmus und die Steuerung einer Grundfolgefahrt mit Backpropagation-Netzen realisiert.

Eine ausführlichere Beschreibung des Folgealgorithmus und der verwendeten Testumgebung findet man in [Berns Dillmann Hofstetter 1991] und [Berns Hofstetter 1991]. In [Berns Dillmann Zachmann 1992] wurde darüberhinaus ein Reinforcement-Lernverfahren vorgestellt, das lediglich aufgrund von Bewertungen des aktuellen Folgeverhaltens eine geeignete Steuerung erlernen kann.

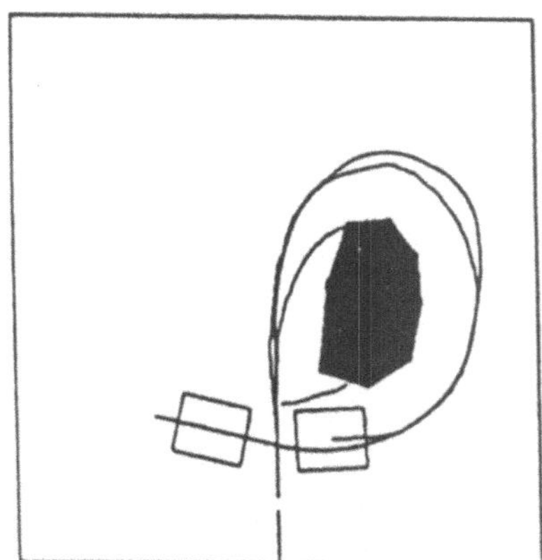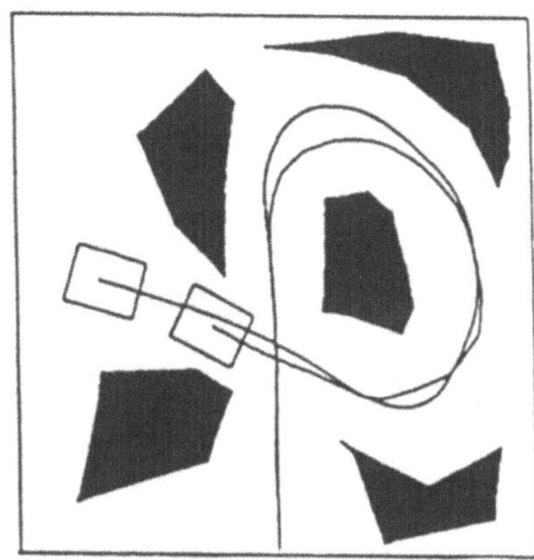

Abb. 4.14. In (a) wurde die Trajektorie des Leitfahrzeugs (dargestellt durch den Verlauf des Schwerpunktes während der Fahrt) konstant gehalten. Man erkennt deutlich ein völlig anderes Folgeverhalten, falls ein Hindernis in die Szene eingebaut wird. (b) zeigt eine Folgefahrt in einer komplexen Hinderniswelt.

Problem	Netz	Bemerkungen, Besonderheiten	Publikation
reaktive Roboter-steuerung	Backprop./ Reinforce.	Implementierung eines adaptiven Folgeverhaltens	[Berns Dillmann Zachmann 1992]
Wassertank-Zuflußsteuerung	Backpropagation	Netzvorstukturierung nach Maßgabe eines PID-Reglers	[Scott Shavlik Ray 1992]
Kollisionsvermeidung	Backpropagation	Steuern eines autonomen Fahrzeugs in simulierter Umgebung	[Nijhuis Höflinger et al. 1991]
Roboterarm-steuerung	Backprop./ Reinforce.	Modellierung nichtlinearer Zusammenhänge	[Zomaya Suddaby Morris 1992]

- Gary M. Scott, Jude W. Shavlik und W. Harmon Ray von der University of Wisconsin, Madison, untersuchten 1992 die Möglichkeit der Einbringung vorhandenen Wissens in Neuronale Netze für Steuerungsaufgaben. Sie stellten fest, daß *PID-Regler* (Proportional-Integral-Derivative) eine Struktur aufweisen, die sich auf die Topologie eines Backpropagation-Netzes übertragen läßt, und die es möglich macht, zumindest einen Teil der Gewichte mit sinnvollen Werten zu belegen, so daß der Lernvorgang lediglich eine Feinabstimmung gewährleisten muß. Die Leistungen dieses Ansatzes wurden anhand der Temperatur- und Ausflußkontrolle eines Wassertanks illustriert.

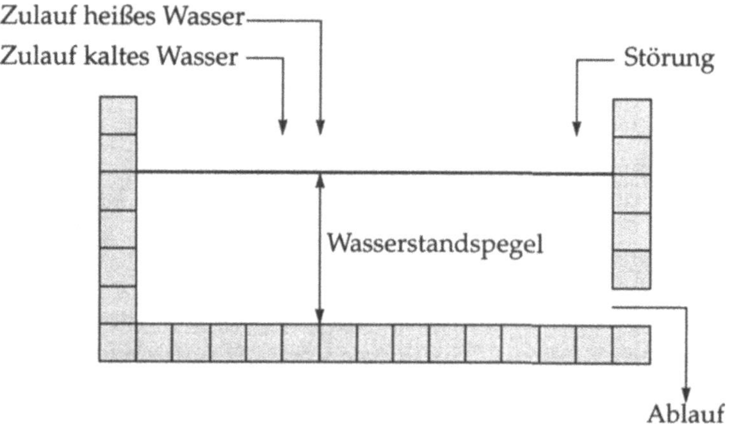

Abb. 4.15. Schematische Darstellung des Wassertanks in [Scott Shavlik Ray 1992]

Hierzu wurden in einem Experiment mit je 22 Trainings- und Testbeispielen vier Ansätze verglichen. Zum einen ein Standard-PID-Regler, zum zweiten ein gewöhnliches dreischichtiges Backpropagation-Netz, des weiteren ein Netz mit durch den PID-Regler determinierter Topologie und zufällig gewählten Startgewichten (MANNCON I) und schließlich ein Netz, bei dem sowohl Topologie als auch Startgewichte nach Maßgabe des PID-Reglers gewählt wurden (MANNCON II). Wie nicht anders zu erwarten, ist MANNCON II das einzige Netz, das vor dem Training schon vergleichbare Leistungen wie der PID-Regler liefert. Nach weniger als tausend Trainingsläufen übertrifft MANNCON II die Leistungen des PID-Reglers deutlich, MANNCON I erreicht die Qualität des PID-Reglers erst nach etwa 5000 Trainingsläufen, das Backpropagation-Netz nach 25000 Läufen. Weitere Einzelheiten finden sich in [Scott Shavlik Ray 1992].

- Mit der Steuerung autonomer Fahrzeuge beschäftigten sich Bernd Höfflinger, Stefan Neußer, Jos Nijhus, Andreas Siggelkow und Lambert Spaanenburg im Rahmen einer Untersuchung über die Verwendbarkeit ihrer Entwurfsumgebung für Neuronale Netze NNSIM (siehe auch Seite 134). Das Fahrzeug sowie die Fahrzeugumgebung wurden simuliert, wobei Effekte wie Glatteis und Seitenwind Berücksichtigung fanden. Beim Einlernen des dreischichtigen Backpropagation-Netzes wurde besonderen Wert auf die Kollisionsvermeidung gelegt. Hierzu wurden vier Trainingsmuster kreiert. Drei weitere Trainingsmuster garantieren die Fortbewegung des Fahrzeugs (siehe Abb. 3.16). Das Netz besteht aus 15 Eingabeneuronen (13 Sensorsignale, Ist-Geschwindigkeit und Ist-Lenkwinkel), acht Neuronen in der Zwischenschicht und zwei Ausgabeneuronen (Soll-Geschwindigkeit und Soll-Lenkwinkel).

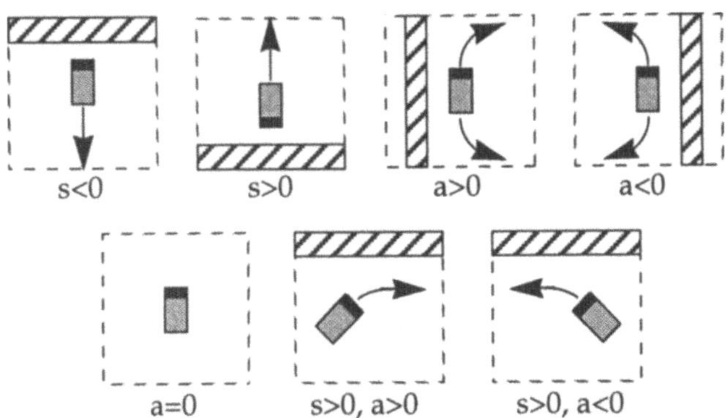

Abb. 4.16. Trainingssituationen (s: Soll-Geschwindigkeit, a: Soll-Lenkwinkel) in [Nijhus Höfflinger et al. 1991].

Zuletzt wurde das trainierte Netz mit Hilfe von NNSIM in Hardware umgesetzt. Dabei wird die sigmoide Aktivierungsfunktion in eine einfachere, hardwarenahe Funktion transformiert. Weitere Informationen über NNSIM und die hier angerissene Anwendung finden sich in [Neußer Nijhuis et al. 1991] und [Nijhuis Höfflinger et al. 1991]. Ebenfalls mit Fahrzeugsteuerungen beschäftigt sich eine Gruppe am Institut für Neuroinformatik an der Ruhr-Universität Bochum unter W. von Seelen. Ihr Versuchsfahrzeug MARVIN [Bohrer Fuhrmann Dose 1993] wird von einer neuronalen Steuersystem-Architektur gelenkt.

- Albert Y. Zomaya und Mark E. Suddaby, Department of Electronical and Electronic Engineering, University of Western Australia, untersuchten 1992 gemeinsam mit Alan S. Morris, Department of Control Engineering, University of Sheffield, die Eignung von Backpropagation-Netzen und Reinforcement-Verfahren für die *adaptive Kontrolle* eines Roboterarms mit drei Freiheitsgraden. Dabei fiel dem Netz die Aufgabe zu, nichtlineare Zusammenhänge sowie Veränderungen der Umwelt aufzufangen. Es erhielt hierzu drei Eingabewerte für die Kraft bzw. das Moment der Freiheiten des Roboterarms, die der Regler auf der Basis einer vorgegebenen Zielsituation (Position, Geschwindigkeit und Beschleunigung des Roboterarms) produziert hatte. Über eine Zwischenschicht von fünfzehn Einheiten wurde ein Korrekturvektor berechnet, der zu den ursprünglichen Reglerwerten addiert wird. Um die Qualität der Vorgaben zu verbessern, wurde anhand der Differenz zwischen gewünschter und resultierender Konfiguration ein Bewertungssignal für das Netz ermittelt, und dessen Gewichte angepaßt.

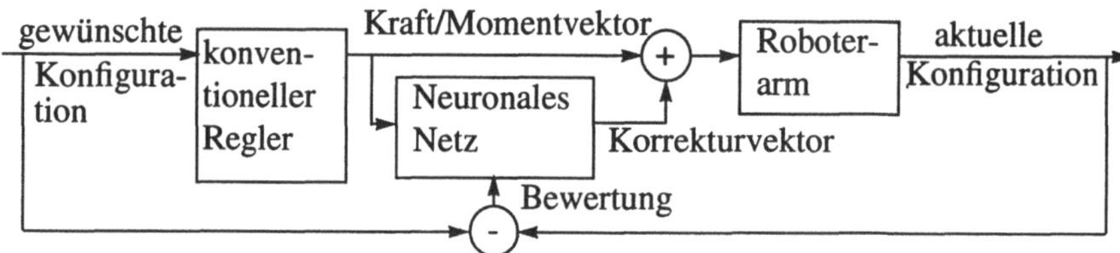

Abb. 4.17. Schematische Darstellung des adaptiven Reglers in [Zomaya Suddaby Morris 1992]

Die vorgestellte Architektur bietet unter anderem den Vorteil, daß ein sehr kleines, schnell einzulernendes Netz verwendet werden kann. Nur so ist auch eine schnelle Reaktion auf Veränderungen der Umwelt möglich. Zudem ist durch die 'Vorverarbeitung' durch den konventionellen Regler von vornherein eine sehr hohe Regelgenauigkeit gegeben, die nur noch wenig korrigiert werden muß. Die größte Schwierigkeit liegt in der Definition einer hinreichend guten Bewertungsfunktion; da jede Eingabe lediglich einmal auftritt und nicht gepuffert wird, muß sie eine Konvergenz des Verfahrens auch unter widrigen Umständen gewährleisten. Eine Beschreibung des Ansatzes findet sich in [Zomaya Suddaby Morris 1992].

Problem	Netz	Bemerkungen, Besonderheiten	Publikation
Balancieren eines Besens	Adaline	Beschr. des legendären ersten Netzes zur Kontrolle instabiler Systeme (1963)	[Widrow 1987]
Chemische Verfahrenssteuerung	Reinforcement	Vergleich verschiedener Kontrollsysteme	[Hoskins Himmelblau 1988]
Kontrolle eines Robotmanipulators	Backpropagation	Bewältigung unvorhergesehener Situationen durch Generalisierung	[Sobajik Lu Pao 1988]
Lernen der Dynamik eines Robotarms	Backpropagation	Dreischichtnetz für Steuerung des CMU Direct Drive Arm II	[Goldberg Pearlmutter 1989]
Dynamiksteuerung eines Industrierobots	CMAC	Echtzeitsteuerung eines GEP-5 Roboters	[Hewes Miller 1989]
Rückwärts-Einparken eines Sattelzuges	Madaline	klassisches hochgradig nichtlineares Problem	[Nguyen Widrow 1989]
Steuerung eines 3-Gelenk-Robotarms	Kohonen	Erweiterung der topologieerhaltenden Karten für robustes Lernverhalten	[Ritter Martinetz Schulten 1989]
Steuerung eines Robotmanipulators	Backpropagation + Hopfield	zwei Backprop.-Netze als lernende Front-/Back-End, dazwischen Hopfield	[Tsutsumi 1989]
Steuerung eines Robotarms	Kohonen	keine Information über Robotgeometrie nötig	[Ritter Martinetz Schulten 1991]
Steuerung einer Steward-Plattform	Backpropagation/ CMAC	Lösung des direkten und des indirekten kinematischen Problems	[Geng Haynes 1991]
Bewegungssteuerung eines Vierbeiners	Reinforcement	Vergleich mit menschlichem Lernen zeigt Schwäche bisheriger Ansätze	[Holland Snaith 1991]
Kontrolle einer Flugzeuglandung	rek. Backpropagation	Forschung im Auftrag von Boeing, Einbeziehung der Windverhältnisse	[Schley Chauvin et al. 1991]
Kontrolle eines umgekehrten Pendels	Backpropagation	Einlernen über Trial-and Error, keine explizite Kontrollvorgabe	[Sekiguchi Sugasaka Nagata 1991]
Steuerung einer chemischen Anlage	Backpropagation	Einlernen eines Verfahrens zur Schwefelsäureherstellung	[Balzer Kirbach 1992]
Kontrolle redundanter Manipulator	Backpropagation	Vergleich verschiedener Variationen und Erweiterungen (z.B. Quickprop)	[Malaka 1992]
Laufsteuerung eines Vierbeiners	Hopfield	Probleme mit lokalen Minima, Verwendung vereinfachter Laufflächen	[Min Bien 1992]
Steuern eines Lastkrans mit Laufkatze	Kohonen	Problem komplex durch Schwingungen der Last, gute Ergebnisse	[Trümper 1992]

4.7 Planung, Optimierung

Bei Optimierungsproblemen ist der Ausgangspunkt im wesentlichen eine Situationsbeschreibung oder Datensammlung, die entweder diverse Freiheiten oder redundante Information aufweist. Ziel des Optimierungsvorganges ist es nun, über eine geeignete Repräsentation zu einer komprimierten eindeutigen Darstellung zu gelangen. Dabei sollen Mehrdeutigkeiten so aufgelöst werden, daß die Repräsentation in einem bestimmten Sinne optimal ist. Wichtige Anwendungen in diesem Bereich sind die Aufbereitung und Kompression von Daten nach vorgegebenen Gesichtspunkten, sowie die zeitliche oder räumliche Anordnung von Objekten bzw. Vorgängen unter Berücksichtigung verschiedenartiger Randbedingungen und Minimierung einer oder mehrerer vorgegebener Größen.

Während die Datenkompression vor allem für das Gebiet der graphischen Datenverarbeitung und anderer Zweige mit ähnlich umfangreichem Datenaufkommen essentiell ist, trifft die Optimierung direkt den Kern dessen, was die Künstliche Intelligenz zu beherrschen sucht. So ist es nicht verwunderlich, daß viele Veröffentlichungen über Anwendungen Neuronaler Netze in diesem Bereich Bezug auf diverse klassische Probleme der Künstlichen Intelligenz nehmen. Auf zwei dieser klassischen Probleme soll hier näher eingegangen werden.

Das *Traveling Salesman Problem* behandelt den Versuch, in einem Graphen von n Knoten und gewichteten Kanten zwischen diesen Knoten einen minimalen Pfad zu finden, der jeden Knoten genau einmal besucht und im Anfangsknoten endet (*Hamiltonzyklus*). Die Geschichte, dem dieses Problem seinen Namen verdankt, schildert die Bemühungen eines Handlungsreisenden, der für eine Verkaufstour eine Anzahl von Städten aufzusuchen hat und den dabei zurückzulegenden Weg möglichst kurz halten will. Offensichtlich war er von seinen Verkaufstalenten nicht sonderlich überzeugt, da er es vermeiden wollte, eine einmal besuchte Stadt ein zweites Mal aufzusuchen. Das Auffinden einer optimalen Lösung für dieses Problem läßt sich nur in exponentieller Zeit bewerkstelligen, so daß schon früh Heuristiken zum Finden eines nahezu minimalen Pfades analysiert und etabliert wurden. Ein zusätzliches Problem ergibt sich daraus, daß es Graphen gibt, für die kein Hamiltonzyklus existiert (siehe Abb. 3.18).

Heinz Braun und Rainer Malaka untersuchten 1990 am Institut für Logik, Komplexität und Deduktionssysteme der Universität Karlsruhe die Eignung von Hopfieldnetzen für die Lösung des Traveling Salesman Problems. Dabei benutzten sie die Repräsentation, die Hopfield und Tank in [Hopfield Tank 1985] vorgeschlagen haben. Eine Einheit des Netzes steht für *'Stadt i ist im Pfad an Stelle j'*. Es werden also n^2 Einheiten benötigt. Die Energiefunktion muß so gewählt werden, daß zum einen ihr Wert minimal wird, falls jede Stadt genau einmal im Pfad vorkommt (d.h. wenn man sich die n^2 Einheiten matrixförmig angeordnet denkt, ist in jeder Zeile und in jeder Spalte genau eine Einheit aktiv), und zum anderen, falls die Pfadlänge minimal wird. Ausgangspunkt der Pfadsuche ist ein Netz, in dem alle Einheiten aktiv sind. Jede Stadt kann also noch an jeder möglichen Stelle des Pfades vorkommen. Im Laufe der Berechnung der Ausgabe werden systematisch Einheiten 'ausgeschaltet', bis eine stabile Endsituation erreicht ist.

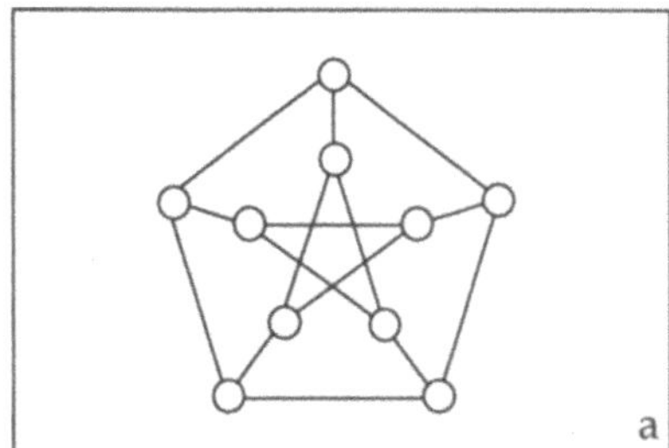
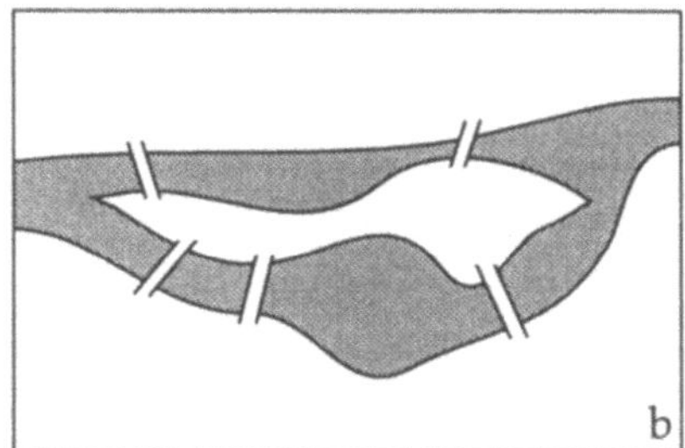

Abb. 4.18. Für den Peterson-Graph (a) ist das Traveling Salesman Problem nicht lösbar. Das Fünf-Brücken-Problem (b), bei dem unter genau einmaliger Benutzung jeder Brücke das andere Ufer erreicht werden soll, ist ein Beispiel für ein ähnlich gelagertes nicht lösbares Problem.

Bei der Bewertung des Ergebnisses stößt man auf verschiedene Schwierigkeiten. Wenn die Energiefunktion so ausgelegt ist, daß die Minimierung der Gesamtpfadlänge als maßgeblicher Faktor eingeht, kann es vorkommen, daß Städte ausgelassen werden. Bei steigender Bedeutung der Bedingung des Besuchs *aller* Städte in der Energiefunktion nimmt die Qualität der Lösung bezüglich der Pfadlänge ab. Zudem ist der Effekt zu beobachten, daß frühzeitig ausgeschaltete Einheiten selten wieder eingeschaltet werden, auch wenn gegen Ende des Berechnungsvorganges klar wird, daß das Minimum nicht mehr erreicht wird.

Da das Hopfieldnetz gegen das nächste lokale Minimum konvergiert, läßt sich eine Abschätzung für die Obergrenze des zu erwartenden Fehlers kaum angeben. Eine Verbesserung des Ergebnisses läßt sich dadurch erzielen, daß man mit zwei verschiedenen Gewichtsbelegungen arbeitet. Zunächst wird eine Gewichtsbelegung gewählt, die vorrangig die Gesamtpfadlänge minimiert. Mit Hilfe der zweiten Gewichtsbelegung wird nun in einem zweiten Schritt erzwungen, daß der Pfad tatsächlich alle Knoten enthält.

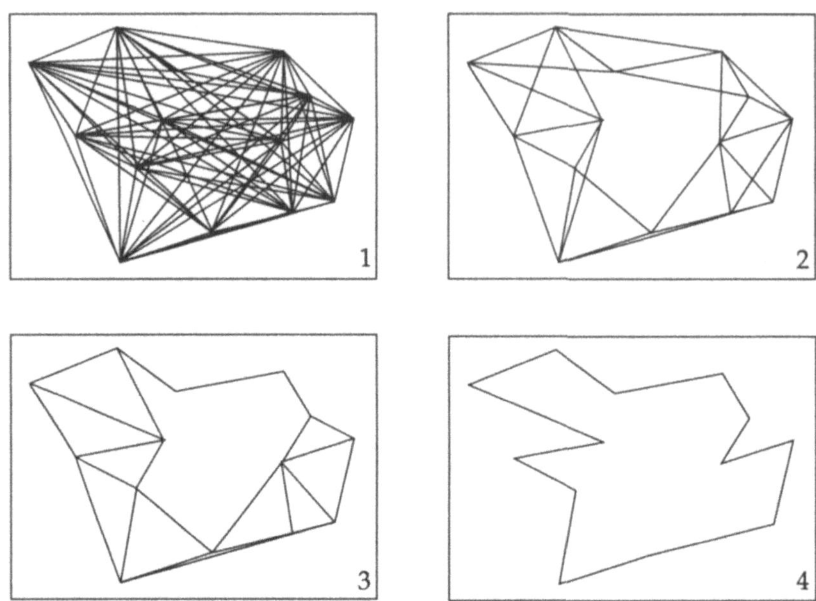

Abb. 4.19. Phasen eines Berechnungsvorgangs, jede Kante steht für eine aktive Einheit im Hopfieldnetz

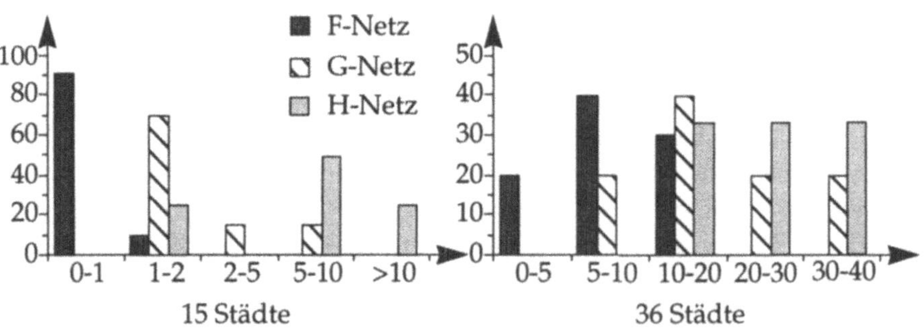

Abb. 4.20. Erzielte Ergebnisse mit Hopfieldnetz (H-Netz), gekoppeltem Netz (G-Netz) und Netz mit Fixierungen und Reduktionen (F-Netz) in [Braun Malaka 1990].

Weitere Resultatsverbesserungen sind nur durch eine Erweiterung des Modellansatzes zu erreichen. Zum einen ist der Übergang zu Boltzmann-Maschinen möglich, die garantiert ein globales Minimum finden. Eine andere Möglichkeit bietet die Einführung einer zweiten Schicht, deren einzelne Neuronen für *Stadt i ist mit Stadt j im Hamiltonzyklus direkt verbunden'* stehen. Die Verbindungen zwischen den beiden Schichten sind dabei so zu wählen, daß Widerspruchsfreiheit gewährleistet ist. Formal ausgedrückt muß also folgendes gelten:

$$u_{ij}^2 \text{ aktiv} \Leftrightarrow \exists k \; u_{jk}^1 \text{ aktiv} \wedge (u_{j(k+1)}^1 \text{ aktiv} \vee u_{j(k-1)}^1 \text{ aktiv})$$

Die zweite Schicht minimiert also die Gesamtpfadlänge, während die erste Schicht gewährleistet, daß alle Knoten genau einmal aufgesucht werden. Mittels dieses gekoppelten Netzes konnten Traveling Salesman Probleme bis zu zwanzig Städten optimal und bis zu 30 Städten mit einem Fehler von 6% gelöst werden. Eine weitere Verbesserung erzielte man durch Aufhebung der implizit durch die Repräsentation (durch die Zuordnung von Städten zu Positionen im Pfad) gegebenen Richtung. Um dies zu erreichen, wurde die Repräsentation der Einheiten in der ersten Schicht dahingehend abgeändert, daß einzelne Neuronen nicht mehr für Städte, sondern für zunächst n Kantenzüge der Länge Null stehen, die im Lauf des Berechnungsprozesses in einen Kantenzug der Länge n übergehen. Die Ergebnisse, die mit diesem *'Netz mit Fixierungen und Reduktionen'* erzielt wurden, sind in Abb. 3.20 denen der anderen beiden Netze gegenübergestellt. Weitere Informationen, insbesondere anschauliche Betrachtungen zu den verwendeten Energiefunktionen, finden sich in [Braun Malaka 1990].

Ein Problem, das bereits im letzten Jahrhundert formuliert wurde, ist das n-Damen-Problem. Dabei geht es darum, auf einem $n{\times}n$ Schachbrett n Damen so zu aufzustellen, daß keine die andere schlagen kann. Es konnte nachgewiesen werden, daß für jedes $n>3$ eine Lösung dieses Problems existiert. In den Fünfzigern wurde eine Methode vorgestellt, das Problem für beliebig viele Damen konstruktiv mit linearem Zeitaufwand zu lösen, indem man diese zunächst in zwei parallelen Geraden anordnete und Konfliktstellen mit maximal drei Verschiebungen einzelner Damen beseitigte. Dennoch eignet sich das Problem hervorragend für die Bewertung verschiedener heuristischer Verfahren im Planungsbereich.

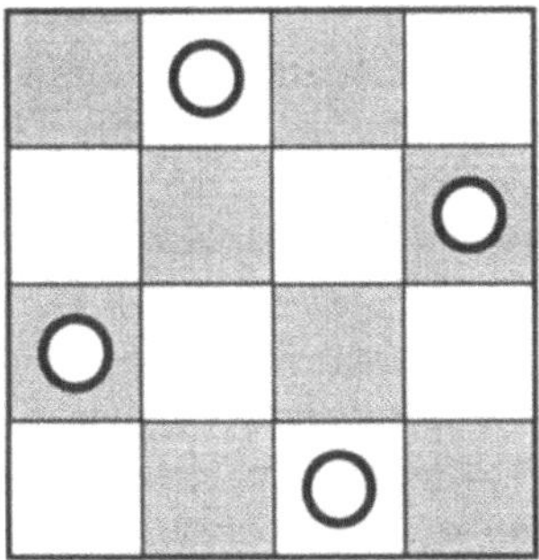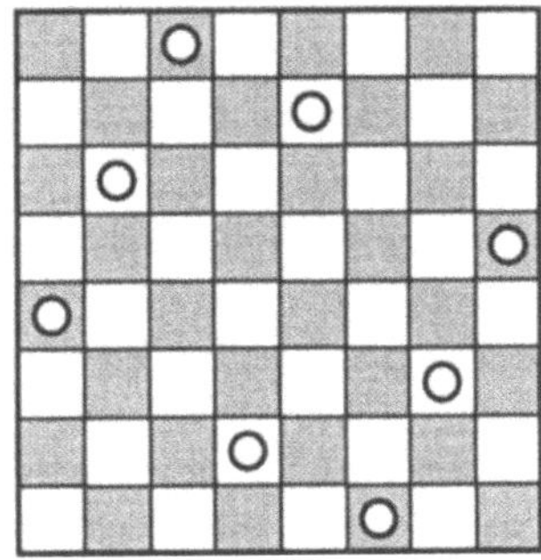

Abb. 4.21. Lösung des n-Damen-Problems für $n=4$ und für $n=8$.

Ein einfaches Hopfieldnetz, das für jedes Feld des Schachbretts eine Einheit aufweist, findet zwar bei entsprechender Energiefunktion eine Aufstellung, aber es kann nicht garantiert werden, daß tatsächlich n Damen eingesetzt wurden. Dieser Mangel kann sowohl durch den Übergang zu Boltzmann-Maschinen, als auch durch mehrschichtige Ansätze, wie den für das Traveling-Salesman-Problem geschilderten, angegangen werden. Eine weitere Möglichkeit bietet die Einführung von 'Wächterneuronen', die eine Einhaltung gegebener Randbedingungen (in diesem Fall die Anzahl der aufzustellenden Damen) garantieren. Auf diesem Wege wurden in [Adorf 1989] Lösungen bis $n=1024$ gefunden.

Problem	Netz	Bemerkungen, Besonderheiten	Publikation
Traveling Salesman	Hopfield	Lösungen für 15 und 36 Städte mit verschiedenen Kodierungen	[Braun Malaka 1990]
Komprimierung von Sprachdaten	Wettbewerbslernen	erweiterter Ansatz mit beschleunigter Konvergenz des Lernverfahrens	[Ahalt Krishnamurthy et al. 1990]
Reaktive Bahnplanung	Hopfield	Hindernisvermeidung für Flugzeuge	[Gilmore Czuchry 1991]
Kompression von Bildern	Backpropagation	schrittweise Kompression quadratischer Fensterausschnitte	[Mougeot Azencott Angeniol 1991]
Lagerhaltung	Backpropagation	Verwaltung von Produktionsresourcen	[Zwietering van Kraaji et al. 1991]
Bewegungsplanung für Roboter	Reinforcement-Lernen	Etablieren eines Potentialfeldes für den Konfigurationsraum	[Millán Torras 1992]

- Stanley C. Ahalt, Ashok K. Krishnamurthy, Prakoon Cheng und Douglas E. Melton an der Ohio State University, Columbus, erweiterten 1990 das einfache Wettbewerbslernen, um verbesserte Ergebnisse bei der *Vektorquantisierung* zu erzielen. Bei der Vektorquantisierung wird der Raum, in dem die Vektoren liegen, in endlich viele Regionen unterteilt, denen jeweils ein Reproduktionsvektor zugeteilt wird. Statt des Ausgangsvektors wird nun der Index der entsprechenden Region gespeichert, die Rekonstruktion erfolgt mittels einer Kodierungstabelle, in der jedem Index der entsprechende Reproduktionsvektor zugeordnet ist. Eine gute Vektorquantisierung erhält man, indem man versucht, die Regionen so zu wählen, daß sie in etwa gleich mächtig sind. Dies wird durch das einfache Wettbewerbslernen nicht gewährleistet, weshalb jede Klassifikationseinheit mit einem Zähler versehen wurde, der erhöht wird, wenn die

Einheit gewinnt. Der Wert dieses Zählers geht hemmend in die Berechnung der Netzfunktion ein, so daß die Wahrscheinlichkeit dafür, daß eine Einheit gewinnt, umso kleiner wird, je größer der Zählerwert ist.

Mit dem so erweiterten *Frequency-sensitive competitive learning* (FSCL) wurde versucht, Sprachdaten zu komprimieren. Zum besseren Vergleich wurde dasselbe Problem mit einfachem Wettbewerbslernen, einem Kohonennetz und einem herkömmlichen Verfahren angegangen. Hierbei zeigte sich, daß FSCL gegenüber dem einfachen Wettbewerbslernen eine gravierende Qualitätsverbesserung erbrachte und damit Leistungen erzielte, die durchaus mit denen der beiden anderen Verfahren vergleichbar waren. Dabei blieb der Vorteil der schnellen Lernkonvergenz erhalten. Eine ausführliche Beschreibung der Testergebnisse findet sich in [Ahalt Krishnamurthy et al. 1990].

- John F. Gilmore und Andrew J. Czuchry am Georgia Tech Research Institute, Atlanta, arbeiteten 1991 an einer *reaktiven Bahnplanung* für Flugzeuge in dreidimensionaler Umgebung basierend auf einem Hopfieldnetz. Ausgangspunkt war eine digitalisierte Umgebungskarte, die jedem Punkt eine Hindernishöhe zuweist. Zunächst wurde jedem dieser Punkte eine Einheit des Hopfieldnetzes zugeordnet. Die Einheiten wurden nicht vollständig, sondern nur mit ihren acht direkten Nachbarn, verknüpft. Zudem erhielt jede Einheit eine Verbindung zum korrespondierenden Punkt der Umgebungskarte und zu dessen acht Nachbarn, über die die Aktivität der Einheit verringert wird, wenn die Höhe über der aktuellen Flugbahn liegt, und entsprechend erhöht wird, falls sie unter der Flugbahn liegt. Die Gewichte dieser Verbindungen können allgemein vorgegeben werden und hängen nicht von der Wahl des Start- und Zielpunktes ab. Die Energiefunktion für die Verbindungen innerhalb des Hopfieldnetzes ergibt sich aus den Höhenwerten und ist in Start- und Zielpunkt variabel. Sie beinhaltet unter anderem die Kosten für eine gewählte Route und die Entfernung zum Zielpunkt. Die Gewichtsbelegung erfolgt also dynamisch mit der Verschiebung oder Festlegung von Start- und Zielpunkt.

  Erste Versuche wurden für Felder mit 16×16 Einheiten durchgeführt. Dabei stellte sich heraus, daß die gefundenen Lösungen nicht richtungsinvariant und damit nicht optimal sind. Es wurden bei Vertauschung von Start- und Zielpunkt manchmal unterschiedliche Lösungen gefunden. Insgesamt aber waren alle Lösungen von hoher Qualität und wurden vor allem sehr schnell gefunden. Eine mögliche Anwendung sehen die Autoren in einer Hindernisvermeidungskomponente für einen herkömmlichen Autopiloten, durch den dann Start- und Zielpunkt beim Durchfliegen einer Region vorgegeben werden, während das Netz die Feinplanung der Flugbahn übernimmt. Der Ansatz ist ausführlich in [Gilmore Czuchry 1991] dargestellt.

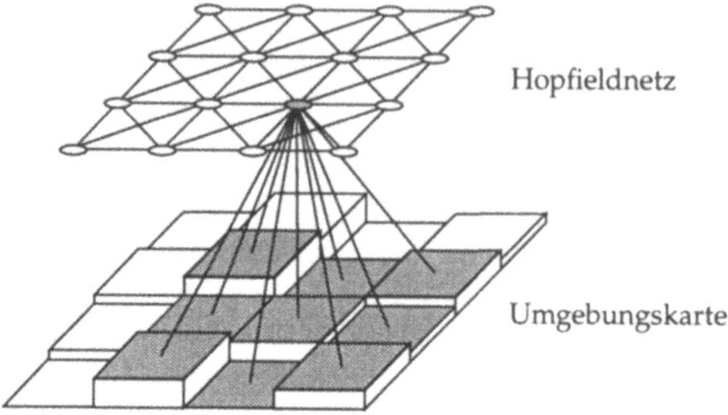

Abb. 4.22. Topologie des Bahnplanungssystems in [Gilmore Czuchry 1991]

- M. Mougeot, R. Azencott und B. Angeniol, Université Paris Sud und Thomson-CSF, untersuchten verschiedene Möglichkeiten, Backpropagation-Netze für die *Kompression* von Bildern einzusetzen. Anhand des Grundprinzips der Autoassoziativität wurden verschiedene Ansätze gegenübergestellt und bewertet. Allgemein wurde auf die Verwendung einer sigmoiden Aktivierungsfunktion verzichtet, da sie davon ausgingen, daß die Abbildung eines Bildes auf sich selbst den Trivialfall einer linearen Abbildung darstelle, so daß eine Einführung von Nichtlinearitäten keinen Vorteil böte. Ein n-m-n-Netz wurde darauf trainiert, die Eingabe möglichst fehlerfrei zu reproduzieren. Für $m<n$ bildet das Aktivitätsmuster der Einheiten in der Zwischenschicht eine komprimierte Repräsentation des Eingabebildes. Die Gewichtsmatrix zwischen Eingabe- und Zwischenschicht entspricht einer Kodierungsvorschrift, die Gewichtsmatrix zwischen Zwischen- und Ausgabeschicht entspricht der zugehörigen Dekodierung. Da im Normalfall die Komprimierung des gesamten Bildes in einem Schritt zu unrealistisch großen Netzen führt, versucht man, Teilbilder zu komprimieren. Z.B. für ein Grauwertbild mit 1000×1000 Pixeln müßte das Netz jeweils eine Million Einheiten in Eingabe- und Ausgabeschicht aufweisen und auch bei einer Komprimierung auf nur tausend Einheiten in der Zwischenschicht würde die Dekodierungsvorschrift den Speicherplatz von tausend unkomprimierten Bildern einnehmen, natürlich immer vorausgesetzt, man könnte in akzeptabler Zeit die Gewichtsmatrix mit hinreichender Genauigkeit bestimmen. Dabei sind Versuche unternommen worden, ein Bild zeilenweise oder in quadratischen Pixelmustern, die nebeneinander oder überlappend nach einer festdefinierten Ordnung über das Gesamtbild geschoben werden, zu kompri-

mieren. Die Qualität dieser Ansätze bestimmt sich aus der erreichten Komprimierungsrate, dem dabei auftretenden quadratischen Fehler und dem Aufwand für das Speichern der Dekodierungsvorschrift.

Nachdem für die zeilenweise Komprimierung schon in [Bourland Kamp 1988] nachgewiesen werden konnte, daß sie sich analog zur Karhunen-Loève Transformation verhält, und sie zudem durch die Abhängigkeit der Netzgröße von der Auflösung des Bildes Nachteile aufweist, konnte man sich ganz auf quadratische Pixelmuster konzentrieren. Versuche mit 8×8- und 16×16-Mustern zeigten, daß die Verbesserung der Kompressionsrate beim Übergang zu größeren Mustern mit einer solchen Steigerung des Speicherbedarfs für die Gewichtsmatrix einher geht, daß sie für Einzelbilder insgesamt eine Verschlechterung darstellt. Erst wenn eine größere Serie von Bildern komprimiert werden soll, ist eine Mustervergrößerung von Nutzen. Da mit Verringerung der Anzahl von Einheiten in der Zwischenschicht der quadratische Fehler drastisch ansteigt, ist es besonders bei angestrebten hohen Kompressionsraten von Nutzen, die Muster zumindest um ein Pixel überlappend anzuordnen. So können Streifenbildungen, die vermehrt an den Rändern der Muster auftreten, vermieden und damit die Fehlerrate verringert werden. Durch eine Vorbelegung der Gewichte nach Maßgabe der Karhunen-Loève Transformation konnte der Zeitaufwand für das Lernen enorm reduziert werden. Weitere Einzelheiten kann man in [Mougeot Azencott Angéniol 1991] nachlesen.

Patrick J. Zwietering, Maurice J.A.L. van Kraaij, Emile H.L. Aarts und Jaap Wessels von der University of Technology, Department of Mathematics and Computer Science, Eindhoven, Niederlande, veröffentlichten 1991 einige Untersuchungen zur *Lagerhaltung von Produktionsresourcen*. Es sollte versucht werden, benötigte Resourcen für den Produktionsprozeß so bereitzustellen, daß die Summe der Kosten aus Lagerhaltung und Produktion minimal werden. Hierzu wurde zunächst ein idealer Prozeß postuliert, um ein Backpropagation-Netz einzulernen, während die Abweichungen vom realen Prozeß als Störgrößen eingehen, so daß der Fehlertoleranz des Neuronalen Netzes hier eine besondere Bedeutung zukommt. Betrachtet wurde ein Zeitfenster, das genügend Informationen liefern sollte, um das Produktionsgeschehen der nächsten Zeit zu prognostizieren und damit die Bereitstellung der benötigten Resourcen zu ermöglichen

Im Gegensatz zu anderen Prognoseproblemen ist hier die Entwicklung des Resourcenbedarfs durch die Fortdauer von in der Relativ-Vergangenheit gestarteten Prozesse und der damit verbundenen Blockade von fixen Betriebsmitteln (etwa Maschinen) sowie durch den bekannten Resourcenbedarf jener andauernden Prozesse zumindest teilweise determiniert. Das bedeutet aber gleichzeitig, daß das Zeitfenster gesicherter Fakten nicht kontinuierlich mit Fortschreiten der Zeit verschoben werden kann. Um keine gegebenen Informationen zu verlieren, sollte das Fenster um die Dauer des längsten möglichen Prozesses oder, so es sich um zyklische Prozesse handelt, um die Dauer einer

Periode in die Zukunft reichen. Wenn das Fenster dennoch kontinuierlich verschoben werden soll, der Gegenwartspunkt also an einer festdefinierten Stelle des Fensters verbleiben soll, um eine kontinuierliche Prognose zu ermöglichen, müssen fehlende Informationen durch Prognosen ersetzt werden.

Um die Leistungen solcher Systeme zu demonstrieren, wurde ein 5-10-5-Backpropagation-Netz in drei Versuchen mit 500, 800 und 1200 Lernbeispielen trainiert. In der Testphase wurden die trainierten Netze verschiedenen Störungen in den Eingabevektoren ausgesetzt und anhand der Abweichung der berechneten Kosten von den im nachhinein errechneten, minimalen Kosten bewertet. Dabei konnten in Abhängigkeit von den eingesetzten Störgrößen Annäherungen an das Optimum auf 0,2% – 0,8% erzielt werden. Weitere Einzelheiten finden sich in [Zwietering vanKraaij et al. 1991].

José del R. Millán, Institute for System Engineering and Informatics, Comission of the European Communities, Joint Research Centre, und Carme Torras, Institut de Cibernètica, Barcelona, forschten über Möglichkeiten zur *Bewegungsplanung* für Roboter bei gegebener Start- und Zielkonfiguration. Dabei konzentrierten sie sich darauf, Bewegungen mittels eines Reinforcement-Lernverfahrens zu trainieren. Der Konfigurationsraum wurde in eine endliche Anzahl von Konfigurationsbereichen eingeteilt, die regelmäßig über den gesamten Raum verteilt sind. Jedem dieser Bereiche wurden ein Anziehungsfaktor, der sich aus direkter Zielrichtung und Entfernung vom Ziel bestimmt, und vier Abstoßungsfaktoren, die Beschränkungen und Hindernisse in vier Umgebungsquadranten darstellen, zugeordnet. Die Bewertung der Ausgabe erfolgte auf Basis einer Gütefunktion, die sich aus aktueller Konfiguration und Ziel berechnet. Die Gütefunktion nimmt Werte zwischen -1 (Kollision mit Hindernis) und 1 (Ziel erreicht) an. Grundkriterium für die Gestaltung der Gütefunktion war die Minimierung der Pfadlänge bei gleichzeitiger Maximierung der Abstände zu Hindernissen und Wänden. Die Netzausgabe bezeichnet Länge und Richtung des nächsten Schrittes des Roboters in relativen kartesischen Koordinaten bezüglich eines 'Luftlinien'-Vektors, so daß die positive x-Achse vom momentanen Standort direkt auf das Ziel zeigt.

Zu Demonstrationszwecken wurde der Roboter auf einen Punkt reduziert, während Hindernisse durch Kreise angenähert wurden. Die Versuche wurden in einem quadratischen Konfigurationsraum mit 10×10 Einheiten und Hindernissen bei (3;6), (6;6) und (6;3) mit einem Radius von jeweils 0,75 Einheiten durchgeführt. Das Ziel wurde auf (8;8) festgelegt. Eingelernt wurden dreischichtige Netze mit vier Einheiten in der Zwischenschicht. Dabei wurde eine Variante des Backpropagation-Lernens benutzt, die in [Anderson 1986] erstmals vorgestellt wurde. Das dreischichtige Netz wird zum Lernen in zwei unabhängige zweischichtige Netze unterteilt, wobei die Korrekturvektoren für die Einheiten der Zwischenschicht wie beim Backpropagation aus den Fehlern der Einheiten in der Ausgabeschicht berechnet werden. Nachdem erste Versuche mit unterschiedlichen Varianten recht positiv verlaufen waren, wurde die

Generalisierungsfähigkeit der eingelernten Netze mittels neuer Zielkonfigurationen, einer größeren Anzahl von Hindernissen sowie dynamischer Umgebungen getestet. Dabei zeichneten sich einige Varianten durch hohe Generalisierungsfähigkeit aus (siehe [Millán Torras 1992]).

Problem	Netz	Bemerkungen, Besonderheiten	Publikation
Entwurf von Geräten	Backpropagation	Einfaches Backprop. erweist sich für diese Anwendung als zu schwach	[McAulay 1987]
Bahnplanung und Positionskontrolle	Hopfield	Roboter-Wegplanung unter Umgehung von Hindernissen	[Tsutsumi Matsumoto 1987]
Erhöhung der Auflösung von Bildern	Hopfield	leichtere Handhabung der optimierten Bilder	[Bayley Byrne et al. 1988]
Datenbankorganisation	Kohonen	Design einer Datenbank zur fehlertoleranten Wiedererlangung von Daten	[Char et al. 1988]
Aufgabenverteilung und -planung	Hopfield	Realisierung durch Kodierung von Randbedingungen in Gewichtsmatrix	[Foo Takefuji 1988]
Schiffsentwurf	Boltzmann	räumliche Aufteilung und Verteilung von Ausrüstung	[Lee(W.D.) 1988]
Reduzierung von Übertragungsfehlern	Kohonen	Filter für digitale Übertragung von Sprache	[Bradburn 1989]
Datenkompression	Backpropagation	speichert Unterschiede in der Wellenform beim 'Digital Holter Monitoring'	[Iwata et al. 1989]
Traveling Salesman	Hopfield	Untersuchung über Methoden zur Verbesserung der Ergebnisse	[Kahng 1989]
Verteilung von Bauteilen auf Platinen	Hopfield	Entwurfskriterien: Min. benötigte Verkabelung, Max. thermische Robustheit	[Naft 1989]
Kompression von TV-Bildern	Hopfield	Verwendung eines eigentlich zur Vektorquantisierung konzipierten Netzes	[Naillon Theeten 1989]
Datenkompression	Backpropagation	Dreischichtnetz auf Parallelrechner für Speicherung von Bildern	[Sonehara Kawato 1989]
Funktionsoptimierung	Reinforcement	Im Vergleich konventionellem Optimierer von Ackley überlegen	[Williams Peng 1989]
Nichtlineare Optimierung	Hopfield	Lösen v. Gleichungssystemen, Formulierung allgemeiner Optimierungsalg.	[Reklaitis et al. 1990]
Sensorgestützte Aktionsplanung	Reinforcement	Planen von Aktivitätsfolgen zum Erreichen einer Zielsituation in Blockswelt	[Whitehead Ballard 1991]
Datenkompression	Wettbewerbs-lernen	Extraktion von Repr. aus Gewichtsbelegung der gewinnenden Einheit	[Mozer 1991]
Bahnplanung	Adaline	Verwendung zweischichtiger Adalines, die für Punkte im 2D stehen	[Shen Lallemand 1991]
Zeitplanung	Hopfield	Planen von Belegungszeiten für das Hubble Space Telescope	[Adorf 1992]
Planung von Kommunikationswegen	Hopfield	Finden des optimalen Pfades für Nachrichten in Kommunikationsnetzen	[Goudreau Giles 1992]

4.8 Vergleichende Arbeiten

Um die Eignung bestimmter konnektionistischer Modelle für einen Anwendungs-
bereich nachzuweisen, wird oft ein Feldvergleich angelegt, bei dem unterschiedliche Verfahren auf dasselbe Problem angesetzt werden, um eine objektive, wenn
auch problembezogene, Bewertung zu ermöglichen. Jude W. Shavlik und Geoffry
G. Towell an der University of Wisconsin, Madison, sowie Raymond J. Mooney
an der University of Texas, Austin, legten 1991 einen sehr umfangreichen Vergleich von Perzeptron, Backpropagation und einem symbolischen Verfahren
(ID3) bei fünf verschiedenen Anwendungen vor. Bei der Erkennung von 17 *Er-
krankungen* des Sojabohnen-Schößlings wurden für jede Krankheit 17 Beispiele,
die in 50 Merkmalen (wie Wetter, Jahreszeit, Beschreibung von Blättern und Stie-
len) beschrieben waren, als Trainingsmenge ausgewählt. Die exakten Daten findet
man in [Reinke 1984]. Im zweiten Beispiel sollten Gewinn- bzw. Verluststellun-
gen im *Schachendspiel* erkannt werden, wobei sich König und Turm einerseits
und König und Bauer auf Feld a7 andererseits gegenüberstanden.

Die 591 Trainingsbeispiele weisen 36 Merkmale auf und wurden zufällig aus
der Menge der in [Shapiro 1987] aufgeführten 3196 Beispielen ausgewählt. Die
audiologischen Daten für den dritten Versuch stammen vom Baylor College of
Medizine und wurden in [Bareiss 1989] veröffentlicht. Es handelt sich um 226
Beispiele mit jeweils maximal 58 Merkmalen, die 24 verschiedene Arten von
Hörfehlern repräsentieren. Die Schwierigkeit dieses Problems resultiert aus der
Unvollständigkeit der Trainingsdaten, da im Schnitt lediglich 11 der 58 Merkmale
eines Beispiels bekannt sind. Für den vierten Versuch wurden 296 medizinische
Fälle der Cleveland Clinic Foundation ausgewählt, von denen die Hälfte einen
Herzanfall hatten. Jeder Patient wurde durch acht nominelle (endlicher ungeord-
neter Wertebereich) und sechs numerische Merkmale beschrieben.

Bei der Text-Sprache-Konvertierung (NETtalk), die als fünftes Beispiel ausgewählt wurde, konnte man auf eine Datenbasis von 20.012 englischen Wörtern
in [Sejnowski Rosenberg 1987] zurückgreifen, denen jeweils ein Phonem/Beto-
nungspaar für jeden Buchstaben zugeordnet war. Aus dieser Datensammlung
wurden 808 Wörter ausgewählt, die nach [Kuchera Francis 1967] zu den tausend
am häufigsten vorkommenden Wörtern der englischen Sprache gehören. Aus den
Wörtern wurden insgesamt 4259 Trainingsbeispiele generiert, indem alle möglichen Fenster mit sieben Buchstaben dem jeweiligen Phonem/Betonungspaar des
mittleren Buchstabens zugeordnet wurden. Insgesamt traten 115 verschiedene
Phonem/Betonungspaare auf. Getestet wurden die Netze in diesem Versuch mit
den restlichen 198 häufigen Wörtern. Der sechste Versuch stellt eine eingeschränkte Version des fünften dar, bei dem lediglich a-Laute gelernt werden sollen. Dies führt dazu, daß 444 Beispiele in 18 Phonem/Betonungsklassen eingeteilt

werden. In jedem Beispiel wurden Problem und Lösung in Form von Bitvektoren repräsentiert, lediglich die numerischen Daten im Herzanfall-Beispiel sind kontinuierlich kodiert. Tabelle 4.6 faßt die wichtigsten Daten zusammen.

Tabelle 4.6. Einige Kennzahlen der Probleme in [Shavlik Mooney Towell 1991].

Problem	Anzahl Trainingbeispiele	Anzahl Testbeispiele	Länge Problemvektor	Länge Lösungsvektor
Sojabohnen	193	96	208	17
Schach	394	197	73	2
Hörfehler	151	75	86	24
Herzanfall	202	101	26	2
NETtalk	4259	7241	189	115
NETtalk-A	296	148	189	18

ID3 ist ein weitverbreitetes symbolisches Verfahren, das sich seit seiner Vorstellung in [Quinlan 1983] bei vielen Tests gegenüber anderen symbolischen Verfahren bewährt hat, obwohl es ein einfaches Verfahren ist. Während des Lernprozesses konstruiert ID3 einen Entscheidungsbaum, der im Berechnungsmodus die gewünschte Klassifikation determinieren soll. Dazu wird in jedem Schritt ein neuer Knoten eingefügt, indem die Trainingsbeispiele aufgrund eines einzelnen Attributes A, welches die Funktion

$$E(A) = \frac{-1}{s} \sum_{i,j=1}^{V,N} k_{ji} \cdot \log \frac{k_{ji}}{s_i}$$

minimiert (d.h. möglichst entscheidungskräftig ist), auf die Teilbäume verteilt werden. V steht hierbei für die Anzahl der Werte von Attribut A, N für die Anzahl der zu bildenden Klassen, s bezeichnet die Gesamtanzahl der Beispiele, s_i die Anzahl der Beispiele mit dem i-ten Wert von A und k_{ji} die Anzahl der Beispiele in der j-ten Klasse mit i-tem Wert von A. Das Verfahren wird fortgesetzt, bis in jedem 'Blatt' nur noch Beispiele einer Klasse enthalten sind. Ein solches Blatt erhält den Namen der entsprechenden Klasse. Für den Fall, daß die Attribute nicht ausreichen, um eine korrekte Klassifizierung zu gewährleisten, erhält das Blatt den Namen der am häufigsten vertretenen Klasse.

Für das Einlernen der Backpropagation-Netze wurde der Standardalgorithmus von Rummelhart und McClelland mit einer Lernrate von 0.25 und einem Lernrichtungsfaktor von 0.9 verwendet. Die Anzahl der Einheiten in der Zwischenschicht wurde auf 10% der Anzahl der Ein- und Ausgabeeinheiten festgelegt.

In vier Experimenten wurden Lernzeit und Korrektheit (siehe Tabelle 4.7), Auswirkung der Anzahl der Trainingsbeispiele, Fehlertoleranz, sowie Auswirkung von Modifikationen der Ausgaberepräsentation beim NETtalk-Problem der drei untersuchten Verfahren gegenübergestellt und verglichen. Als wesentliches Ergebnis läßt sich festhalten, daß Backpropagation zwar um Größenordnungen langsamer lernt, aber dafür in jeder Anwendung gleiche oder bessere Ergebnisse liefert, als die beiden anderen Verfahren. Ferner fällt die teilweise verblüffende Leistung des Perzeptrons auf, das ja lediglich linear klassifiziert. Die gesamte Untersuchung findet man in [Shavlik Mooney Towell 1991].

Tabelle 4.7. Einige Ergebnisse der Untersuchung in [Shavlik Mooney Towell 1991].

Problem	Trainingszeit (in sec)			Korrektheit/ Training in %			Korrektheit/ Testin %		
	ID3	Perz.	Backp.	ID3	Perz.	Bp.	ID3	Perz.	Bp.
Sojabohnen	161	36	5.260	100,0	100,0	99,9	89,0	92,9	94,1
Schach	33	970	34.700	100,0	97,6	99,3	97,0	93,9	96,3
Hörfehler	66	13	19.000	100,0	100,0	99,8	75,5	73,5	77,7
Herzanfall	69	771	4.060	100,0	63,1	96,0	71,2	60,5	80,6
NETtalk	5.410	12.300	168.000	98,5	67,7	88,5	64,8	49,2	63,0
NETtalk-A	378	472	234.000	98,3	88,9	96,7	63,1	57,2	66,4

Leider beschränken sich die meisten Vergleiche auf eine spezielle Anwendung, so daß eine umfassende Bewertung, wie sie im obigen Fall versucht wird, nicht möglich ist. In der nachfolgenden Tabelle ist eine kleine Auswahl von Arbeiten zusammengestellt, die sich dem Vergleich verschiedener Verfahren gewidmet haben. Die aufgeführten Artikel überschneiden sich teilweise mit schon in früheren Unterkapiteln aufgeführten, wenn nicht nur der Vergleich, sondern auch die Anwendung an sich von Interesse ist.

Problem	Perzeptron	Backpropagation	Hopfield	Wettbewerbslernen	Kohonen	Counterpropagation	genetisch Algorithmen	hybrider Ansatz	symbolische Verfahren	menschlicher Experte	Publikation
Erkennen von Radarsignalen	?										[Ahalt Garber et al. 1989]
Vorhersage Sonnenaktivität		X							X	X	[Fozzard Bradshaw Ceci 1989]
Klassifikation von Ziffern	?										[Guyon Poujoud et al. 1989]
Spracherkennung	?										[Kamm Streeter et al. 1989]
Font Orientierung		X		X							[Morris Rubin Tirri 1989]
Zählen von Schlafphasen	X	X							X		[Prinzipe Tome 1989]
Zeichenerkennung		X							X		[Weideman Maury Yan 1989]
Sprachdaten-Kompression				X	X				X		[Ahalt Krishnamurthy et al. 1990]
Schmerzdiagnose		X							X	X	[Bounds Lloyd Mathew 1990]
Text-Sprache-Abbildung		X							X		[Dietterich Hild Bakiri 1990]
Worterkennung	X	X							X		[Kämmerer Küpper 1990]
KI- und Sprachprobleme		X			X				X		[Lee Lippmann 1990]
Traveling Salesman			X				X	X	x		[Peterson 1990]
Nichtlineare Schätzung		X							X		[Shadmehr D'Argenio 1990]
Farbflächen-Segmentierung				X	X				X		[Snyder Nissman et al. 1991]
Schaltkreisdiagnose		X			X						[Surmann Kiziloglu et al. 1991]
Ziffernerkennung		X							X		[Lee 1991]
Modellbildung		X							X	X	[Bernasconi Gustafson 1992]
Kreditwürdigkeitsprognose					X	X			X		[Schumann Lohrbach Bährs 1992]

5 Kommerzieller Einsatz

Anders als bei wissenschaftlichen Arbeiten werden firmeninterne Forschungen sowie Daten über Struktur und Hilfsmittel meist als Geheimnis behandelt. Dadurch ist es sehr schwierig, einen Überblick zu erhalten, in welchen Bereichen Neuronale Netze schon eingesetzt wurden und wie sie sich bewährt haben. Wenn etwas an die Öffentlichkeit dringt, so werden alle konkreten Daten zurückgehalten, man erfährt zumeist nicht einmal, welches Modell zum Einsatz kam und wie es realisiert wurde. Um diesen Schwierigkeiten Rechnung zu tragen, wurde in diesem Kapitel darauf verzichtet, spezielle Daten und Nachweisreferenzen für die einzelnen Anwendungen angeben zu wollen. Vielmehr soll versucht werden, aufzuzeigen, daß viele angesehene Unternehmen Interesse an konnektionistischen Verfahren zeigen und daß es auch heute schon Bereiche gibt, in denen Neuronale Netze mit Erfolg eingesetzt werden.

Die hier zusammengestellten Beispiele für den kommerziellen Einsatz Neuronaler Netze sind im wesentlichen [Miller Walker Ryan 1990, Schöneburg 1993] und diversen Ausgaben der Zeitschrift AXON entnommen. Als weitere Informationsquelle wurde ein Auszug aus der US-Patentliste herangezogen, der von Gregory Aharonian für den Neuro-Bereich zusammengestellt wurde. Speziell bei Patenten kann man sich natürlich nicht sicher sein, inwieweit die patentierten Systeme auch eingesetzt werden, andererseits ist es zumindest interessant, zu wissen, welche Unternehmen sich bislang in einem Maße mit Neuronalen Netzen auseinandergesetzt haben, daß es ihnen ratsam erschien, sich ihre Ergebnisse durch das Patentrecht schützen zu lassen. Aus diesem Grund wurde auch eine Auswahl von Patenten am Ende des Kapitels angefügt.

Das Kapitel ist in verschiedene Wirtschaftszweige unterteilt, für die der Einsatz Neuronaler Netze besonders vielversprechend erscheint. Da industrielle Anwendungen überproportional vertreten sind und sich auf natürliche Weise in die Bereiche Planung und Steuerung sowie Fertigungsüberwachung splitten lassen, wurden der Industrie zwei Unterkapitel eingeräumt.

5.1 Industrielle Planung und Steuerung

Ein Bereich, der erst allmählich von der Industrie automatisiert wird, ist die Planung. Geplant werden kann der Resourcen- oder Arbeitskräftebedarf, der Fertigungsprozeß und die zu fertigenden Produkte. Bei der Resourcenplanung muß das eingesetzte System in der Lage sein, aus Daten der Vergangenheit und Entscheidungen für die Zukunft Art und Menge der benötigten Resourcen sowie den günstigsten Zeitpunkt für deren Beschaffung zu bestimmen. Die Bayer AG, Leverkusen, plant, ein Neuronales Netz zur *Voraussage und Optimierung* des Verhaltens von Fertigungsanlagen einzusetzen. Dabei sollen Daten von Anlagen, die schon bestehen, aufbereitet und ausgewertet werden. Erste Tests mit einer Destillationskolonne scheinen darauf hinzudeuten, daß es möglich ist, das Verhalten derartiger Anlagen vorauszusagen und zu optimieren.

Aerospatiale (Frankreich) prüft zur Zeit ein neuronales System, das mittels einer *Fluganalyse* bei Hubschraubern die Dimensionierungen verschiedener Bauteile optimieren soll. Die Fluganalyse ist sehr aufwendig. Menschliche Experten werten die Daten von einer Stunde Flugzeit in etwa fünf Stunden aus. Erste Untersuchungen mit NDS von Nestor verliefen positiv.

Northop besitzt das US-Patent 5.050.096 für ein System, das Pfadkosten berechnet und mit dessen Hilfe *Ablaufpläne* optimiert werden können.

Das in Kooperation von Bit GmbH, Expert Informatik GmbH und Neuro Informatik GmbH entwickelte System DIAMOND (Diagnose von Motoren mit Neuronalen Netzen, Datenhaltung und Expertensystemen) wird seit Herbst 1992 bei einem großen Motorproduzenten zur Beschleunigung und kostenmäßigen Optimierung der Reparatur von Dieselmotoren eingesetzt. DIAMOND steht dem Revisor beratend zur Verfügung. Dazu erhält es aktuelle Meßwerte, die mit einem Neuronalen Netz verarbeitet werden, sowie Expertenwissen aus einer Datenbank. Das System ermittelt mögliche Ursachen und vermittelt Reparaturvorschläge.

Die Automatisierung der Entwicklung von Filmen war bislang dadurch eingegrenzt, daß die Filme je nach Lichtempfindlichkeit unterschiedliche Entwicklungsverfahren erfordern. Die Daten, die für die richtige Entwicklung nötig sind, kann man den zu entwickelnden Filmen in Form einer seitlich aufgedruckten Zeichenfolge entnehmen. Durch den Einsatz eines Neuronalen Netzes (US-Patent 5.048.097), das in der Lage ist, diese *Zeichenfolgen* auf den schnell vorbeigleitenden Filmen zu erkennen und daraus die entsprechenden Einstellungen für den Entwicklungsprozeß zu bestimmen, konnte Eastman Kodak den Gesamtvorgang vollständig automatisieren und erheblich beschleunigen.

Eines anderen Aspekts der Filmentwicklung hat sich Fuji Photo Film angenommen. Bei der Entwicklung von Papierbildern können Farbstiche bis zu einem bestimmten Maß ausgeglichen werden. Zu diesem Zweck wurde ein lernfähiges neuronales System zur *Gestaltung von Farbbildern* (US-Patent 5.025.282) entwickelt, das darauf trainiert wurde, eine möglichst natürlich wirkende Farbgebung zu initiieren.

5.2 Industrielle Fertigungsüberwachung

Im Fertigungsbereich sind vor allem Mustererkennungsverfahren gefragt, die eingesetzt werden können, um Art und Orientierung von Werkstücken zu erkennen, den Fertigungsprozeß zu überwachen oder um die Qualität der hergestellten Produkte zu überprüfen. So liest ein Neuronales Netz bei der MTU Deutsche Aerospace Seriennummern auf Turbinenschaufeln, während GTE den Herstellungsprozeß fluoreszierender Glühbirnen mit einem Neuronalen Netz überwacht.

Verschiedene Kfz-Hersteller wie VW (Wolfsburg) und Ford (USA) überprüfen die *Qualität* ihrer Lackierungen mit konnektionistischen Verfahren. VW plant speziell, die Farbe bei Metallic- und Perleffekt-Lackierungen durch ein Neuronales Netz beurteilen zu lassen. Während für Uni-Lacke verläßliche Verfahren mit konventioneller Technik erfolgreich einsetzt werden, gibt es bei der Beurteilung von Metallic- bzw. Perleffekt-Lackierungen immer noch Schwierigkeiten. Die Festlegung von Toleranzen wird dadurch erschwert, daß Farbeindrücke von der Richtung, aus der ein Gegenstand betrachtet wird, abhängen. Die visuelle Beurteilung durch menschliche Prüfer erfordert außerordentliche Konzentration. Deshalb kann ein solcher Prüfer immer nur für begrenzte Zeit eingesetzt werden, bevor er eine längere Pause benötigt. Durch den Einsatz konnektionistischer Verfahren hofft man, die Kosten zu senken und die Zuverlässigkeit zu erhöhen. Ford setzt Neuronale Netze zudem für die Fehlerdiagnose bei elektrischem System und Automotoren ein.

Ein weiteres Einsatzgebiet Neuronaler Netze bei der Ford Company bildet die *Fehlerdiagnose* für elektrische Systeme in Autos (US-Patent 5.041.976). Volvo (Schweden) analysiert mit einem neuronalen System die Motorleistungsdaten der gefertigten Fahrzeuge auf Basis des Geräuschspektrums.

Ein führender Getriebehersteller benutzt seit Mitte 1992 ein neuronales Diagnosesystem, das von der Neuro Informatik GmbH (Berlin) entwickelt worden ist. Nachdem dreimonatige Tests mit einem Prototyp hervorragende Resultate ergaben, wurde das System installiert. Es stellte sich heraus, daß zwei Fehlertypen (schlechte Lastaufnahme, Rutschzeit zu lang) überaus häufig gemeinsam auftraten, woraufhin eine genauere Untersuchung veranlaßt wurde. Diese ergab, daß ein Bauteil nicht den Qualitätsstandards entsprach, wodurch die Lebenszeit der betreffenden Getriebe drastisch verkürzt wurde. Durch die frühzeitige Erkennung des Fehlers haben sich nach Angaben des Herstellers die Entwicklungs- und Installierungskosten des Diagnosesystems bereits amortisiert.

Chiyoda (USA) verwendet ein hybrides System aus Neuronalem Netz und Expertensystem zur Diagnose bei computerintegrierter Fertigung (CIM). Dabei speichert das Neuronale Netz Bewegungsmuster eines Roboterarms. Die tatsächlich gemessenen Bewegungen können von den gespeicherten Mustern abweichen, wenn unterschiedliche Lastgewichte nicht ausgeglichen werden können. In solchen Fällen bestimmt das Expertensystem die spezifischen Fehler und erhöht so die Exaktheit der Bewegung und damit auch die Qualität der gefertigten Produkte.

Ein Fehlererkennungssystem für Hubschraubergetriebe wurde bei Grumman Data Systems (San Diego) entwickelt. Zusammen mit Fehlern im Antriebsstrang zählen Getriebefehler zu den häufigsten Absturzursachen bei Hubschraubern. Mit Hilfe eines Neuronalen Netzes ist man jetzt in der Lage, Getriebefehler frühzeitig zu erkennen und zu klassifizieren. Dabei erhält das Netz eine spektrale Repräsentation der Signale dreier Beschleunigungssensoren als Eingabe.

EDS-Scicon Ltd. in England plant den Einsatz Neuronaler Netze für Prozeßkontrolle im industriellen Bereich.

Von IBM weiß man, daß sie Untersuchungen zur Anwendbarkeit Neuronaler Netze für eine Vielzahl von Einsatzgebieten angelegt haben. Unter anderem setzten sie Neuronale Netze zur Qualitätskontrolle und Überprüfung von Chipfunktionen bei der Herstellung von Computerchips ein.

Siemens (Deutschland) hat bis vor kurzem die Diagnose von Lüftern anhand des Betriebsgeräusches von menschlichen Prüfern vornehmen lassen. Um die Prüfer zu entlasten, sollte ein automatisches Diagnosesystem entwickelt werden. Als besondere Schwierigkeit ergab sich, daß die überaus komplexen Funktionsgeräusche lediglich ansatzweise in eine der Klassifikation zugängliche Form gebracht werden konnten. Nach mehreren vergeblichen Versuchen mit symbolischen Verfahren führte schließlich eine konnektionistische Konzeption zum Erfolg. Inzwischen wird das neuronale System bei Siemens in allen Produktionsstätten eingesetzt.

General Dynamics (USA) hat ein Diagnosesystem für die F-16 benutzt, das auf einem ART-Netz aufbaut. Die Wartung moderner Düsenflugzeuge erfordert viele Techniker, von denen jeder über ein umfangreiches Fachwissen über einzelne zu wartende Subsysteme und deren Interaktion mit anderen Subsystemen verfügen muß. Durch die kontinuierliche Weiterentwicklung der Systeme sind die Techniker zudem gezwungen, sich immer wieder in neue Bereiche einzuarbeiten. Das ART-Netz wurde mit Wartungsdaten von 21 Wochen trainiert und danach mit den Wartungsdaten der nachfolgenden Wochen getestet. Aus den während des Testlaufs aufgetretenen 191 Einzelfehlern erstellte das Netz 129 Diagnosen, von denen 115 völlig richtig, 13 teilweise richtig und eine falsch waren. Eine Beschreibung des Systems wurde in [McDuff Simpson 1990] veröffentlicht.

Im Forschungszentrum Informatik, Karlsruhe, wird in Kooperation mit einem mittelständigen Unternehmen ein Diagnosesystem für Öl und Gaspipelines entwickelt. Die mittels Ultraschalltechnik aufgenommenen Abstandbilder werden mit Hilfe Neuronaler Netze klassifiziert. Der große Vorteil Neuronaler Netze gegenüber anderen Auswerteverfahren ist, daß die sehr unterschiedlichen Ausprägungen der einzelnen Fehlergrundtypen über Beispiele gelernt werden können und nicht mit Regeln oder analytisch beschrieben werden müssen. Das eingelernte Neuronale Netz ist in der Lage auch nicht vorher gezeigte Fehler richtig zu klassifizieren. Mit regelbasierten Systemen war dieses Problem nicht lösbar, da geeignete Regeln zur korrekten Klassifikation der Abstandsbilder nicht angegeben werden konnten. Ein weiterer Grund, der für die Wahl Neuronaler Netze gesprochen hat, ist die Forderung nach einer schnellen Auswertung der Pipeline. Durch den sehr einfachen Aufbau neuronaler Netze kann die Klassifikation einzelner Defektkandidaten erheblich schneller als mit herkömmlichen Verfahren durchgeführt werden. Erste Ergebnisse sind in [Suna et al. 1993] zusammengefaßt.

5.3 Finanzwesen

Im Bereich des Finanzwesens bieten sich die vielseitigsten Anwendungsmöglichkeiten für den Einsatz Neuronaler Netze. Man kann hier Lesen handgeschriebener Schecks und Verifikation von Unterschriften genauso anführen wie Kreditwürdigkeitsprüfung und Vorhersage von Wertpapierkursen.

Als erstes kommerziell genutztes konnektionistisches Darlehenvergabesystem konnte das Adaptive Decision System (ADS) den Gewinn eines Benutzers um 18% gegenüber der bislang verwendeten Technologie steigern. Das System wurde bei etwa 400 Geschäften über die gesamten Vereinigten Staaten verteilt installiert. Neben dem Entscheid über die Annahme von Krediten wird eine Dokumentation erstellt und dem Kreditgeber übermittelt.

Für Fälle, bei denen das System nicht mit genügender Sicherheit für Annahme oder Verweigerung entscheiden kann, wird der Antrag an einen menschlichen Experten weitergeleitet. Zudem wird hinsichtlich des Zutreffens von Gründen für oder gegen eine Kreditgewährung klassifiziert, so daß die Möglichkeit einer Verifikation der Systementscheidung gegeben ist. Die Gewichtsbelegung des Systems wird zentral anhand neuer Daten aktualisiert und von Zeit zu Zeit an die Einzelsysteme übermittelt.

Bei der Vergabe größerer Kredite an Unternehmen ist ein System von AI Ware behilflich. Es wurde darauf trainiert, eine Expertise über Kreditvergaben im Bereich von 200.000 $ bis 800.000 $ auszufertigen und damit menschliche Experten zu entlasten. Auch von American Express wurde bekannt, daß sie für die Abschätzung von Kreditrisiken Neuronale Netze einsetzen. Allerdings werden mit Hinweis auf die Konkurrenzsituation nähere Angaben verweigert.

Morgan Stanley & Co. Inc. (New York) verwendet seit 1988 ein Nestor-System für das Fällen von Entscheidungen beim Handel mit *Aktien*. Auch hier wird das System durch ständiges Nachlernen an die aktuelle Situation angepaßt.

Hecht-Nielsen's Breakthrough erkennt *Gesichter*, die von einer Videokamera aufgezeichnet werden und assoziiert sie mit anderen Daten wie Ausweisen und medizinischen Aufzeichnungen. Es findet seine Anwendung im Sicherheitsbereich, genau wie das System, das v.d. Malsburg 1992 vorgestellt hat, und das z.B. Portiers in Hotels ersetzen soll. BancTec benutzt Neuronale Netze für das Lokalisieren und Lesen von handbeschriebenen Feldern auf Bankschecks.

ERA Technology Ltd. arbeitet in England an neuronalen Prognosesystemen für die Finanzwirtschaft. Als mögliche Anwendungsgebiete werden Fluktuationsvorhersagen am Währungsmarkt, Aktienanalysen und Risikomanagement ins Auge gefaßt.

Eine kanadische Fluggesellschaft verwendet ein von BehavHeuristics Inc. entwickeltes neuronales System, das dazu beitragen soll, die Gewinne von Fluggesellschaften durch *Gestaltung von Flugtarifen* zu maximieren. Das System bestimmt den Preis für einen Flug in Abhängigkeit von der Flugstrecke und der Zeitdauer zwischen Reservierung und Flug. Grundlage der Entscheidung bilden ständig aktualisierte Daten über Auslastung und Tarife der letzten Flüge. Das Netz lernt beständig und paßt sich damit auch veränderten Marktsituationen an.

5.4 Telekommunikation

AT&T, die amerikanische Telefongesellschaft, kann für sich in Anspruch nehmen, lange Zeit vor allen anderen Neuronale Netze eingesetzt zu haben. Schon in den frühen Sechzigern wurde das von Widrow konzipierte Adaline als *Filter* für Echoeffekte in Übersee-Telefonkabeln benutzt. *In der Folge hat* AT&T immer wieder Vorstöße unternommen, um weitere Einsatzgebiete für Neuronale Netze zu erschließen. So wurde ein neuronaler Chip zur Versendung von Videobildern durch Telefonleitungen entwickelt und ein System für die Erkennung handgeschriebener Zeichen patentiert (US-Patent 5.105.468), bei dem ein Neuronales Netz Ziffern auf Basis horizontaler, vertikaler und diagonaler Linienelemente klassifiziert.

Derzeit prüft AT&T die Verwendung eines neuronalen Systems, mit dessen Hilfe die *Telefonauskunft* automatisiert werden kann. Das System zerfällt in eine Komponente zur Spracherkennung und eine zweite Komponente zur Bearbeitung

der Anfrage. Nachdem erste Tests eine Fehlerrate von nur fünf Prozent ergeben
haben, soll nun in einem Praxisversuch die Alltagstauglichkeit nachgewiesen
werden.

5.5 Medizin

Neben der Aufbereitung umfangreicher Datensammlungen zur Entlastung von
Medizinern stellt vor allem die Diagnose von Krankheiten oder die elementare
Analyse von Körperflüssigkeiten (siehe hierzu auch die Anwendung Neuronaler
Netze in der Chemie [Zupan Gasteiger 1993]) ein interessantes Einsatzgebiet dar.
Allerdings muß man sich hierbei im klaren sein, daß eine auf diese Weise zustan-
degekommene Diagnose, so sie falsch ist, das Leben eines Menschen gefährden
kann. Damit ist eine grundsätzliche Restriktion für den Einsatz Neuronaler Netze
berührt. In Bereichen, die eine hundertprozentige Sicherheit erfordern, – ein weiteres Beispiel hierfür bietet die Steuerung des Zerfallsprozesses in Kernkraftwer-
ken – dürfen Neuronale Netze nicht verwendet werden, da die Korrektheit ihrer
Ergebnisse nicht nachgewiesen werden kann. Während sie einerseits sehr flexibel
auf unvorhergesehene Situationen zu reagieren vermögen, kann man andererseits
Fehlerfreiheit bei solchen Reaktionen nicht garantieren.

Ein weiteres Problem beim Einsatz Neuronaler Netze für medizinische Dia-
gnose liegt in der mangelnden Akzeptanz durch die betroffenen Patienten. Das
Vertrauensverhältnis, welches die Grundlage für die Behandlung eines Patienten
durch den Arzt darstellt, kann bei der Verwendung von Mechanismen, die eine
Diagnose erstellen, nicht gebildet werden. Aus diesem Grund wurde in Großbri-
tannien ein Versuch abgebrochen, bei dem Herzerkrankungen auf der Basis von
EKG-Daten diagnostiziert werden sollten. Die Patienten nahmen die gestellte
Diagnose nicht an und wechselten vorsichtshalber den Arzt.

Daß der Einsatz Neuronaler Netze in diesem Bereich dennoch Sinn machen,
sogar von großem Vorteil sein kann, sieht man, wenn man ein solches System
nicht als Entscheider, sondern als Berater versteht. In diesem Fall trifft weiterhin
der Arzt die letzte Entscheidung, kann aber durch die vom System aufbereiteten
Daten schnell einen Überblick bezüglich des Krankheitsbildes erlangen und seine
Entscheidung mit den Vorschlägen des Systems abstimmen.

So prüft Breast Healthcare Systems Inc. etwa die Eignung Neuronaler Netze
für die Früherkennung von Brustkrebs. Das von ihnen entwickelte System wird
derzeit von mehreren Forschungsgruppen in Europa und den USA getestet.

5.6 Marketing

Auch für den Marketingbereich lassen sich mögliche Einsatzgebiete für Neuronale Netze finden. So bietet es sich etwa an, die Preisgestaltung der zu vertreibenden Produkte sowie eine geeignete Plazierung und Strukturierung von Werbemaßnahmen unter Zuhilfenahme konnektionistischer Mechanismen zu planen.

Desweiteren können Daten über Konsumverhalten und Wunschvorstellungen bestimmter gesellschaftlicher Kreise mittels Neuronaler Netze aufbereitet und analysiert werden. Eine US-Firma berichtet von einer Verdopplung der Antwortraten in der Direktwerbung, nachdem personenbezogene Daten von zehn Millionen potentiellen Kunden mit einem Neuronalen Netz hinsichtlich Korrelationen, die auf eine gesteigerte Antwortneigung schließen lassen, untersucht worden waren.

Die Softwarefirma Lotus Development setzt ein Neuronales Netz zur Optimierung von Direktmarketing-Strategien ein. Dadurch konnte nach Firmenangaben die Antwortrate in manchen Fällen vervierfacht werden.

5.7 Öffentlicher Dienst, Dienstleistungen

Das Dienstleistungsgewerbe zählt wohl zu den Bereichen, in denen menschliche Arbeitskräfte unverzichtbar sind. Viele Kunden fühlen sich unwohl, wenn sie mit einem Automaten allein gelassen werden. Schon deshalb ist der Einsatz Neuronaler Netze hier vorwiegend auf Unterstützungs- und Überwachungsaufgaben beschränkt, die nicht dem Kunden, sondern dem Personal zugänglich sind und diesem seine Tätigkeiten erleichtern soll.

Das von SAIC (USA) entwickelte Multisensor-System SNOOPE (US-Patente 5.153.439, 5.078.952) zur Erkennung von Sprengstoff in Gepäckstücken (siehe auch Seite 61) ist seit mehreren Jahren auf dem JFK-Flughafen New-York sowie auf den internationalen Flughäfen von San Francisco und Los Angeles im Einsatz.

KTAADN hat ein neuronales Prognosesystem (US-Patent 5.140.523) entwickelt, das das Auftreten von *Blitzen* mit hoher Zuverlässigkeit eine halbe bis ganze Stunde vorhersagen kann. Dies ist besonders wichtig für die Betreiber teurer elektrischer Anlagen oder Anlagen mit großem Zuverlässigkeitsanspruch. Einerseits sollen diese Anlagen vor Blitzeinschlägen geschützt werden, andererseits ist es unvertretbar und manchmal auch gar nicht möglich, die Anlagen jedesmal herunterzufahren, wenn sich am Horizont ein Gewitter zeigt.

Das Hubble-Teleskop, dessen Start ins All vor einigen Jahren von der Öffentlichkeit mit großer Aufmerksamkeit verfolgt wurde, kann von Forschern aus aller Welt genutzt werden. Die Auswahl der tatsächlich durchgeführten Beobachtungen wird anhand eines komplexen Geflechts von Prioritäten und Restriktionen getroffen. Dabei wird eine möglichst hohe Auslastung des Teleskops angestrebt. Um auch kurzfristigen Änderungen gerecht werden zu können, die immer wieder nötig sind, wenn unvorhergesehene zeitlich begrenzte Beobachtungen genauer untersucht werden sollen, wird die Vergabe von Beobachtungszeiten für das Hubble-Teleskop von einem Neuronalen Netz unterstützt, das als Eingabe alle für einen bestimmten Zeitraum gestellten Anträge mit zugehörigen Prioritäten und räumlich-zeitlichen Restriktionen erhält, und einen möglichst optimalen *Zeitplan* ausgibt.

5.8 Verkehr

Im Zuge eines immer höheren Verkehrsaufkommens ist eine der Strategien zur Gewährleistung fließenden Verkehrs die technische Aufrüstung von Fahrzeugen und Fahrbahnen. Hierbei sind Einzelprobleme wie Routenplanung, Kollisionsvermeidung, automatische Geschwindigkeitsanpassung, Verkehrsregulierung und -umleitung zu bewältigen. Dies gilt sowohl für den Individualverkehr als auch für öffentliche Verkehrsmittel. Für viele der auftretenden Probleme bietet sich die Verwendung Neuronaler Netze an. Es sind auch schon erste Versuche z.B. zur Steuerung öffentlicher Verkehrsmittel unternommen worden. Infolge des enormen Investitionsvolumens bei Einführung solcher Techniken blieb es bislang bei Einzelversuchen.

Dassault Electronique (Frankreich) arbeitet an einem System zur Automatisierung der *Fahrzeugtyp-Erkennung* an Autobahn-Mautstellen. Nach Aussagen eines Firmenvertreters haben die Hersteller Neuronale Netze darauf trainiert, Fahrzeugtypen nach ihren charakteristischen Umrissen zu klassifizieren. Die Umrisse werden durch eine vertikal-lineare Anordnung von Lichtschranken ermittelt. Schwierigkeiten macht zur Zeit noch die Erkennung von Fahrzeugen mit Aufbauten oder überstehendem Ladegut.

Ein Konsortium unter der Leitung der britischen Atomenergie-Komission AEA (Atomic Energy Authority) arbeitet derzeit an Neuronalen Netzen zur Geräuschmessung, zur Kontrolle rotierender Maschinen, zur Alarmdetektion and zur Fehlerdiagnose. Ziel ist die Lärm- und Vibrationsminderung in Flugzeugen und Autos.

Forscher des Georgia Tech Research Institute haben ein neuronales Softwaresystem vorgestellt, das die Verkehrsplanung an stark befahrenen Knotenpunkten, etwa durch die Steuerung von Signalanlagen, optimieren soll. Das System wird derzeit im Bereich der Austragungsorte der Olymiade 1996 getestet und soll bei Erfolg während der Zeit der Austragung eingesetzt werden.

Bosch setzt ein integriertes *Kfz-Diagnosesystem*, das von der Danet GmbH (Darmstadt) entwickelt wurde, in großen Stückzahlen in Werkstätten ein. Die Integration in bestehende Applikationen unter einem Echtzeitbetriebssystem, der Anschluß an Meßwerttreiber, Dokumentations- und Standardwerte-Datenbanken sowie massive Graphikunterstützung standen bei der Entwicklung im Vordergrund.

Ein anderer Problembereich ist der Weltraum. Das Jet Propulsion Laboratory hat ein System zur *Orientierungs- und Lagestabilisierung* bei Raumfahrzeugen entwickelt. Für ein Raumfahrzeug ist eine exakte Information über die aktuelle Orientierung und Lage lebensnotwendig. Neben der Ausrichtung der Antennen auf die Empfangsstation ist auch die Navigation ohne diese Daten unmöglich. Die üblicherweise eingesetzten Verfahren, die mittels eines Abgleichs zwischen aufgenommenem Himmelsausschnitt und vorgegebenen Mustern arbeiten, benötigen ein Zehnfaches des Speichers, der üblicherweise zur Verfügung steht. Durch die Realisierung des vollständig eintrainierten Netzes als Hardware-Chip kommt das System des Jet Propulsion Laboratory bei vergleichbarer Leistung ohne Speicherzugriff aus.

5.9 Produktkomponenten, Handel

Im Rahmen von Spezialaufgaben, die sich mittels relativ kleiner Neuronaler Netze eintrainieren lassen und die kein Nachlernen erfordern, bietet es sich an, diese trainierten Netze als Hardware-Chip zu realisieren, womit sie für den Gebrauch als Produktkomponenten, etwa in elektronischen Steuerungen, verwendbar sind. Aber auch in Softwareprodukten werden in zunehmendem Maße neuronale Komponenten verwendet. So stellte z.B. Expert Informatik (Berlin, Überlingen) ihr Virenschutzprogramm 'Virus-Blocker' vor, bei dem die Erkennung von Viren durch ein Neuronales Netz geleistet wird, was auch das Aufspüren veränderter Viren ermöglicht.

Ein weiteres Einsatzgebiet für Neuronale Netze hat Professor G.S. Moschytz von der ETH Zürich ausgemacht. Er entwickelte ein *Hörgerät für Taube*, das mit der Umsetzung akustischer in taktile Signale arbeitet. Gestützt auf Untersuchungen, nach denen ein Mensch leichter lernen kann, solche taktilen Signale auszuwerten, als visuelle Signale, wurde ein zweidimensionales Feld von Vibratoren konstruiert, das auf der Haut befestigt wird. Das Neuronale Netz übernimmt die Umsetzung der mittels eines Mikrophons aufgenommenen akustischen Signale in Impulse des Vibratorenfeldes.

Olympus Cameras besitzt die US-Patente für einen in Hardware realisierten neuronalen *Belichtungsmesser* (US-Patent 4.978.990) sowie eine neuronale *Brennweiteneinstellung* (US-Patent 4.965.443). Ob diese Komponenten schon Eingang in die Fabrikation gefunden haben, ist nicht bekannt.

In Neu-Mexiko hat sich ein Neuronales Netz als Erntehelfer bewährt. Das System 'NeuroVision' der Vision Harvest Inc. wurde benutzt, um die geernteten Früchte in Handelsklassen einzuordnen.

Inferone (Frankreich) hat das erweiterbare Expertensystem Intellisphere, dessen Basiselemente mittels Neuronaler Netze verknüpft sind, entwickelt. Durch die Kombination von direkt vorgegebenen Abhängigkeiten und trainierbaren Zusammenhängen ergibt sich ein flexibles und leistungsfähiges Werkzeug, das in vielen Bereichen einsetzbar ist.

Nissan Motor (Japan) hält ein US-Patent auf eine neuronale *Schalt-Kontrolle* für Autos mit Automatikgetriebe (US-Patent 5.099.428). Ein weiteres Bauteil für Kraftfahrzeuge hat sich die Ford Motor Company (USA) patentieren lassen. Sie entwickelte eine adaptive Luft- und Benzinzuteilungsregelung (US-Patent 5.158.062), mit deren Hilfe der Verbrennungsvorgang optimiert und damit Reparaturkosten und Kraftstoffverbrauch vermindert werden soll.

5.10 Patente

Seit 1963 wurden in den Vereinigten Staaten konnektionistische Systeme für die kommerzielle Nutzung zum Patent angemeldet. Waren es zunächst nur vereinzelte Meldungen pro Jahr, stieg die Zahl seit 1988 drastisch an. Allein 1991 wurden 75 Patente angemeldet. Dies zeigt nicht nur, daß auch im kommerziellen Bereich Neuronale Netze eine immer größere Bedeutung erhalten, sondern daß es für den Entwickler durchaus wichtig und einträglich sein kann, sich sein System patentieren zu lassen. Informationen über das amerikanische Patentrecht findet man in [Wenskay 1990]. Die nachfolgend aufgeführten Patente bieten einen kleinen Querschnitt, der die Vielfalt der in den USA angemeldeten Patente verdeutlichen soll.

Eine Auflistung der aktuellen amerikanischen Patente wird alle drei Monate von Greg Aharoni für die Usergroup comp.ai.neural-nets aktualisiert. Eine Liste der deutschen Patente erhält man, wenn man direkt bei einem der Informationszentren für Patente (etwa im Landesgewerbeamt Baden-Württemberg in Stuttgart) vorstellig wird und dort eine Online-Recherche durchführt. Ein

Informationszentrum für deutsche und europäische Patente hat die Universität Kaiserslautern eingerichtet. Anmelden kann man ein Patent beim Deutschen Patentamt.

Jahr	Patentart	Patenteigener	Patentnr.
1992	Korrektur von Farbdaten	Matsushita Electronic Indust.	5.162.899
1992	universeller Prozeßregler	Western Thunder	5.159.660
1992	Sprechererkennungssystem	NEC	5.151.449
1992	elektronisches Musikinstrument	Yamaha	5.138.928
1992	Neurocomputer mit analogem Signalbus	Fujitsu	5.131.072
1992	Optischer Assoziativspeicher	NASA	5.131.055
1992	neuronales Sortiersystem	Samsung Electronics	5.129.042
1992	autonomer Roboter	Case Western Reserve Univ.	5.124.918
1992	Mustervergleichssystem	NEC	5.121.465
1992	Prozeßkontroll-System	Automation Technology	5.111.531
1992	Druckerkontrolle/-signalkorrektur	Matsushita Electronic Industr.	5.109.275
1992	Erkennung handschriftlicher Zeichen	ATT Bell Laboratories	5.105.468
1992	lernfähiges Sicherheitssystem	Carnegie Mellon University	5.091.782
1992	Fließpunktaddierer-Schaltkreis	Samsung Electronics	5.086.405
1991	Bewegungssteuerung	Hitachi	5.063.492
1991	neuronales Mustererkennungssystem	Ricoh Company	5.060.278
1991	optische Zeichenerkennung	Eastman Kodak	5.054.094
1991	Berechnung von Pfadkosten	Northop	5.050.096
1991	Diagnosesystem	Ford Motor Company	5.041.976
1991	Kompression von Farbbildern	Matsushita Electronic Indust.	5.041.916
1991	Spracherkennungssystem	Hitachi	5.040.215
1991	Farbfilmentwickler	Fuji Photo Film	5.025.282
1991	Neuronaler Signal-Prozessor	Hughes Aircraft	5.001.631
1990	Belichtungsmesser für Kameras	Olympos Cameras	4.978.990
1990	numerische Kodierung	Digital Equipment Corp.	4.972.187
1990	Sicherheitssystem für Schußwaffen	V/GER	4.970.819
1989	Lösung von Optimierungsproblemen	Unisys	4.858.147
1966	Mustererkennungssystem	General Dynamics Corp.	3.275.986
1963	Informationsverarbeitendes System	RCA	3.097.349

6 Werkzeuge und Entwicklungsumgebungen für Neuronale Netze

Dieses Kapitel gibt einen Überblick über die derzeit verfügbaren Werkzeuge und Entwicklungsumgebungen, die zur Realisierung bzw. zur Simulation Neuronaler Netze eingesetzt werden. Dabei wird zunächst kurz auf geeignete Rechnerarchitekturen eingegangen und exemplarisch einige Beispiele für Simulationssoftware vorgestellt.

6.1 Hardware

Der Aufbau Neuronaler Netze aus vielen unabhängig voneinander agierenden einfachen Einheiten scheint eine Hardware-Realisierung nahezulegen, bei der für jede Netzeinheit ein eigener Prozessor eingesetzt wird. Es ergeben sich jedoch bei näherer Betrachtung Probleme, die bislang noch nicht zufriedenstellend gelöst werden konnten. Zum einen steigt der Kommunikationsaufwand mit steigender Zahl der Einheiten quadratisch an, so daß es schwierig, wenn nicht gar unmöglich ist, eine hinreichend geeignete Kommunikationsstruktur für alle denkbaren Netztopologien und beliebig groß werdende Netze a priori festzulegen. Für jede Eingangsleitung muß zudem ein veränderbares Gewicht gespeichert werden, was im allgemeinen Fall zu einer aufwendigen Speicherverwaltung führt. Zum anderen müssen die Variationsbreiten für freie Parameter aus technischen Gründen von vornherein drastisch eingeschränkt werden. Realisiert wurden Neuronale Chips bisher auf analoger, digitaler und optischer Basis. Oft wird auch versucht, die Vorteile der verschiedenen Ansätze durch hybride Entwürfe zu kombinieren. Tab. 6.1 zeigt die Vor- und Nachteile der verschiedenen Realisierungskonzepte Neuronaler Netze auf.

Tabelle 6.1. Vor- und Nachteile verschiedener Hardwarekonzepte

	Vorteile	Nachteile
analog	• robust gegen verrauschte Eingaben • recht hohe Verarbeitungsgeschwindigkeit • Einbindung programmierbarer Komponenten möglich • Speicherung veränderlicher Gewichte problemlos • keine Umwandlung analoger Sensordaten nötig	• temperaturabhängig • Änderungen in den Eingaben beeinflussen die von Transistoren realisierten Operationen • schwer zu testen • Verbindungsstruktur wächst bei größeren Netzen überproportional • physikalische Grenzen für Miniaturisierung sehr eng • Design schwierig • Implementierung der Aktivitätsschranke aufwendig • Massenproduktion von Chips mit vordefinierter Gewichtsmatrix nicht möglich
digital	• robust gegen verrauschte Eingaben • exakte Berechnung • einfaches Design durch verbreitete Werkzeuge • Einbindung programmierbarer Komponenten möglich • Speicherung fester und veränderlicher Gewichte möglich	• benötigt viele Transistoren, um fundamentale Operationen zu implementieren • Umwandlung analoger Sensordaten nötig • hoher Stromverbrauch
optisch	• kabellose Verbindungsstruktur • einfache Speicherung und Veränderung der Gewichtsmatrix in Hologrammen • beliebige Variation der Topologie theoretisch möglich • hohe Verarbeitungsgeschwindigkeit • unempfindlich gegen äußere Einflüße	• hohe Lichtintensität erforderlich • Anzahl der Ausgabephotonen kann Anzahl der Eingabephotonen nicht überschreiten • Umwandlung von Sensordaten in Lichtimpulse und Rückwandlung der Ergebnisse in elektrische Ströme ist zeit- und materialaufwendig

Nur wenige Neuro-Chips sind lernfähig. Bei diesen werden entweder eine sehr beschränkte Anzahl von Gewichten direkt auf dem Chip gespeichert, was darin resultiert, daß Netze realistischer Größe nicht verwirklicht werden können (derzeit sind lediglich 256 Neuronen mit $256^2/2$ Gewichten auf einem Chip plazierbar), oder die Gewichte sind auf einen externen Speicher ausgelagert, was vor allem in der Lernphase zu einer drastischen Geschwindigkeitsreduzierung führt. Viele Neuro-Chips sind jedoch mit fest verdrahteten Verbindungen für spezielle Bedürfnisse hergestellt. Das vielleicht bekannteste System dieser Art dürfte Carver Meads künstliche Retina [Mead 1989] sein. Analoge Chips werden unter anderem in [Willet 1989], [Mueller vanderSpiegel et al. 1989] und [Mead Ismail 1989] beschrieben, Abhandlungen über digitale Neuro-Chips findet man in [Brevannes 1990], [Boyd 1990], [LeCun Jackel et al. 1990] und [Tryba Goser 1991].

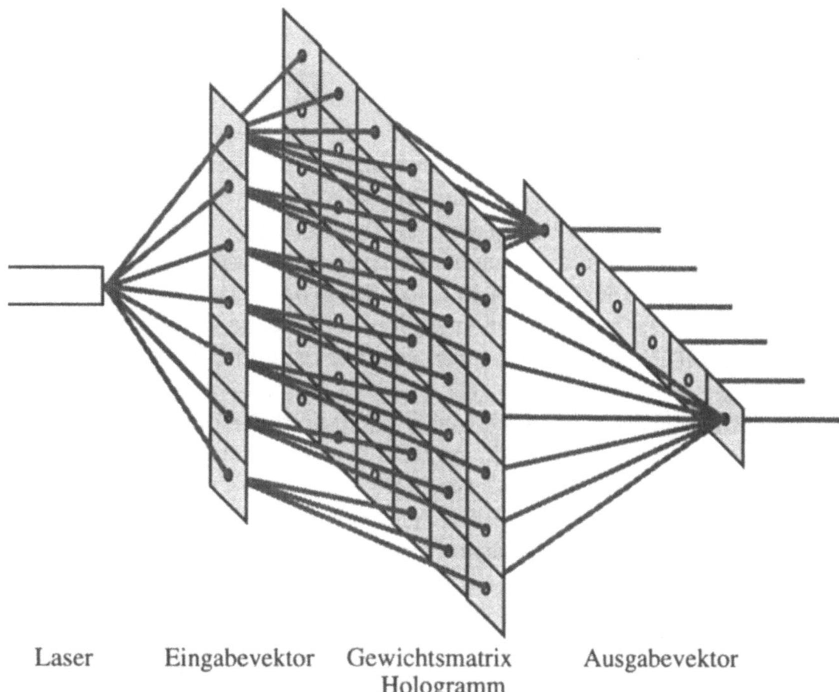

Abb. 6.1. Schematische Darstellung eines einfachen optischen Systems

In den letzten Jahren wurden eine Reihe von Untersuchungen über *optische Neuronale Netze* durchgeführt. Bekannte Vertreter dieser Forschungsrichtung sind [Dunning Marom et al. 1986] und [Woolnough 1989]. Ein Rechenschritt in einem Neuronalen Netz läßt sich auf eine *Vektor-Matrix-Multiplikation* zurückführen.

Bei einer solchen Repräsentation denkt man sich jedes Neuron mit jedem verbunden, womit jedes Neuron genau so viele Gewichte besitzt, wie es Neuronen gibt. Wenn die Gewichte aller Neuronen in Zeilen angeordnet untereinander geschrieben werden, ergibt sich eine quadratische Gewichtsmatrix. Wird diese Matrix mit einem Initialvektor multipliziert, erhält man einen Ausgabevektor, der in Abhängigkeit vom benutzten Modell entweder als Ausgabe- oder als neuer Eingabevektor verstanden werden muß. In einem optischen System übernimmt ein Hologramm die Funktion der Gewichtsmatrix, zwei Diodengitter realisieren die Multiplikation und Summation. Das Gesamtsystem realisiert so auf physikalischem Wege die zu erbringende Vektor-Matrix-Multiplikation. Für eine kommerzielle Nutzung sind derzeit alle drei Ansätze noch zu unflexibel und zu teuer.

Neuro-Chips, Coprozessoren und Neuro-Workstations werden derzeit unter anderem von TRW, HNC, SAIC, TI, AI WARE, Human Devices, Syntronic, Adaptive Solutions, NeuralWare, Nestor, Intel, NEC, Fujitsu, Siemens und Oxford Computer angeboten. Mark III von TRW war 1986 der erste kommerziell vertriebene Neurocomputer. Inzwischen sind die Nachfolgemodelle Mark IV und Mark V auf dem Markt. Die Mark-Serie zeichnet sich durch hohe Flexibilität, Benutzerfreundlichkeit und Aufwärtskompatibilität aus. Zur Anwendung kommt hierbei die maschinenunabhängige Benutzerumgebung ANSE. Der von SAIC kurze Zeit später produzierte Delta-Sigma-Neurocomputer besteht aus einem Sigma-Basis-AT, der mit 16 MHz getaktet ist. Dieser kann durch einen Delta-Gleitpunktrechner ergänzt werden, wodurch die Leistung erheblich gesteigert wird. Ein kaskadierbarer digitaler Emulations-IC, der an der Universität Berlin entwickelt wurde, simuliert 16 Neuronen. Intel Corp. hat in Zusammenarbeit mit Nestor Inc. einen NN-IC entwickelt, der 1024 Neuronen mit 256.000 5-Bit-Gewichten realisiert.

An der Universität Ulm wurde von G. Palm unter der Bezeichnung PAN IV ein Assoziativspeicher entwickelt, der 1993 Serienreife erlangen soll. Eine Systembeschreibung findet man in [Palm Palm 1991]. In der Zentrale für Forschung und Entwicklung der Siemens AG in München-Neuperlach wurde in Zusammenarbeit mit der Universität Mannheim der Neurocomputer SYNAPSE-1 entwickelt. Es handelt sich hierbei um einen Spezialrechner für die Simulation beliebiger Neuronaler Netze, der aus acht MA16 Neural Signal Prozessoren aufgebaut ist. Es ist geplant, diese Maschine ab Mitte '93 in einer beschränkten Serie zu bauen, falls sich genügend Interessenten melden. Tabelle 4.2 bietet einen Überblick über Hersteller, die weitere Neurohardware in ihrer Produktpalette haben.

Eine in Zukunft sicherlich weit verbreitete Simulationsmöglichkeit für konnektionistische Modelle bietet die Verwendung von Parallelrechnern. Hier werden zu erledigende Aufgaben möglichst effizient auf eine Vielzahl miteinander kommunizierender Prozessoren verteilt. Da diese Verteilung nicht von vornherein festgelegt sein muß, kann man wesentlich allgemeinere Konzepte verwirklichen.

Für allgemeine Anwendungen ist es ziemlich schwierig, eine zumindest annähernd optimale Verteilung der anfallenden Aufgaben über die verfügbaren Prozessoren zu gewährleisten.

Tabelle 6.2. Zusammenstellung einiger Neurohardware-Produkte

Bezeichnung	Hersteller	Anmerkungen
RAP (Ring Array Processor)	ICSI	Dr. W. Küpper, 1947 Center Street - Suite 600, Berkley, CA 94704, USA
Fujitsu Neurocomputer	Fujitsu	
VLSI-Neurocomputer	Bellcore	Forschungsinstitut der 7 Bell Telephone Holding Companies
ETANN (N10)	Intel	
N1000	Nestor/Intel	
Hitachi NNet-Chip	Hitachi	[Yasunge et al. 1990]

Für die Anwendung im Bereich Neuronaler Netze ist dies allerdings denkbar einfach. Eine natürlich Aufteilung wäre, jedem Neuron einen Prozessor zuzuordnen. Jedoch ist, abgesehen von der Tatsache, daß die Zahl der zur Verfügung stehenden Prozessoren meist viel kleiner ist als die Zahl der zu simulierenden Neuronen, zu berücksichtigen, daß die starke Verknüpfung der Elemente untereinander Probleme bereitet. Da die Prozessoren in einem Transputer nicht vollständig vernetzt sind, sondern lediglich Verbindungen mit vier ihrer direkten Nachbarn aufweisen, müssen die Informationen über Aktivierungszustände einzelner Einheiten über mehrere Stationen weitergegeben werden. Eine Parallelisierung ist nur insoweit sinnvoll, wie sich der Kommunikations- und Rechenaufwand die Waage halten. Wann dieser Punkt erreicht ist, läßt sich in Abhängigkeit von Topologie und Komplexität der verwendeten Funktionen für jede konkrete Modellierung ermitteln. Eine Untersuchung solcher Verteilungsparameter am Beispiel des Hopfieldnetzes findet man in [Erb Preißl 1989].

Einen neuen vielversprechenden Ansatz bietet die Verwendung von reprogrammierbaren logischen Gattern, deren Eignung für die Realisierung konnektionistischer Systeme 1989 von David E. Van den Bout und Thomas K. Miller III. am Department of Electronical and Computer Engineering in der North Carolina University, Raleight, untersucht wurde. Ein Ergebnis dieser Untersuchungen ist TInMANN (The Integer Markovian Artificial Neural Network), ein System, das Kohonennetze und einfaches Wettbewerbslernen emulieren kann. Die Implementierung auf den Logikgattern wird über einen PC gesteuert und kann dynamisch modifiziert werden. Im Vergleich zu direkt verdrahteten Neuro-Chips arbeiten diese Systeme etwas langsamer, weisen aber alle Vorteile bezüglich Flexibilität beim Netzentwurf auf. Weitere Details lassen sich in [VandenBout MillerIII. 1989] und [Van denBout Snyder MillerIII. 1990] nachlesen oder direkt bei den Autoren erfragen.

Inzwischen sind einige Hersteller dazu übergegangen, Komplettsysteme für bestimmte Anwendungen anzubieten, um die Beschränktheit bisheriger Hardware-Realisierungen zu umgehen. Diese sind vorwiegend für Musterklassifizierungsaufgaben konzipiert und werden für den Einsatz in der Qualitätssicherung und Fehlererkennung verwendet. Das wohl bekannteste Beispiel für ein solches System bietet der Sprengstoffdetektor SNOOPE von SAIC (siehe Seite 61), der in mehreren Flughäfen der Vereinigten Staaten fest installiert ist.

Gegenwärtig werden die meisten Neuronalen Netze auf sequentiellen Rechnern (Workstations) simuliert. Diese sind billig und weit verbreitet, und ihre Rechenleistungen sind für kleinere Anwendungen ausreichend. Zudem sind für sequentielle Rechner inzwischen eine Vielzahl von Netzsimulatoren erhältlich, die zum Teil auch als public domain verbreitet werden. Um auch PC-Benutzern einen Einstieg in die Neurowelt zu ermöglichen, werden inzwischen Netz-Coprozessoren angeboten, die überwiegend das Backpropagation-Verfahren unterstützen. Ein Beispiel hierfür bietet der Anza Neurocomping Coprozessor von HNC, der über einen Gleitkomma-Prozessor und 4 MByte eigenen RAM verfügt. Er arbeitet parallel zum Hauptrechner und führt alle Netzberechnungen durch.

6.2 Software

Für den Benutzer wäre es vorteilhaft, wenn sich ein übersichtlicher Formalismus zur Beschreibung Neuronaler Netze allgemein durchsetzen würde und ein derart beschriebenes Netz unabhängig von einer bestimmten Maschine benutzt werden könnte. Genau dies ist das Ziel des ESPRIT-Projektes PYGMALION [Angéniol Treleaven 1990]. Das fertige System soll einen europäischen Standard für neuronale Entwicklungsumgebungen schaffen und alle Bereiche vom Entwurf auf einer hohen Abstraktionsebene bis hin zur automatischen Fertigung von Neuro-Chips abdecken. Die aktuelle Version weist allerdings einen Schwachpunkt auf, der sich aus der gewählten Realisierung der Maschinenunabhängigkeit ergibt. Es ist nicht möglich, die Netz-Topologie dynamisch zur Laufzeit zu ändern. Deshalb können Modelle wie CLP (Constructive Learning Procedure) [Refenes Vithlani 1991] nicht direkt und effizient implementiert werden.

Grundsätzlich unterscheidet man drei Darstellungsformen:

- Die *textuelle Oberfläche* hat meistens die Form einer Shell, über die Netzparameter und Netztopologie festgelegt sowie Beschreibungsdateien, in denen Netzbeschreibung oder Trainingsbeispiele enthalten sind, spezifiziert werden. Sie ist einfach zu realisieren, führt aber zu einer sehr unübersichtlichen Darstellung. Aus diesem Grund wird sie eigentlich nur ergänzend zu einer ebenfalls vorhandenen graphischen Oberfläche angeboten.

- *Graphische Oberflächen* sind für Entwurf und Programmierung Neuronaler Netze (zumindest bis zu einer bestimmten Komplexität) die ideale Lösung, da sich Netze auf natürliche Weise als gerichtete Graphen darstellen lassen. Mit Hilfe einer Maussteuerung können problemlos Veränderungen herbeigeführt und Informationen über interne Zustände abgerufen werden.

- *Programmbasierte Ansätze* sind zum einen um spezielle, für den Umgang mit Neuronalen Netzen wichtige Befehle erweiterte konventionelle Programmiersprachen (wie Neural Pascal, vorgestellt in [Gumm Hergert 1990], oder NeuTraL, hervorgegangen aus der Transputersprache OCCAM und beschrieben in [Kindermann Mühlenbein Wolf 1989]) und zum anderen speziell für Neuronale Netze entworfene compilierbare Sprachen. Für sie gilt dasselbe wie für textuelle Oberflächen.

Viele der im Rahmen von Forschungsarbeiten erstellten Simulatoren sind speziell für einen Netztyp oder für eine bestimmte Anwendung konzipiert. Entsprechend ihres Stellenwertes als einmal zu gebrauchendes Werkzeug sind sie unzureichend dokumentiert und meist später nicht mehr verwendbar. Erst in neuerer Zeit werden vielseitig einsetzbare, benutzerfreundliche Simulatoren angeboten, die z.T. als public domain erhältlich sind. Des weiteren werden von verschiedenen Forschungsgruppen Datensammlungen distribuiert, deren Informationen genutzt werden können, um Netze einzulernen. Dies ist vor allem bei der Entwicklung neuer oder bei Modifikation bestehender Modelle von Bedeutung, da man mittels dieser Datensammlungen eine allgemein zugängliche und damit nachvollziehbare Testreihe durchführen und die Vorzüge des Ansatzes illustrieren kann. Es folgt eine Übersicht verschiedener Simulatoren und Datensammlungen für Neuronale Netze.

Simulatoren für Parallelrechner

Wenn man einen sequentiellen Rechner als besonderen Parallelrechner mit genau einem Prozessor ansieht, so kommt man unweigerlich zu dem Schluß, daß es kein Problem darstellen dürfte, Simulatoren, die für Rechner mit beliebig vielen Prozessoren konzipiert wurden, auch auf sequentielle Rechner zu portieren. Die Umkehrung, die Parallelisierung sequentieller Simulatoren auf Parallelrechner bleibt zumindest bezüglich der Ausschöpfung vorhandener Kapazitäten meist Stückwerk. Trotz dieser Überlegungen gibt es bislang kaum parallele Simulatoren, die auch auf sequentielle Rechner portiert werden könnten, so daß eine Unterscheidung dieser beiden Simulatorklassen durchaus Sinn macht. Im folgenden werden in einer kurzen Beschreibung bekannte, oft eingesetzte Simulatoren beschrieben.

- µBrain [Furuya Kokubu 1990] ist kein Simulator in dem Sinne, daß es möglich ist, bestimmte neuronale Modelle effektiv umzusetzen. Vielmehr wird ein eigener Formalismus verwendet, um strukturierte Netze zu erstellen. Ein einzelnes µBrain repräsentiert ein komplettes Netz eines verbreiteten Typs wie etwa Backpropagation und wird als Baustein verwendet. Einzelne µBrains werden zu komplexeren Funktionseinheiten kombiniert, die wiederum als µBrain in anderen Funktionseinheiten verwendet werden können. So können schrittweise strukturierte intelligente Systeme entworfen werden.

- NEUROTOOLS ist eine auf MS Windows basierende Bibliothek zur Unterstützung der Entwicklung von Anwendungen Neuronaler Netze. Sie wurde im Rahmen des STATLOG-Projektes am SRC (Strategic Research Centre) zusammengestellt. Informationen über NEUROTOOLS kann man von Frank Böhme, Brainware GmbH Berlin, erhalten. Der in der Bibliothek enthaltene Simulator NNDL/2 ist in [Nossem Roßner Spreng 1990] beschrieben.

- Markus Miksa entwickelte im Rahmen seiner Diplomarbeit an der Universität Marburg einen Simulator, den er ANNE (Artificial Neural Network Editor) nannte. ANNE verfügt über eine interaktive graphische Menüoberfläche und bewerkstelligt die Verteilung von Aufgaben über verfügbare Prozessoren durch Verwendung einer objektorientierten Sprache. Das Netz wird auf einem PC unter MS DOS erstellt und kontrolliert. Für die Berechnung wird es auf einen Transputer geladen. Eine Bibliothek mit verbreiteten Netztypen und Anwendungen erleichtert eine bequeme Netzerstellung. Weitere Informationen über ANNE findet man in [Miksa 1990].

- Im Forschungszentrum Informatik an der Universität Karlsruhe wurde der parallele Simulator für Neuronale Netze *ParSim* von Robert Suna entwickelt, der auf einem Transputer-Cluster implementiert wurde. Mit Hilfe dieses Simulators ist der Benutzer in der Lage, eine abstrakte Sicht der Programmierung Neuronaler Netze zu bekommen. Die Abstraktion der Programmierung wird durch die Abkopplung der Steuerfunktionen von der parallelen Arbeitsweise des Systems erreicht. Der Simulator arbeitet mit Hilfe von Schablonen, die der Benutzer mit Programmcode ausfüllt und dem Simulator zur Verfügung stellt. Die Spezifikation der Struktur eines Neuronalen Netzes wird hingegen durch eine flexible Datenstruktur ermöglicht. Dadurch können beliebige Neuronen, Gewichte und Verbindungen spezifiziert werden. Weitere Details kann man [Suna 1991, Suna Berns 1992] entnehmen.

Beschreibungen weiterer paralleler Simulatoren lassen sich [Siemon Ultsch 1990] und [Ernst Mokry Zoltan 1990] entnehmen.

Simulatoren für sequentielle Rechner

Unter den sequentiellen Simulatoren finden sich wesentlich vielseitiger einsetzbare, benutzerfreundlichere Systeme. Auch die Auswahl an public domain-Simulatoren ist wesentlich größer. Auf der anderen Seite sind natürlich hinsichtlich der zu erreichenden Geschwindigkeit enge Grenzen gesetzt.

- RCS (Rochester Connectionist Simulator) ist vom Computer Science Department der University of Rochester entwickelt worden. Er ist frei über ftp *cs.rochester.edu* (192.5.53.209) im Verzeichnis */pub/simulator* zugänglich und enthält die umfangreiche Dokumentation [Goddard Lynne et al. 1989]. Der Simulator ist in C geschrieben und enthält Installationsroutinen für Sun, MIPS und DEC Workstations. Außerdem ist er leicht auf andere UNIX-Systeme portierbar. An graphischen Schnittstellen werden SunView und X11 unterstützt. Mit Hilfe eines Puffers kann RCS sowohl synchrone als auch asynchrone Netze simulieren. Es gibt kaum ein Netz, das sich nicht darstellen läßt. Der Benutzer kann auf mehrere Arten auf den Simulator zugreifen. Alle Funktionen stehen ihm als Bibliothek zur Verfügung, die er in sein Programm einfügen kann. Weiterhin verfügt RCS über eine interaktive Kommandosprache und eine komfortable graphische Schnittstelle. Alle Daten werden vom Simulator dynamisch verwaltet, Netze können also zur Laufzeit verändert werden. Für weitere Informationen über RCS sei auf [Plonski Joyce 1990] und [Goddard Lynne et al. 1989] verwiesen.

- GENESIS (GEneral NEtwork SImulation System) und die dazugehörige graphische Schnittstelle XODUS (X-based Output and Display Utility for Simulators) sind von der Abteilung Computations and Neural Systems des California Institute of Technology (Caltech) entwickelt worden. Über ftp *genesis.cns.caltech.edu* (131.215.135.64), login: *genesis* erhält man eine lauffähige Version des Simulators ohne Dokumentation. Gegen eine Gebühr von $200 kann man ein Handbuch und zusätzliche Simulatorkomponentenbeziehen. Das Konzept des Simulators ist allerdings so komplex, daß eine ernsthafte Benutzung ohne Handbuch praktisch unmöglich ist. GENESIS ist in C geschrieben und auf Sun und DEC Workstations getestet. XODUS unterstützt X Windows und DECwindows. Der Simulator ist weitestgehend maschinenunabhängig implementiert und soll daher auch leicht auf parallele Rechnerarchitekturen portierbar sein. Die einzelnen Klassen, aus denen sich GENESIS zusammensetzt, sind sehr allgemein gehalten und extrem flexibel in ihren Anwendungsmöglichkeiten. Die Stärken dieses Simulators liegen damit deutlich bei einer detaillierten biologischen Modellierung einer kleinen Anzahl von Neuronen. Weitere Informationen über GENESIS finden sich in [Wilson Bhalla et al. 1989], [Wilson 1989] und [Plonski Joyce 1990].

- Der SFINX-Simulator (Structure and Function in Neural ConneXtions) ist am Machine Perception Laboratory der University of California at Los Angeles (UCLA) als Weiterentwicklung des ebenfalls dort entstandenen PUNNS-Simulators implementiert worden. Um den Simulator zu bekommen, muß man einen Lizenzvertrag mit dem UCLA abschließen, woraufhin man den ftp-Account 131.179.16.6 (*retina.cs.ucla.edu*, Password: *joshua*, Verzeichnis: */pub*) mit Instruktionen über den Bezug der Software erhält. SFINX ist in C geschrieben und unterstützt speziell Sun, Ardent, HP 300 und IBM PC RT, sollte aber auch auf anderen UNIX-Maschinen lauffähig sein. Die Distribution beinhaltet eine einfache graphische Schnittstelle, die X-Windows und einige andere Graphiksysteme unterstützt, und eine vollständige Dokumentation. SFINX ist hauptsächlich für Anwendungen im Bildverarbeitungsbereich konzipiert. Für die Simulation beliebiger Netze weist der Simulator zu viele Beschränkungen auf. Detailliertere Betrachtungen sind in [Messrobian Stiber Skrzypek 1989] und [Plonski Joyce 1990] zu finden oder über Email *sfinx@retina.cs.ucla.edu* anzufordern.

- NeuralWorks Professional II ist ein kommerzieller Netzsimulator, der von NeuralWare, Inc. entwickelt wurde. Er wird mit umfangreicher Dokumentation ausgeliefert. Der Simulator ist für Sun Workstations, PC's, IBM RS 6000, Macintosh und für Transputer Cluster erhältlich. Eine Portierung auf andere Rechner durch den Anwender ist nicht möglich, da zum einen kein Source-Code mitgeliefert wird und zum anderen der Simulator einen Hardware-Kopierschutz besitzt. NeuralWorks Professional II ist ein geschlossenes vollgraphisches System, das vom Benutzer über ein einfaches Menüsystem gesteuert wird. Netze lassen sich durch Auswahl vordefinierter Netztypen oder durch explizite Festlegung der Architektur erstellen. Der Status des Netzes kann mit flexiblen graphischen Kontrollinstrumenten visualisiert werden. NeuralWorks Professional II ist ein sehr einfach zu bedienender und dennoch leistungsfähiger Simulator. Insbesondere ist er für Anwender geeignet, die wenig oder keine Programmiererfahrung haben. Allerdings gibt es Einschränkungen bezüglich der Flexibilität des Simulators, wenn man mehrere unterschiedliche Netze für eine Anwendung benötigt. Eine genaue Beschreibung des NeuralWork Professional II findet sich in [NeuralWare 1989].

- Der von Expert Informatik GmbH Berlin entwickelte NEURO-Compiler ist ein Simulator für PC's, der über eine Transputer-Box auch 8 IMS T800 Transputer auf B008-kompatibler Zusatzsteckkarte ansprechen kann. Dabei wird für den Benutzer – außer einer rapiden Beschleunigung des Trainings – nicht sichtbar, daß er mit einem Transputerboard arbeitet. Die Oberfläche und die Art der vorzunehmenden Einstellungen bleibt dieselbe, wie beim einfachen PC-Betrieb. Der NEURO-Compiler unterstützt zehn Standardnetze und -lernregeln. Die Bedienung erfolgt menügesteuert mit (optionaler) Mausunterstützung. Das System kann über eine C-Schnittstelle in beliebige Anwendungsprogramme eingebunden werden. Weitere Informationen sind in [Schöneburg 1993] aufgeführt.

- NNSIM ist am Institut für Mikroelektronik Stuttgart im Rahmen des PRO-CHIP Projektes 23.230 entwickelt worden und kann für nicht-kommerzielle Nutzung nach Anfrage beim Autor bezogen werden. Der Simulator ist in C geschrieben und läuft auf verschiedenen UNIX-Maschinen, u.a. auf APOLLO 3000 und Sun Workstations. Eine eingeschränkte Version für IBM PC's existiert ebenfalls. Der Anwender setzt ein Netz aus Neuronen und Verbindungen zusammen. Dafür stehen eine Anzahl von vordefinierten Neuronentypen und Topologien zur Verfügung. Eine Strukturierung der Netze in Schichten wird unterstützt. Die eigentliche Stärke von NNSIM liegt in der Möglichkeit, über einen Interrupt-Modus eine Applikation zu unterbrechen, das Netz interaktiv zu modifizieren und danach die Simulation fortzusetzen. Als Hauptnachteil ist die mangelnde Flexibilität des Simulators anzuführen. Der Benutzer kann zwar eigene Lernregeln implementieren, aber es gibt keine Möglichkeit, über die vorgegebenen Neuronentypen hinaus eigene Modelle zu definieren. Eine genauere Beschreibung von NNSIM kann man [Nijhuis Spaanenburg Warlowski 1989] entnehmen.

- SNNS (Stuttgarter Neuronale Netze Simulator) ist ein leistungsfähiger universeller Simulator für UNIX Workstations, der am Institut für Parallele und Verteilte Höchstleistungsrechner (IVPR) der Universität Stuttgart entwickelt wurde. Er besteht aus einem Simulatorkern, einer graphischen Oberfläche zur Generierung, Visualisierung und Modifikation von Neuronalen Netzen und den Compiler Nessus zur Erzeugung großer Netze mit Hilfe einer höheren Netzwerk-Beschreibungssprache. Die graphische Benutzerschnittstelle XGUI basiert auf X-Windows und stellt Topologie und Zustand des Netzes dar. Sie ermöglicht es auch, mit einem integrierten Editor Neuronale Netze interaktiv zu konstruieren und zu ändern. SNNS ist portabel und erweiterbar. Benutzerdefinierte Funktionen können eingebunden werden. Die Komponenten sind modular aufgebaut und verwenden detailliert beschriebene Schnittstellen, so daß sie auch einzeln als Teile einer größeren Anwendung eingesetzt werden können. Der Simulator ist derzeit auf Sun und DEC Workstations sowie IBM RS 6000 Rechnern verfügbar. Er ist für Forschungszwecke kostenlos über das Rechnernetz durch anonymes ftp *ifi.informatik.uni-stuttgart.de* (129.69.211.1) im Verzeichnis */pub/SNNS* erhältlich. Weitere Informationen findet man in [Zell Mache et al. 1991].

- Einer der bekanntesten Simulatoren, der vor allem im Wissenschaftsbereich oft eingesetzt wird, ist der PDP-Simulator. Er wurde am MIT von der PDP ResearchGroup um James L. McClelland und David E. Rumelhart entwickelt. Es handelt sich dabei aber nicht um einen allgemeinen Netz-Simulator, sondern um sieben einzelne Programme, die jeweils einen speziellen Netztyp simulieren und nicht miteinander verbunden werden können. Dem Programmpaket liegt auch kein gemeinsames Konzept zugrunde, das leicht verallgemeinert werden könnte. Es ist auf IBM PC's lauffähig und wird zusammen mit dem Buch [McClelland Rumelhart 1988] auf zwei $5\frac{1}{4}$ Zoll-Disketten einschließlich "makefile" für UNIX-Systeme ausgeliefert, wo auch die Funktionen des Simulators und der Umgang mit dem Programmpaket beschrieben werden. Direkt erhältlich ist er über anonymes ftp *nic.funet.fi* (128.214.6.100) im Verzeichnis */pub/sci/neural/sims*.

- NeurDS, erhältlich über email *mcclanahan%cookie.dec.com@decwrl.-dec.com*, ist ein Simulator für DEC Systeme, die ein VT100 Terminal unterstützen. Des weiteren kann man den Simulator über anonymes ftp *gatekeeper.dec.com* (16.1.0.2) im Verzeichnis */pub/DEC* beziehen.

- PlaNet5.7 (auch als SunNet bekannt) ist über ftp *tutserver.tut.ac.jp* (133.15.240.3), Verzeichnis */pub/misc* oder ftp *boulder.colorado.edu* (128.138.240.1), Verzeichnis */pub/generic-sources* erhältlich. Es handelt sich um einen weitverbreiteten Simulator in zwei Versionen für X Windows und nichtgraphische Terminals.

- Der Cascade Correlation Simulator in LISP und C Version basiert auf Scott Fahlman's Cascade Correlation Algorithmus. Erhältlich ist er über anonymes ftp *pt.cs.cmu.edu* (128.2.254.155) im Verzeichnis */afs/cs/project/connect/code*.

- DartNet ist ein Macintosh-basierter Simulator. Er unterstützt die graphische Oberfläche und stellt einige mächtige Werkzeuge zur Erstellung, Änderung, Einlernen, Testen und Analyse von Neuronalen Netzen zur Verfügung. Man kann das Programmpaket über anonymes ftp *dartvax.dartmouth.edu* (129.170.16.4) im Verzeichnis /pub/mac/dartnet.sit.hqx oder über email *bharucha@dartmouth.edu* beziehen. Die Version 2.0 verfügt neben einigen Erweiterungen über die Möglichkeit, selbstdefinierte Modelle einzubinden. Einige Beispiele für solche Architekturen sind im Programmpaket enthalten.

- Aspirin/MIGRAINES 6.0 enthält einen Codegenerator, der eine Netzbeschreibung in einer Sprache namens Aspirin in eine C Simulation umwandelt. Die textbasierte Schnittstelle MIGRAINES nimmt Daten für das Neuronale Netz auf und gibt die Daten vom Netz in Form von Vektoren an Visualisierungswerkzeuge weiter. Das System wurde auf viele Maschinen portiert. Mit Aspirin wird das Ziel verfolgt, eine allgemein anerkannte, erweiterbare Sprache zur Beschreibung beliebiger Neuronaler Netze zu etablieren, die sich leicht in ein Simulationsprogramm umsetzen läßt. Im Programmpaket sind Filter enthalten, die das Ausgabeformat von MIGRAINES in für andere Systeme wie Gnuplot 3.0, Matlab, Xgobi und Mathematica lesbare Formate umwandeln. Bezugsquellen sind CMU's Simulatorensammlung über ftp *pt.cs.cmu.edu*

(128.2.254.155) im Verzeichnis */afs/cs/project/connect/code* und UCLA's Cognitive Science Machine über ftp *ftp.cognet.ucla.edu* (128.97.50.19) im Verzeichnis */alexis*.

- Der Simulator Xerion ist über anonymes ftp *ftp.cs.toronto.edu* im Verzeichnis */pub/xerion* erhältlich. Xerion läuft auf SGI und Sun unter X Windows. Die Software enthält Module, die unter anderem Backpropagation, Recurrent Backpropagation, Boltzmann Maschine, Wettbewerbslernen und Kohonen Netze implementieren. Zu jedem Netztyp sind Beispielnetze vorhanden.

- Die Ward Systems Group hat mit Neuroshell 2 ein Simulationspaket unter Windows vorgestellt, das vor allem durch seine graphische Oberfläche besticht. Die Daten können mit Standard-Kalkulationsprogrammen im- und exportiert werden. Eine Unterscheidung von Anfänger- und Profimodus erlaubt es, einerseits einfach und schnell Standardtopologien zu konfigurieren, andererseits aber auch nicht vorgesehene Parameter und Verfahren einzubringen.

Von verschiedener Seite wurde inzwischen versucht, Sammlungen aller erhältlichen Simulatoren zusammenzustellen, die jeweils aktualisiert werden. Besonders erwähnenswert hierbei sind die Sammlung von CNS und die der Universität von Helsinki, die unter der Leitung von Teuvo Kohonen erstellt wurde. Die CNS ANNSIM Simulatorsammlung erhält man über ftp *me.uta.edu* (129.107.2.20) im Verzeichnis */pub/neural*.

Datensammlungen

Im Bereich der Software finden sich außer Simulatoren auch noch einige Datensammlungen für das Trainieren und Austesten von Neuronalen Netzen und anderen Lernverfahren. Derzeit werden diese Sammlungen noch recht selten benutzt, es ist aber durchaus vorstellbar, daß sich eine oder mehrere von ihnen als Standard-Benchmark zur Bewertung Neuronaler Netze durchsetzen werden. Dies ist insbesondere deshalb nötig, weil die Versuche, positive oder negative Eigenschaften von verschiedenen Modellen mathematisch nachzuweisen, bislang nicht sonderlich erfolgreich waren. Allgemein zugängliche Standard-Benchmarks sind also momentan die einzige Möglichkeit, nachvollziehbare und damit objektive Bewertungen zu finden.

- Die nn-bench Benchmark-Sammlung kann man über anonymes ftp *pt.cs.cmu.edu* im Verzeichnis */afs/cs/project/connect/bench* oder im Verzeichnis */afs/cs.cmu.edu/project/connect/bench* über das Andrew-Filesystem beziehen. Unter email *nn-bench-request@cs.cmu.edu* kann man Hilfe anfordern, falls Probleme auftreten sollten. Die Sammlung enthält unter anderem Daten zu NETtalk, zur Spracherkennung und zum Zwei-Spiralen-Problem.

- Ebenfalls über anonymes ftp *ics.uci.edu* (128.195.1.1) kann im Verzeichnis /
  pub/machine-learning-databases die UCI Machine Learning Datenbank bezogen werden.

- NIST Special Databases des National Institute Of Standards And Technology:

  - SFRS (Structured Forms Reference Set): enthält 5.590 Bilder von simulierten Steuerbescheiden. Insgesamt treten zwölf verschiedene Formulare auf, von denen acht jeweils zweiseitig ausgeführt sind, so daß insgesamt zwanzig verschiedene Formularseiten unterschieden werden können. Die Seiten sind als Binärmuster gespeichert. Um das Steuergeheimnis zu wahren, wurden keine realen, sondern computersimulierte Daten verwendet. Zu jedem Bild existiert eine Antwortdatei, die alle Formulareinträge im ASCII-Code enthält. Die unkomprimierten Daten belegen etwa 5,9 Gigabytes Speicherplatz.

  - HWSC (Handwritten Segmented Characters): enthält 313.389 Bilder von einzelnen Zeichen, die aus 2.100 Schriftseiten mit einem Fehler von unter 0,1% segmentiert, zentriert und auf 128×128 Pixel normalisiert wurden. Unter den Zeichen befinden sich 223.125 Ziffern, 44.951 Großbuchstaben und 45.313 Kleinbuchstaben. Die unkomprimierten Daten belegen etwa 2,75 Gigabytes Speicherplatz.

  - FIGS (Fingerprint Image Groups): enthält 2.000 8-bit Grauwert-Bildpaare von Fingerabdrücken. Jedes Bild ist 512×512 Pixel groß und einer von fünf Klassen (A=Arch, L=Left Loop, R=Right Loop, T=Tented Arch, W=Whirl) zugeordnet. Die unkomprimierten Daten belegen etwa 1,1 Gigabytes Speicherplatz.

  Jede Sammlung beinhaltet neben den Daten noch Beispielprogramme und eine Formatdokumentation. Um eine der Sammlungen zu benutzen, benötigt man ein $5\frac{1}{4}$ Zoll CD-ROM Drive und einen Treiber für ISO-9660 Format. Anfragen sind an Standard Reference Data, National Institute of Standards and Technology, 221/A323 Gaithersburg, MD 20899, (301)975-2208, FAX: (301)926-0416 zu richten.

- CEDAR (Center Of Excellence for Document Analysis and Recognition) CD-ROM 1: Datenbank mit 8-bit Grauwertbildern von handgeschriebenen 5.632 Städten, 9.454 Postleitzahlen und 4.938 Staaten, sowie Binärbildern von 27.837 alphanumerischen Zeichen und 21.179 Ziffern, die aus den Adressen von Postkunden segmentiert wurden. Alle Bilder sind von echten Briefen mit einer Auflösung von 300 dpi abkopiert und mit den korrekten ASCII-Entsprechungen versehen. Die Sammlung beinhaltet neben den Daten noch Beispielprogramme und eine Formatdokumentation. Um die Sammlung zu benutzen, benötigt man ein $5\frac{1}{4}$ Zoll CD-ROM Drive und einen Treiber für ISO-9660 Format. Weitere Informationen erhält man von Jonathan J. Hull, Associate Director, CEDAR, 226 Bell Hall, State University of New York at Buffalo, Buffalo, NY 14260, email *hull@cs.buffalo.edu*.

6.3 Software und Hardware Produkte

In den folgenden Tabellen sind einige kommerzielle Anbieter im Bereich Konnektionismus aufgeführt. Die angebotenen Produkte erstrecken sich von Spezialhardware über Simulatoren bis hin zu Schulung und Beratung. In Anbetracht der Vielzahl von Anbietern erscheint es sinnvoll, sich auf Anbieter in Europa und den USA zu beschränken. Innerhalb dieses Rahmens werden einige der bekannteren Anbieter exemplarisch aufgeführt. Infolge der stürmischen Entwicklung kann nicht vorausgesagt werden, inwieweit die aufgeführten Produkte noch direkt angeboten werden oder schon durch Nachfolger ersetzt wurden.

Anbieter in den USA

Anbieter USA	Produkte
Accotech 1126 Apple Valley Rd., Accokeek, MD 20607, Tel.: (301)292-4124	• Neuro-VLSI-Chip HK107
Adaptive Solutions Inc. 1400 NW Compton Drive, Suite 340, Beaverton, OR 97006 Tel: (503)690-1236, FAX: (503)690-1249	• CNAPS (Parallelrechner für Mustererkennung)
AI Ware Inc. 11000 Cedar Avenue, Cleveland, Ohio 44106, Tel.: (216)421-2380, FAX: (216)421-2383	• Software für PC/AT, PS/2, DEC und SUN • Schulung, Beratung • Systeminstallierungen
Anza Research Inc. 19866 Baywood Dr., Cupertino, CA 95014, Tel.: (408)996-2022	• Neuralbase 5000 (bibliographische Datenbank für PC/AT)
Applied Neurodynamics 2049 Village Park Way #248, Encinatis, CA 92024, Tel.: (619)944-8859, FAX: (619)944-8880	• Neuro-Coprozessoren, Neuro-VLSI-Chips • Neuro-Software

Anbieter USA	Produkte
Ball System Engineering Division 5580 Morehouse, San Diego, CA 92121, Tel.: (619)457-5550, FAX: (619)535-1228	• Neuro-Anwendungen in der Luftfahrt
Booz Allen & Hamilton Inc. CS2, Suite 1100, 1725 Jefferson Davis HWY, Arlington, VA 22202-4158, Tel.: (703)769-7782, FAX: (703)892-4817	• Neuro-Anwendungen (Identifizierungen von Radarzielen) • NN CAD System(graphische Oberfläche zur Spezifizierung von NN)
California Scientific Software 10141 Evening Star Dr. #6, Grass Valley, CA 95945-9051, Tel.: (800)284-8112, FAX: (916) 477-8656	• BrainMaker (Simulator), Software for ETANN
Computer Application Service 6207 Forest Trail, Signal Mountain, TN 37377, Tel.: (615)886-1419	• Softwarelösungen für spezielle Anwendungen
DAIR Computer Systems 3440 Kenneth Drive, Palo Alto, CA 94303, Tel.: (415)494-7081, FAX: (415)494-6831	• Netwurkz^{TM} (einfacher Assoziativspeicher • Software-Vertrieb
Draper Laboratory Cambridge MA	• analoge Hardwareimplementierung eines vierschichtigen Netzes mit je 64 Einheiten pro Schicht (AXON 1, S.1)
HNC, Inc. 5501 Oberlin Drive, San Diego, California 92121, Tel.: (619) 546-8877	• Image Document Entry Processing Terminal (erkennt handgeschriebene Dokumente und konvertiert sie in ASCII) • ExploreNet 3000 (NN Demonstrator) • Anza/DP Plus (NN-Coprozessor)
Hyperlogic Corporation 1855 East Valley Parkway, Suite 210, Escondido, CA 92027, Tel.: (619)746-2765, FAX: (619)746-4089	• OWL Neural Network Library^{TM} (C-Simulatoren-Bibliothek)

Anbieter USA	Produkte
Intel Corp. 2250 Mission College Blvd, Santa Clara, CA 95052-8125, Tel.: (408) 765-9235	• Experimenteller Chip: 80170NW - Electrically trainable Neural Network (ETANN)
Intelligence P.O. Box 20008, NY 10025-1510, Tel.: (212)222-1123	• Hardware (Coprozessoren, VLSI-Chips) • Software
Judith Dayhoff &Associates Inc. 11141 Georgia Ave., Suite 206, Wheaton, MD 20902, Tel.: (301)933-9000	• Software
Micro Devices 30 Skyline Drive, Lake Mary FL 32746-6201, Tel.: (407) 333-4379	• MD1220 - 'Neural Bit Slice'.
Nestor, Inc. 1 Richmond Sq., Providence, RI 02906, Tel.: (401)331-9640, FAX: (401)331-7319	• NDS 1000 (Entwicklungsumgebung für NN im Bereich Mustererkennung)
Neural Systems Inc. 2827 West 43rd Avenue, Vancouver, BC V6N 3H9, Tel.: (604)263-3667, FAX: (604)263-3667	• Entwicklung von Anwendungen • Beratung
NeuralWare, Inc. Penn Center West Building IV, Suite 227, Pittsburgh PA 15276, Tel.: (412)787-8222, FAX: (412)787-8220	• Software • Lehrgänge
NEURIX One Kendall Sq., Suite 2200, Cambridge, MA 02139, Tel.: (617)577-1202, FAX:(617)577-1209	• MacBrain 2.0 (Simulator)
NeuroSym Corporation P.O. Box 980683, Houston, TX 77098-0683, Tel.: (713)523-5777	• NeuroSym^{TM} (C-Programmbibliothek für Entwicklung von NN)
Nichols Research Corporation 251 Edgewater Drive, Wakefield, MA 01880, Tel.: (617)246-4200, FAX: (617)246-0065	• MLANS (NN-Modell)
Olmsted & Watkins 2411 East Valley Parkway, Suite 294, P.O. Box 2751, Escondido, CA 92025, Tel.: (619)746-2765	• Software
Olmsted Brain Simulation Software 411 Briargrove, Slidell, LA 70458, Tel.: (504)649-7174	• Software (biologisch motivierte Modelle)

Anbieter USA	Produkte
Oxford Computer, Inc. 39 Old Good Hill Road, Oxford, CT 06483, Tel.: (203)881-0891, FAX: (203)888-1146	• Hardware
SAIC ANS Division 10260 Campus Point Drive MS 71, San Diego CA 92121, Tel.:(619) 546 6148, FAX: (619) 546 6736	• Hardware (Coprozessoren, VLSI-Chips) • Software • Beratung
Schmoll & Hallquist 34303 N. Birch Lane, Gurnee, IL 60031, Tel.: (708)623-3616	• The Privat Investor ^{TM} (Software-System für Finanzanwendungen)
Software Development Seminars 500 Howard Street, San Francisco, CA 94105, Tel.: (415) 995-2471, FAX: (415)995-2486	• Lehrgänge
Source Transportation & Optimization P.O.Box 404, Belmont, MA 02178, Tel.: (617)489-3727	• Software
Symbus Technology, Inc. 325 Harvard Street, Suite 202, Brookline, MA 02146, Tel.: (617)232-8266, FAX: (617)232-8436	• *IN*SCRIPT (Erkennen von Handschriften) • INFANT (adaptive Robotersteuerung
Syntonic Systems, Inc. 17200 N.W. Corridor Court Suite 125, Beaverton, Oregon 97006, Tel.: (503)645-5596, FAX: (503)629-8681	• DENDROS-1, DENDROS-2 (VLSI-Chips)
Thermo Electron Technologies 9550 Distribution Ave., San Diego, CA 92121 Tel.: (619)578-5885, FAX: (619)578-1419	• Hardware (Coprozessoren)
Tom Schwartz Associates Suite 150, 801 West El Camino Real, Mtn. View, CA 94040, Tel.: (415)965-4561, FAX: (415)968-0834	• Hardware (Coprozessoren, VLSI-Chips) • Software • Beratung
Triton/Phase Linear Systems 9300 Lee Highway, Fairfax, VA 22031, Tel.: (703) 934-3900, FAX: (703)691-3353	• Software • Beratung
TRW	• Mark V
Vital Images 505 No. 3rd St., Suite 201, Fairfield, IA 52556, Tel.: (515)472-7726, FAX: (515)472-1661	• VoxelView (Visualisierungs-Software)
Ward Systems Group	• NeuroShell

Anbieter in Europa

Anbieter Europa	Produkte
ANL (Agence Nationale du Logiciel) Campus Scientifique, Boulevard des Aiguillettes, BP 239, 54506 Vandœvre Cedex, Frankreich, Tel.: +33 83 91 21 58, FAX: +33 83 27 76 43	• NEUROSIM (Simulator)
BIKIT Plateaustraat 22, B-9000 Gent, Belgien	• Schulung, Beratung, Projektbetreuung, Entwicklung
Brainware GmbH Gustav-Meyer-Allee 25, 13355 Berlin, Tel.: 030/463 30 48, FAX: 030/469 46 49	• Software • Schulung, Beratung
Cortex GmbH Max-Planck-Str. 23, 61381 Friedrichsdorf, Tel.: 06172/750 91	• Software • Neuro-Coprozessor
danet GmbH GS: KI und Neuroinformatik Pallaswiesenstr. 201, 64293 Darmstadt, Tel.: 06151/80 97-329, FAX: 06151/828 17	• Software • Seminare, Projektbetreuung, Beratung
Dassault Electronique 55, quai Marcel Dassault, 92214 Saint Cloud, Frankreich, FAX: +33.1 46 02 57 58	• ANAIS (Klassifizierung von Satellitenbildern)
DGA-DRET 4, rue de la Porte d'Issy, Paris 00460 Armées, Frankreich, Tel.: +33 1 45 52 56 64, FAX: +33 1 45 52 46 81	• Mustererkennung • Simulator
Dr. W.W. Osterhage, Industrieberatung Birkenweg 7, 53343 Wachtberg-Niederbachem, Tel.: 0228/34 27 63	• Beratung
EC2 (Edition, Colloques & Conseil) 269-287, rue de la Garenne, 92024 Nanterre Cedex, Frankreich, Tel.: +33 1 47 80 70 00, FAX: +33 1 47 80 66 29	• Technische Veröffentlichungen • Organisation von Konferenzen und Ausstellungen • Beratung
EDV-Vertrieb Dipl.-Ing. V. Wolff Leo-Graetz Str. 7, 81379 München, Tel.: 089/780 96 08, FAX: 089/780 99 54	• Software • Schulung, Beratung, Projektbetreuung und -durchführung

Anbieter Europa	Produkte
HEMA Elektronik GmbH Röntgenstr. 31, 73431 Aalen Tel.: 07361/440 31, FAX: 07361/440 30	• Neuro-Coprozessoren • Transputer-Software
INDALO Gesellschaft für konnektionisti-sche Anwendungen GbR Christophstr. 7, 50670 Köln Tel.: 0221/122 380, FAX: 0221/136 230	• Seminare, Workshops • Beratung, Analysen • Software
KES (Knowledge Engineering Service) Aßmeyergasse 60, A-1120 Wien, Österreich, Tel.: +43 1 812 11 19	• KART, CUMM, BVPS • Schulung, Projektbetreu-ung, Beratung
LERI (Lab. d´Etude et Recherche en Inform.) Parc scientifique Georges Besse, 30000 Nî-mes, Frankreich, Tel.: +33 66 29 05 05, FAX: +33 66 76 24 60	• SACREN (Simulator)
MIMETICS 5, Central Parc, Avenue Sully Prud´Homme, 92298 Châtenay-Malabry, Frankreich, Tel.: +33 1 40 91 09 90, FAX: +33 1 40 09 91 55	• MIMENICE (Simulator) • N (Programmiersprache für Neuronale Netze)
NESTOR Europe Parc Club du Millénaire, Bâtiment 29-BP 2902 1025, rue Henri Becquerel, 34036 Mont-pellier Cedex 01, Frankreich, Tel.: +33 67 65 61 85, FAX: +33 67 22 26 67	• NDS 1000 (Entwicklungs-umgebung für NN im Be-reich Mustererkennung)
Neural Computer Systems Limited 79 Olney Rd., Emberton, Olney, Bucks, MK465BU, England, Tel.:+44 234 713 298, FAX:+44 234-240 168	• NEURUN, NEURUN LIG-HT • Neuro-Coprozessoren • Beratung
Neuro Informatik Gesellschaft für Entw. u. Anw. NN mbH, Roennebergstr. 5a, 12161 Berlin, Tel.: 030/852 87 99, FAX: 030/852 06 71, so-wie Expert Informatik GmbH & Co. Vertriebs KG, Hafenstr. 10,88662 Überlingen, Tel.: 07551/407 34, FAX: 07551/74 99	• VIRUS-BLOCKER, NEU-RO-Compiler (Software) • Schulung, Projektbetreu-ung, Beratung
Neurosystemes (Groupe Digitone) 21, rue Frédéri Joliot, Pôle d´Activités des Milles, 13852 Aix-en-Provence Cedex 3, Frankreich, Tel.: +33 42 39 93 19, FAX: +33 42 24 38 06	• BALBOA (Coprozessor von HNC) • ExploreNet PC, Knowled-geNet PC, Neurosoft

Anbieter Europa	Produkte
ÖFAI (Österreichisches Forschungsinstitut für Artificial Intelligence) der ÖSGK Schottengasse 3, A-1010 Wien, Österreich, Tel.: +43/1/53 53 28-0	
Recognition Research Ltd. 140 Church Lane, Marple, Stockport SK6 7LA, England, Tel.: (+44) 614 49 86 28, FAX: (+44) 614 49 05 61	• Neuro-Coprozessoren • Software
Scientific Computers Franzstr. 107, 52064 Aachen, Tel.: 0241/260 41, FAX: 0241/449 83	• NeuralWorks Professional II/Plus, AIM • Schulung, Beratung, Projektbetreuung
Siemens Nixdorf Informationssysteme AG Postfach 2160, Fürstenallee 7, 33102 Paderborn, Tel.: 05251/8-117 41, FAX: 05251/8-113 82	• SENN (Software Environment for Neural Networks).
Syseca 315, Bureaux de la Colline, 92213 Saint-Cloud, Frankreich, Tel.: +33 1 49 11 70 00, FAX: +33 1 49 11 74 06	• MIMENICE, NDS 1000 (Software)
Telmat Informatique ZI, 6, rue de l'Industrie, 68630 Soultz Cedex, Frankreich, Tel.: +33 89 76 51 10, FAX: +33 89 74 27 34	• Nestor-Software für Parallelrechner
Tubb Research Limited 7a Lavant Street, Peterfield, Hampshire GU32 2EL, England, Tel: +44 73 06 02 56	
usp. (Unique Selling Point) Seidenstr. 65, 70174 Stuttgart, Tel.: 0711/29 40 02, FAX: 0711/29 25 52, sowie Maierhofstr. 24, 81241 München, Tel.: 089/834 99 83, FAX: 089/820 37 53	• Brainmaker, NeuroSym, NDS 1000 • Schulung, Beratung, Projektbetreuung

7 Kurzinformationen

In diesem Kapitel sind nützliche Informationen zusammengetragen, die es dem Leser ermöglichen sollen, sich intensiver in konnektionistischen Systemen einzuarbeiten. Hierzu sind in den Abschnitten *Einführende Literatur, Konferenzen, Fachzeitschriften* und *Forschungszentren* die für die Autoren wesentlichsten Fakten zusammengestellt. Es sollte allerdings nicht verschwiegen werden, daß z.Z. jedes Jahr Unmengen von Veröffentlichungen und Lehrbücher erscheinen, neue Fachzeitschriften entstehen oder neue Konferenzen und Workshops abgehalten werden. Als interessierter Anwender sollte man vor allem auch die jeweiligen Ankündigungen der Gruppen, die in den entsprechenden Anwendungsgebieten arbeiten, wie z.B. Bildverarbeitung oder Robotik, verfolgen. Man stellt dabei sehr schnell fest, daß man mit dieser Vorgehensweise dieses diffus erscheinende Forschungsgebiet doch noch relativ gut überschauen kann.

Die Abschnitte *Forschungszentren* und *Fördermöglichkeiten* sind vor allem auf den deutschsprachigen Raum zugeschnitten. Hierfür gilt ebenso wie bei den oben angesprochenen Abschnitten, daß sie nicht vollständig sind. Bei den Forschungszentren wurde versucht, Arbeitsschwerpunkte der verschiedenen Gruppen hervorzuheben.

7.1 Einführende Literatur

Es gibt eine große Bandbreite einführender Literatur für den Bereich konnektionistischer Systeme, die sich mit unterschiedlicher Intension an den Leser wendet. Dem Leser, der vor allem eine einfach gehaltene und kompakte Einführung sucht, seien das deutschsprachi-ge Buch von Rüdiger Brause, sowie die englischsprachigen Werke von I. Aleksander, R. Hecht-Nielsen, J. Hertz et al., Müller und Wassermann empfohlen. Das deutschsprachige Buch von H. Ritter et. al. zählt vor allem aufgrund der hervorragenden Darstellung von Anwendungen und Theorie selbstorganisierender Neuronaler Karten zu den empfehlenswerten Einführungsbüchern. Ein sehr guter Einführungsartikel, der die algorithmische Darstellung verschiedener Lernverfahren hervorhebt, stammt von R.P. Lippmann. Einen fundierten Einstieg in die Theorie Neuronaler Netze bietet P. Rojas.

Wer sich vorwiegend für praxisnahe Anwendungen Konnektionistischer Systeme interessiert, ist mit dem Buch von A. Maren et al., das auch eine verständliche Einleitung bietet, gut beraten. Anleitungen zum Programmieren von Neuronalen Netzen findet man bei J.A. Freeman et al. und A. Blum. Wissenschaftlern, die nicht nur die Zusammenfassungen der gängigsten Verfahren studieren, sondern die wesentlichsten Veröffentlichungen der letzten 50 Jahre im Original lesen wollen, sind die beiden Bücher von J.A. Anderson et al. sowie das Buch von G. Shaw und G. Palm sehr zu empfehlen.

Zu den Klassikern, die fundierte Einblicke in die Theorie bestimmter konnektionistischer Verfahren geben, gehören die Bücher von D.E. Rumelhart et al. und T. Kohonen. Einen interdisziplinären Überblick haben S.F. Zornetzer et al. verfaßt, in dem Biologen, Psychologen, Physiker, Mathematiker und Informatiker sachkundig ihre spezielle Sicht dieses Bereichs darstellen. Im folgenden sind die eben angesprochen Werke aufgelistet:

Aleksander, I. (1990). An Introduction to Neural Computing. London, England: Chapman and Hall

Anderson, J. A., Rosenfeld, E. (eds). (1988). Neurocomputing: Foundations of Research. MIT Press, Cambridge, MA, USA

Anderson, J. A., Pellionisz, A., Rosenfeld, E. (eds). (1990). Neurocomputing 2: Directions for Research. MIT Press, Cambridge, MA, USA

Blum, A. (1992). Neural Networks Programming in C++. John Wiley, New York

Brause, R. (1991). Neuronale Netze. Teubner Verlag, Stuttgart

Domany, E., van Hemmen, J.L., Schulten, K. (1991). Models of Neural Networks (Physics of Neural Networks). Springer Verlag

Freeman, J.A., Skapura, D.M. (1991). Neural Networks: Algorithms, Applications, and Programming Techniques. Addison-Wesley, New York

Hecht-Nielsen, R. (1990). Neurocomputing. Addison-Wesley, New York

Hertz, J., Krogh, A., Palmer, R. (1991). Introduction to the Theory of Neural Computation. Addison-Wesley, New York

Kohonen, T. (1989). Self-organization and Associative Memory, 3. Aufl., Springer-Verlag

Lippmann, R. P. (April 1987). An Introduction to Computing with Neural Nets. IEEE Acoustics, Speech, and Signal Processing Magazine 2/4, S.4-22

Maren, A., Harston, C., Pap, R., (1990). Handbook of Neural Computing Applications. Academic Press, New York

Müller, B., Reinhardt, J. (1990). Neural Networks - An Introduction (Physics of Neural Networks). Springer Verlag

Ritter H., Martinetz, T., Schulten, K. (1991). Neuronale Netze, 2. Aufl. Addison-Wesley, New York

Rojas, P. (1993). Theorie der neuronalen Netze. Springer-Verlag

Rumelhart, D. E., McClelland, J. L. (1986). Parallel Distributed Processing: Explorations in the Microstructure of Cognition (2 Bände). MIT Press, Cambridge, MA, USA

Shaw, G.L., Palm, G. (1988). Brain Theory – Reprint Volume. World Scientific Publishing, Singapure

Wasserman, P. D. (1989). Neural Computing: Theory & Practice. Van Nostrand Reinhold, New York

Zornetzer, S. F., Davis, J. L., Lau, C. (1990). An Introduction to Neural and Electronic Networks. Academic Press, New York

7.2 Zeitschriften und elektronische Medien

Fachzeitschriften im Bereich Neuronale Netze

Bei den Fachzeitschriften gilt ähnlich wie für die Bücher, daß sie kaum noch überschaubar sind. Dies kommt hauptsächlich durch Neugründung von Organisationen im Bereich Neuronale Netze zustande, was meist das Einrichten eines Publikationsorgans nach sich zieht. Bei stark wissenschaftlich orientierten Zeitschriften werden neuste Kenntnisse über die Theorie Neuronaler Netze, neue Lernverfahren und deren Konvergenzeigenschaften, Vergleiche verschiedener Netztypen oder Anwendungen, bei denen die Neuronalen Netzkomponenten bzgl. der Anwendung formal untersucht werden, einer weiten Öffentlichkeit zugänglich gemacht. Anwendungsorientierte Zeitschriften wie AXON verstehen sich vorwiegend als Verständigungsbasis zwischen Wissenschaft und Industrie. Sie beinhalten Geschäftsinformationen genauso wie neue Trends und Entwicklungen, Konferenz- und Buchbesprechungen, Interviews und einfach gehaltene Einführungen in spezielle Schwerpunktthemen.

Meist sind sie national, regional oder gar firmenspezifisch ausgelegt und werden oft nicht öffentlich angeboten, sondern auf Anfrage zugeschickt. Im folgenden ist eine Sammlung relativ weit verbreiteter Neuro-Zeitschriften angegeben.

AXON (vierteljährlich). Rolf Kickuth, Am Hummelberg 4, D-69469 Weinheim

Concepts in Neuro Science (halbjährlich). World Scientific Publishing, Signapure

Connection Science: Journal of Neural Computing, Artificial Intelligence and Cognitive Research (vierteljährlich). Carfax Publishing Company, P. O. Box 25, Abingdon, Oxfordshire, England

IEEE Transactions on Neural Networks (vierteljährlich). IEEE Service Center, 445 Hoes Lane, P.O. Box 1331, Piscataway, NJ, USA

International Journal of Neural Networks, Research and Applications (vierteljährlich). Learned Information, Oxford, England

International Journal of Neural Systems (vierteljährlich). World Scientific Publishing, 73 Lynton Mead, Totteridge, London N20-8DH, England

International Journal of Neurocomputing (vierteljährlich). ecn Neurocomputing GmbH, Max-von-Eyth-Straße 3, 85737 Ismaning

Journal of Neural Network Computing, Technology, Design, and Applications (vierteljährlich). Auerback Publishers, 210 South Street, Boston, MA, USA

N^3, Nachrichten Neuronale Netze (drei bis vier Ausgaben im Jahr). Gesellschaft für Informatik e.V. (GI), Fachgruppe 0.1.3 'Neuronale Netze'

Network: Computation in Neural Systems (vierteljährlich). IOP Publishing Ltd, Techno House, Redcliffe Way, Bristol, England

Neural Computation (vierteljährlich). MIT Press Journals, 55 Hayward Street, Cambridge, MA, USA

Neural Computing & Applications (vierteljährlich), Springer Verlag

Neural Network News (monatlich). AIWeek Inc., Neural Network News, 2555 Cumberland Parkway, Suite 299, Atlanta, GA, USA

Neural Networks (zweimonatlich). Offizielles Journal der INNS, Pergamon Journals, Headington Hill Hall , Oxford, England

Neurocomputing: An International Journal (zweimonatlich). Elsevier Publishers

Neurocomputers (monatlich). Gallifrey Publishing, P.O. Box 155, Vicksburg, MI, USA

Zeitschriften mit Beiträgen über Neuronale Netze

Vor allem anwendungsorientiert arbeitende Wissenschaftler veröffentlichen ihre Ergebnisse oft in Zeitschriften, die sich speziell diesen Anwendungsklassen widmen. Da die Bedeutung Neuronaler Netze für bestimmte Forschungsbereiche, wie beispielsweise Bildverarbeitung oder Robotik, ständig wächst, findet man in den entsprechenden Zeitschriften regelmäßig Beiträge über konnektionistische Systeme. Zu dieser Klasse gehören unter anderem folgende Publikationen.

at - Automatisierungstechnik (vierteljährlich). Oldenbourg Verlag

Biological Cybernetics (monatlich). Springer-Verlag

Complex Systems (zweimonatlich). Complex Systems Publications, Inc., P.O. Box 6149, Champaign, IL, USA

IEEE ASSP Magazine. IEEE Service Center, 445 Hoes Lane, P.O. Box 1331, Piscataway, NJ, USA

IEEE Control Systems Magazine (vierteljährlich). IEEE Service Center, 445 Hoes Lane, P.O. Box 1331, Piscataway, NJ, USA

IEEE Expert: Intelligent Systems and Their Applications. IEEE Service Center, 445 Hoes Lane, P.O. Box 1331, Piscataway, NJ, USA

IEEE Journal of Robotics and Automation. IEEE Service Center, 445 Hoes Lane, P.O. Box 1331, Piscataway, NJ, USA

IEEE Transactions on Acoustics, Speech and Signal Processing (vierteljährlich). IEEE Service Center, 445 Hoes Lane, P.O. Box 1331, Piscataway, NJ, USA

IEEE Transactions on Aerospace and Electronic Systems (vierteljährlich). IEEE Service Center, 445 Hoes Lane, P.O. Box 1331, Piscataway, NJ, USA

IEEE Transactions on Bio-Medical Engineering (vierteljährlich). IEEE Service Center, 445 Hoes Lane, P.O. Box 1331, Piscataway, NJ, USA

IEEE Transactions on Circuits and Systems (vierteljährlich). IEEE Service Center, 445 Hoes Lane, P.O. Box 1331, Piscataway, NJ, USA

IEEE Transactions on Industry Applications (vierteljährlich). IEEE Service Center, 445 Hoes Lane, P.O. Box 1331, Piscataway, NJ, USA

IEEE Transactions on Parallel and Distributed Systems (vierteljährlich). IEEE Service Center, 445 Hoes Lane, P.O. Box 1331, Piscataway, NJ, USA

IEEE Transactions on Pattern Analysis and Machine Intelligence (vierteljährlich). IEEE Service Center, 445 Hoes Lane, P.O. Box 1331, Piscataway, NJ, USA

IEEE Transactions on System, Man and Cybernetics (vierteljährlich). IEEE Service Center, 445 Hoes Lane, P.O. Box 1331, Piscataway, NJ, USA

International Journal of Applied Intelligence. Kluwer Academic Publishers, Boston, MA, USA

International Journal of Modern Physics C (vierteljährlich). World Scientific Publ. Co., 73 Lynton Mead, Totteridge, London N20 8DH, England

ist - Intelligente Software-Technologien (vierteljährlich). Oldenbourg Verlag

Machine Learning. Kluwer Academic Publishers, Boston, MA, USA

The Journal of Experimental and Theoretical Artificial Intelligence. Taylor & Francis, London, New York, Philadelphia

The Behavioral and Brain Sciences. Cambridge University Press

Elektronische Medien

Wer über elektronische Medien verfügt, sollte diese vor allem nutzen, um die neusten Informationen über Neuronale Netze zu erhalten. Hierbei gibt es unterschiedliche Formen wie *Mailing-Service*, *News-Groups* oder *ftp-Adressen*, über die wichtige Informationen abgefragt werden können. Über diese elektronischen Medien können neuste Veröffentlichungen, Konferenzankündigungen und -programme, public-domain Software, Informationen über Neuro-Chips, Patente und Buchbesprechungen erhalten werden. Zusätzlich gibt es ein Diskussionsforum, über das jeder Benutzer Lösungen zu seinen Problemstellungen erfragen bzw. Infos zu bestimmten Teilbereichen erbitten kann. Einige der in diesem Kapitel gesammelten Informationen sind einer Zusammenstellung von Lutz Prechelt, Universität Karlsruhe, entnommen, die über die Newsgroup *comp.ai.neural.nets* bezogen werden können. Im folgenden sind einige der wichtigsten elektronischen Medien genannt:

Neuron Digest Internet Mailing List. Peter Marvit. Email: <neuron-request@h-plabs.hp.com>. (oder comp.ai.neural-net Leser finden die Meldungen auch in dieser newsgroup in Form von Digests).

Neural Mailing List. Dave Tourretzky und David Redish. Email: <Connectionists-Request@cs.cmu.edu>.

Usenet groups gibt es z.Z. comp.ai.neural-nets, comp.theory.self-org-sys und comp.org.issnnet.

Central Neural System Electronic Bulletin Board. Modem: 509-627-6CNS; Sysop: Wesley R. Elsberry; P.O. Box 1187, Richland, WA 99352; welsberr@-

sandbox.kenn.wa.us Erreichbar über FidoNet, RBBS-Net, und andere EchoMail kompatible Bulletin Board Systeme wie etwa NEURAL_NET echo.

Neural ftp archive site funic.funet.fi. verwaltet eine große Sammlung von Artikeln und Public Domain Programmen, die an der finnischen Universität unter dem Verzeichnis /pub/sci/neural abgelegt sind. Kontakt: magi@funic.funet.fi oder magi@utu.fi. Ein zweites Archive kann über ftp mit Adresse archive.cis.ohio-state.edu unter dem Verzeichnis pub/neuroprose erreicht werden.

7.3 Konferenzen

Seit Mitte der 80er Jahre ist die Anzahl der Konferenzen, die sich speziell mit Neuronalen Netze bzw. Konnektionistischen Systemen beschäftigen, sprunghaft gestiegen. Zusätzlich sind bei Konferenzen, die beispielsweise Bildverarbeitung, Sprachverarbeitung, Robotik oder Künstliche Intelligenz zum Thema haben, meist größere Blöcke vertreten, die sich speziell mit der Anwendung dieser Verfahren in deren Problemfelder beschäftigen. Dadurch ist es kaum noch möglich, eine komplette Übersicht der Konferenzen und Workshops zusammenzustellen.

Im folgenden sind daher nur die größten und bedeutendsten jährlich abgehaltenen Konferenzen genannt. Einen aktuellen und annähernd vollständigen Überblick über Konferenzen und Workshops findet man in der Zeitschrift *Neural Networks* oder auch in der News-Group *comp.ai.neural-nets*, in der Paultje Bakkers in *Upcoming Neural Network Conferences*, eine regelmäßig aktualisierte Liste von Namen, Zeiten, Veranstaltungsorten und Kontaktadressen zusammenstellt. Die folgende Tabelle (siehe Tabelle 7.1) umfaßt die Konferenzen, die sich ausschließlich mit Neuronalen Netzen und deren Anwendungen beschäftigen (siehe hierzu auch die Literaturliste).

Anwendungen aus den Forschungsbereichen Bildverarbeitung, Sprachverarbeitung, Robotik, Expertensysteme und Künstliche Intelligenz finden sich in allen größeren Konferenzen und Workshops, die speziell diese Themen behandeln, wieder. Im folgenden sind daher einige der wichtigsten Vertreter genannt. Nähere Angaben dazu finden sich in Zeitschriften und News-Groups der entsprechenden Bereiche.

Tabelle 7.1. Konferenzen, die ausschließlich Neuronale Netze behandeln.

Kurzform	Konferenz
ACNN	Australian Conference on Neural Networks
ANNA	Analysis of Neural Network Applications Conference
ANNIE	Artificial Neural Networks in Engineering
CMSS	Connectionist Models Summer School
CNAA	Cellular Neural Networks and Their Applications
CNNOE	Conference on Neural Networks for Ocean Engineering
	Conference on Neural Networks and Parallel Distributed Processing
CNS	Computation and Neural Systems Meeting
ENA	Annual Meeting of the European Neuroscience Association
ICANN	IEEE International Conference on Artificial Neural Networks
	International Conference on Microelectronics for Neural Networks
ICNC	International Conference of Parallel Processing in Neural Systems and Computers
ICNN	IEEE International Conference on Neural Networks
IJCNN	International Joint Conference on Neural Networks
JNNS	Meeting of the Japan Neural Networks Society
nEURO	European Conference on Neural Networks
Neuro Nimes	International Conference on Neural Networks and Their Applications
NIPS	Advances in Neural Information Processing Systems
SNCC	Swedish National Conference on Connectionism
SPIE-ANN	SPIE Applications of Neural Networks
SPIE_SANN	SPIE Science of Artificial Neural Networks
WCNN	World Congress on Neural Networks

Tabelle 7.2. Konferenzen, die größere Blöcke aus dem Bereich Neuronale Netze beinhalten.

Kurz-form	Konferenz
AAAI	American National Conference on Artificial Intelligence
AICS	Irish Conference on Artificial Intelligence and Cognitive Science
AIS	Annual Conference on AI, Simulation, and Planning in High Autonomy Systems
CAIA	IEEE Conference on Artificial Intelligence for Applications
CSCSI	Biennal Conf. of the Canadian Society for Computational Studies of Intelligence
CVPR	IEEE Conference on Computer Vision and Pattern Recognition

Kurz- form	Konferenz
DCC	Data Compression Conference
DIAC	Directions and Implications of Advanced Computing
ECAI	European Conference on Artificial Intelligence
ECCV	European Conference on Computer Vision
ECVP	European Conference on Visual Perception
IAPR	International Conference on Pattern Recognition
ICAR	International Conference on Advanced Robotics
ICARCV	International Conference on Automation, Robotics and Computer Vision
ICASSP	International Conference on Acoustics, Speech and Signal Processing
ICRA	IEEE International Conference on Robotics and Automation
ICPR	International Conference on Pattern Recognition
ICSPAT	International Conference on Signal Processing Applications and Technology
IEA/AIE	Industrial and Engineering Applications of Artificial Intelligence and Expert Systems
IECON	Int. Conference on Industrial Electronics, Control, Instrumentation and Automation
IJCAI	International Joint Conference on Artificial Intelligence
IPPS	International Parallel Processing Symposium
IROS	IEEE/RSJ International Conference on Intelligent Robots and Systems
ISCIS	International Symposium on Computer and Information Sciences
ISIC	IEEE International Symposium on Intelligent Control
ITS	International Conference on Intelligent Tutoring Systems
ML	International Machine Learning Conference
NIP	Nonlinear Image Processing
PPSN	Parallel Problem Solving from Nature
PRICAI	Pacific Rim International Conference on Artificial Intelligence
SBIA	Brazilian Symposium on Artificial Intelligence
SCIA	Scandinavian Conference on Image Analysis
SGAICO	Conference on Artificial Intelligence in Manufacturing, Assembly and Robotics
SICICA	IFAC Symposium on Intelligent Components and Instruments for Control Appl.
SICICI	International Conference on Intelligent Control and Instrumentation
SIMTEC	SimulationTechnology Conference International
TAT	Transputer Anwender Treffen
TENNET	Annual Conference on Theoretical and Experimental Neuropsychology

Abschließend sind noch einige jährlich abgehaltene Workshops aufgeführt, die sich mit bestimmten Aspekten konnektionistischer Systeme beschäftigen wie

* International Workshop on Artificial Neural Networks,

* Workshop on Neural Networks: Techniques and Applications,

* International Workshop on Industrial Application of Fuzzy Control and Intelligent Systems

* und *IEEE Workshop on Neural Networks for Signal Processing*.

7.4 Organisationen im Bereich Neuronale Netze

In den letzten Jahren sind einige Organisationen gegründet worden, die die Förderung und Vorbereitung der Forschungen im Bereich Neuronaler Netze zum Ziel haben. Zur Zeit teilt sich die "Neuro-Gemeinde" in drei große Blöcke auf, die *International Neural Networks Society (INNS)*, die *European Neural Network Society (ENNS)* und die *Japanese Neural Network Society (JNNS)*. Von diesen Organisationen werden Fachzeitschriften vertrieben, Konferenzen und Workshops veranstaltet. Zusätzlich zu diesem Triumvirat gibt es noch kleinere Organisationen wie beispielsweise *International Student Society for Neural Networks (ISSNNets)* oder *Women In Network Research and Technology (WINNERS)*.

Komplettiert werden die Organisationen durch regionale und nationale Gruppen. In Deutschland wurde 1989 die *Fachgruppe Neuronale Netze* gegründet, die wenig später der GI-Fachgruppe Grundlagen der Informatik beigetreten ist (Fachgruppe 0.0.2 der Gesellschaft für Informatik). Das Sprachrohr dieser Gruppe ist die Zeitschrift N^3 (Nachrichten Neuronale Netze), die etwa vierteljährlich erscheint und aktuelle Informationen zu Theorien und Anwendung Neuronaler Netze vor allem in Deutschland zusammenfaßt.

Eine weitere Fachgruppe *Künstliche Neuronale Netze* wurde innerhalb der GMA, einer gemeinsame Fachgesellschaft von VDE und VDI, gegründet. Ziel ist die Unterstützung des Wissenstransfers zwischen Universität und Industrie. Im folgenden sind die Kontaktadressen zu den oben genannten Organisationen aufgeführt, Beitrittsmodalitäten sind unter diesen Adressen zu erfragen.

International Neural Network Society (INNS). Kontaktadresse: INNS P.O. Box 491166, Ft. Washington, MD 20749, USA

European Neural Network Society (ENNS). Kontaktadresse: ENNS, Helsinki University of Technology Laboratory of Computer & Information Science, SF-02150 Espoo, Finland

Japanese Neural Network Society (JNNS). Address: JNNS , Department of Engineering, Tamagawa University, 6-1-1, Tamagawa Gakuen, Machida City, Tokyo, 194 Japan

*International Student Society for Neural Networks (ISSNNets).*Kontaktadresse: ISSNNet, Inc., P.O. Box 15661, Boston, MA, USA

Women In Neural Network Research and technology (WINNERS). Kontaktadresse: WINNERS, c/o Judith Dayhoff, 11141 Georgia Ave., Suite 206, Wheaton, MD, USA

Neuronale Netze, GI-Fachgruppe 0.0.2, Kontaktadresse: Dr. B. Schürmann, Otto-Hahn-Ring 6, 81739 München.

Künstliche Neuronale Netze, GMA-Fachgruppe, Kontaktadresse: Dipl.-Ing. S. Hafner, Robert Bosch GmbH, Abt. R/ESE!, Postfach 300240, 70442 Stuttgart.

Darüber hinaus gibt es im europäischen Raum noch diverse nationale Vereinigungen wie die *Spanish Society for Neuroscience* (siehe hierzu auch [Mira et al. 1993] und die *British Neural Network Society* [Taylor 1992].

7.5 Forschungszentren in Deutschland

Inzwischen gibt es wohl an jeder Informatik-Fakultät und auch an Fakultäten vieler anderer Fachbereiche eine Gruppe, die sich in irgendeiner Weise mit konnektionistischen Systemen befaßt. Diese Gruppen vollständig zu erfassen, kann und soll nicht Ziel dieser Aufzählung sein. Es geht hier vielmehr darum, Einrichtungen anzuführen, die einen gewissen internationalen Ruf erlangt haben, oder wichtige, allgemein anerkannte Impulse in diesem Forschungsbereich setzen konnten. Für den Fall, daß mehrere Gruppen an der gleicher Einrichtung tätig sind, wurden diese zu einem Zentrum zusammengefaßt.

Die Forschungszentren sind alphabetisch nach Städten geordnet. Die aufgeführten Forschungsschwerpunkte bieten lediglich eine grobe Übersicht bezüglich der vorwiegend verfolgten Fragestellungen. Eine allgemein gehaltene Auflistung von Forschungszentren und -schwerpunkten findet man im jährlich erscheinenden "Vademecum" [Miltner 1992]

Forschungseinrichtung	Forschungsgebiete
Otto-Friedrich-Universität Bamberg (Rehkugler)	• Anwendungen in Finanzwirtschaft
Technische Universität Berlin (Rechenberg) Expert Informatik Berlin (Schöneburg) Brainware GmbH Berlin (Böhme)	• Anwendung • Simulation
Universität Bielefeld (Ritter.)	• Robotik-Anwendung
Ruhr-Universität Bochum (v.d.Malsburg, Maßberg, Böhme, v. Seelen, Eysel)	• Theorie, Selbstorganisation • Klassifikation und Analyse • biologisch motivierte Modelle
Universität Bonn (Eckmiller)	• Robotik-Anwendung
Universität Bremen (Ludyk, Krieg-Brückner)	• Erkennung beweglicher Objekte • DFG-Projekt Raumorientierung und Handlungsorganisation Autonomer Systeme
TU Darmstadt (Tolle) Danet GmbH Darmstadt	• Speicher • Anwendung, Robotik
Universität Dortmund (Goser, Schumacher, Rückert, Simon, Ultsch, Engell)	• Mikroelektronik • Anwendung (Regelung)
Johann-Wolfgang-Goethe-Universität Frankfurt a.M. (Brause)	• Modellierung • Anwendung
Universität Karlsruhe (Waibel, Menzel) Forschungszentrum Informatik Kernforschungszentrum Karlsruhe	• Optimierung von Lernverfahren • Mustersynthese, Sprachverarbeitung • Analyse (Mühlespiel)
Universität Koblenz-Landau (Druxes)	• automatische Topologie-Generierung
Technische Hochschule Leipzig (Balzer, Klaus, Jantke)	• Prozeßsteuerung, Diagnose • Schrifterkennung
Universität Mannheim (Schneeweiß, Männer)	• Personalkapazitätsplanung, med. Anw. • SYNAPSE Neurocomputer
TU München (Hauske) Siemens AG München (Schürmann, Ramacher, Martinetz)	• Hardware • Anwendungen
Universität Paderborn (Barschdorff)	• Herzgeräuschklassifikation
GMD St. Augustin (Mühlenbein, Kindermann)	• Anwendung • Parallelisierung

Forschungseinrichtung	Forschungsgebiete
Universität Stuttgart (Zell, Spaanenburg, Haken, Sorg)	• Simulatoren • Hardware-Realisierungen • Anwendungen (z.B. Fahrzeugsteuerung)
Universität des Saarlandes (Marzinkewitsch)	• visuelle Mustererkennung
Universität Trier (Czap)	• Anwendungen im Wirtschaftsbereich
Eberhard-Karls-Universität Tübingen (Rosenstiel, Braitenberg)	• Theorie • biologisch motivierte Modelle
Universität Ulm (Palm)	• Implementierung • Anwendung • Theorie

7.6 Förderungsmöglichkeiten und geförderte Projekte

Für Universitäten, Forschungszentren und Industrie gibt es unterschiedliche Programme, im Rahmen derer Projekte aus dem Bereich Neuronale Netze gefördert werden. Dabei kann man grob eine Dreigliederung vom Land, vom Bund und von der EG geförderten Projekten vornehmen. Im Rahmen des Aufbaus der neuen Bundesländer gibt es vom Bund und von der EG zusätzliche Programme [Czysz Retzlaff Simons 1992], in denen innovative Technologien gefördert werden. Darüberhinaus gibt es Anschubfinanzierungen und Billigkredite für die Einführung innovativer Technologien. Eine Zusammenstellung dieser unterschiedlichen Programme findet sich in [Deutscher Wirtschaftsdienst 1992].

Bei den unten aufgeführten Programmen ist zu beachten, daß diese mehr oder weniger öffentlich sind, d.h. gegen Projektende werden die Ergebnisse veröffentlicht oder öffentlich zugängig gemacht. Während Projektanträge bei der DFG (Deutsche Forschungsgemeinschaft), deren Forschungsziele hauptsächlich auf Universitäten und Forschungseinrichtungen zugeschnitten sind, zu jedem Zeitpunkt gestellt werden können, werden vom BMFT (Bundesministerium für Forschung und Technologie) und der EG Programme für einen Zeitraum von zwei bis fünf Jahren aufgelegt. Etwa sechs Monate vor Beginn können die Projektvorschläge eingereicht werden. Die genauen Modalitäten sind aus der Fachpresse zu entnehmen oder können unter den unten angegebenen Adressen oder bei den speziell eingerichteten Kontaktstellen erfragt werden.

Die hier angesprochenen Fördermöglichkeiten sind bei weitem nicht vollständig, was allerdings auch den Rahmen dieses Buches sprengen würde. Die aufgeführten Organisationen wurden deshalb ausgewählt, weil diese in den letzten

Jahren Projekte im Bereich Neuronale Netze bzw. Anwendungen Neuronaler Netze für spezielle Problemfelder gefördert haben. Im folgenden sind die Kontaktadressen dieser Einrichtungen angegeben:

Deutsche Forschungsgemeinschaft (DFG), Kontaktadresse: Kennedyallee 40, 53175 Bonn.

Bundesministerium für Forschung und Technologie (BMFT), Kontaktadresse: Heinemannstr. 2-12, 53175 Bonn.

European Specific Programme for Research and Development in Information Technology (Esprit), Kontaktadresse: Commission of the European Communities BA29-1/28, 200 rue de la Loi, B-1049 Bruxelles, Belgium

Research and Technology Development in Advanced Road Transport Telematics, Kontaktadresse: Commission of the European Communities, DRIVE Central Office, BA29-1/28, 200 rue de la Loi, B-1049 Bruxelles, Belgium

Nachfolgend sind exemplarisch einige bereits durchgeführte oder noch laufende Projekte erwähnt und kurz deren Zielsetzung bzw. Ergebnisse beschrieben.

Esprit-Projekt PYGMALION

Das Ergebnis des 1991 abgeschlossenen Projekts war die Entwicklung einer Sprache, mit deren Hilfe man Neuronale Netze leicht beschreiben kann, sowie die Entwicklung eines Entwurfswerkzeugs zur Herstellung von Neuro-Chips in VLSI-Technologie. Getestet wurden diese Werkzeuge anhand von Beispielen aus der Bild und Sprachverarbeitung.

Esprit-Projekt ANNIE

Das Projekt ANNIE untersuchte verschiedene Anwendungsfelder, bei denen mit Hilfe Neuronaler Netze erhebliche Verbesserungen erzielt werden können. Als Demonstrationsbeispiele wurden eine kollisionsfreie Fahrt eines autonomen mobilen Roboters, ein Diagnosesystem für Lötstellen und ein Prototyp eines Crew-Scheduling-Systems für eine Fluggesellschaft implementiert [Croall Mason 1992].

DEANNA [Talylor 1993], *GALATEA, NEUFODI* und *Neural Computing* sind weitere Esprit-Projekte, die teilweise noch nicht abgeschlossen sind.

Im Rahmen des EG-Programmes DRIVE, das sich mit intelligenten Verkehrssystemen beschäftigt, und Prometheus, das die Entwicklung eines intelligenten Automobils zum Ziel hat, sind Neuronale Netze zur Sensorfusion, Sensorinterpretation und für Steuerungsaufgaben untersucht worden.

Seit 1988 wird vom BMFT das Verbundprojekt Neuroinformatik gefördert, das durch Bündelung der Aktivitäten unterschiedlicher Gruppen der Neuroinformatik in Deutschland eine tragfähige Grundlage und Anwendungsperspektiven vor allem für die Bereiche visuelle Informationsverarbeitung, Spracherkennung und Bewegungssteuerung schaffen soll. 1991 wurde die erste Phase dieses Projekts beendet; die zweite Phase dauert bis 1995 an. Eine erste Übersicht über die Ergebnisse der laufenden Projekte sind in [Brauer Hernández 1991] beschrieben. Ein weiteres BMFT-Projekt, das ebenfalls noch nicht abgeschlossen ist, beschäftigt sich unter der Bezeichnung SALGON mit dem Entwurf und der Anwendung von Strukturierungsalgorithmen für Neuronale Netze. In diesem Projekt sollen Möglichkeiten gefunden werden, freie Netzparameter wie Anzahl der Schichten, Anzahl der Einheiten pro Schicht und Initialbelegung der Gewichte automatisch zu bestimmen.

8 Von der Planung zum Produkt

In diesem Kapitel soll versucht werden, auf einige der Schwierigkeiten einzugehen, die beim Versuch einer Problemlösung unter Zuhilfenahme Neuronaler Netze auftreten können. Zudem wird eine Konzeption erstellt, die helfen soll, diese Schwierigkeiten zu vermeiden. Dabei ist nicht daran gedacht, eine deterministische Zuordnung von Anwendungsbeispielen zu speziellen Ausprägungen bestimmter Netztypen vorzugeben. Dieser Idealfall würde es ermöglichen, aus Merkmalen und Eigenschaften der Anwendung eine optimale Netzkonfiguration (Netztyp, Topologie, Lernverfahren, Parameter,...) abzuleiten. Leider kann dieses Problem derzeit aus mehreren Gründen noch nicht gelöst werden. Zum einen ist das Verhalten verschiedener Modelle noch nicht ausreichend verstanden, des weiteren werden sowohl im Bereich der Anwendungen als auch der Netzmodelle kontinuierlich neue Gebiete erschlossen und schließlich existiert noch keine geschlossene Theorie des Konnektionismus. Allerdings hat sich im Rahmen der Forschung der letzten Jahre für einige Anwendungsfelder eine Tendenz für die Eignung verschiedener Modelle herauskristallisiert. Zu diesen Anwendungsfeldern zählen Datenkompression, Optimierungsaufgaben, Diagnose, Assoziativspeicher, Steuerungs- und Regelungsprobleme, Filterung sowie Bild- und Sprachverarbeitung (siehe auch Kapitel 4 und 5).

Damit ist jedoch nicht gesagt, daß alle Probleme in den genannten Bereichen sinnvoll mit Neuronalen Netzen bearbeitet werden können. Für jeden Einzelfall sollte sorgfältig untersucht werden, inwieweit traditionelle Verfahren – etwa analytische und statistische Methoden oder wissensbasierte Systeme – einsetzbar sind. Die Intention, Neuronale Netze sind modern und sollen die Attraktivität des Produktes erhöhen, reicht nicht aus, um den Aufwand für die Entwicklung einer konnektionistischen Lösung zu rechtfertigen. Viele der mit Neuronalen Netzen angegangenen Probleme scheinen bei gründlicherer Analyse konventionell lösbar. In diesen Fällen sind die Entwicklungskosten für konnektionistische Systeme bei vergleichbaren Ergebnissen meist ungleich höher. Der Aufwand für die schrittweise Realisierung einer konnektionistischen Lösung kann an der nachfolgenden Zusammenstellung ermessen werden.

Arbeitsschritt	Bemerkungen
1. Problemcharakteristika	• ähnliche Eingaben implizieren ähnliche Ausgaben • hohe Geschwindigkeit erwünscht • keine absolute Exaktheit erforderlich • Nachlernen während Anwendung denkbar • Folgekosten bei fehlerhafter Netzausgabe • Verfügbarkeit von Experten
2. Problemstrukturierung	• unstrukturierte Bereiche • keine Regel-/ analytische Beschreibung • überwacht vs. unüberwacht Lernen
3. Generierung von Lerndaten	• Anzahl und Art der Lernbeispiele • Kodierung der Lerndaten
4. Modellwahl	• Klassifikation vs. Interpolation • on-line vs. off-line Lernen (Nachlernen erforderlich?)
5. Parameterbelegung	• Normierung der Ein-/Ausgabe • Netztopologie • Lernfunktion • Lernparameter
6. Verifikation der Netze	• Methoden der Netzverifikation • Qualitätsmerkmale (Generalisierung, Erkennungsrate,...)
7. Aufbau einer Entwicklungsumgebung	• Standard-Tools vs. Eigenentwicklung • Komponenten (Lerndatengenerierung, Netzgenerierung, Datenverwaltung, Oberflächen, Applikationseinbindung)
8. Vorgehen während Training/ Test	• Modifikation der Topologie • Variieren der Lernparameter • Abbruchkriterien für Lernvorgang • Dokumentation
9. Fehlerursachen	• Implementierungsfehler • Planungsfehler
10. Praxistest im konkreten Einsatz	• Simulation vs. Realität • Auswirkung von Fehlern in Testphase, Risikoabschätzung • Bewertungsmaßstab
11. Entwicklung eines Produkts	• Erweiterungen, Optimierungen • Hardware vs. Software • festverdrahtet vs. nachtrainierbar • Kosten, Robustheit, Ausfallsicherheit

Für Anwender, die sich noch nicht intensiv mit Neuronalen Netzen auseinandergesetzt haben, mag der Eindruck entstehen, man generiere beliebige Trainingsdaten, lerne ein Netz mit Hilfe eines Standardtools ein und verfüge damit über eine Problemlösung. Welche Teilschritte von der Idee bis zum fertigen Neurowerkzeug, mit dessen Hilfe die Anwendung bearbeitet werden kann, behandelt werden müssen, wird im folgenden näher ausgeführt.

8.1 Problemcharakterisierung

Bei der Evaluierung einer Entscheidung über die Verwendung konnektionistischer Modelle kann man sich an Eigenschaften sowohl des Problems als auch der in Betracht kommenden konnektionistischen Modelle orientieren, für die eine klare Wertung möglich ist. Erst eine klare Aufschlüsselung der Anforderungen, denen das System genügen soll, ermöglicht eine objektive Bewertung der Eignung verschiedener Problemlösungsansätze. Es kann nicht das Ziel dieses Abschnittes sein, für jede denkbare Anforderung eine Hitliste verschiedener Ansätze zu präsentieren, zumal dann immer noch die Schwierigkeit verbliebe, die verschiedenen Anforderungsbewertungen zu einer Gesamtbewertung zusammenzufügen. Wir beschränken uns also darauf, einige fundamentale Eigenschaften Neuronaler Netze zu illustrieren, die sich aus der konnektionistischen Grundkonzeption ergeben und damit allen Modellen gemein sind.

Die Fähigkeit zur Generalisierung und Fehlertoleranz leitet sich daraus ab, daß Neuronale Netze ähnliche Eingaben auf ähnliche Ausgaben abbilden. Deshalb sind sie für die Vorhersage chaotischer dynamischer Vorgänge gänzlich ungeeignet. Nur wenn Regelmäßigkeiten und innere Zusammenhänge existieren, kann eine Abbildung gelernt werden, die das gewünschte Ein-/Ausgabeverhalten hinreichend widerspiegelt.

Die meisten konnektionistischen Modelle lernen im Vergleich zu symbolischen Ansätzen langsamer, bearbeiten dann aber, wenn sie einmal eingelernt sind, die vorgesehenen Eingaben mit höherer Geschwindigkeit.

Da das Netz mit Hilfe von Beispielen eingelernt wird und auf der Basis der Struktur nur ungenügende Aussagen über sein Verhalten möglich sind, kann die korrekte Arbeitsweise nur mit Testbeispielen überprüft werden. Diese bieten jedoch keine Gewähr für vollständige Korrektheit. Zudem haben Versuche gezeigt, daß mit steigender korrekter Bearbeitung der Trainingsbeispiele die Generalisierungsfähigkeit sinkt.

Ein weiteres Kriterium für die Charakterisierung von Problemen ist die Veränderlichkeit von Problemparametern. Konnektionistische Systeme sind durch ihre Fehlertoleranz robust gegenüber kleineren Veränderungen. Sollten sich die Rahmenbedingungen stark verändern, können Neuronale Netze nachtrainiert werden.

8.2 Problemstrukturierung

Die Verwendung Neuronaler Netze entbindet den Entwickler nicht von einer
gründlichen Auseinandersetzung mit dem zu lösenden Problem. Mit wachsendem
Umfang und steigender Komplexität wächst die Zeitdauer für das Einlernen eines
Neuronalen Netzes oft überproportional an. Des weiteren ist es bei umfangreichen Problemen meist schwierig, repräsentative Lernbeispiele auszuwählen. Wie
schon Herrmann Haken in [Haken 1983], S.226 bemerkte:

- Oft ist es daher wichtiger, daß den Computern nicht ungeheure Datenmengen ‹
  gegeben und von ihnen in für uns nicht mehr zu übersehender Weise verarbe
  werden, sondern daß wir uns zuerst qualitativ die einzelnen Schritte klarmache

Durch die Identifizierung von Teilproblemen kann eine sinnvolle Problemzerlegung erreicht werden, die eine Anwendung der für den jeweiligen Fall günstigsten Verfahren ermöglicht. Durch Formulierung von Regelwissen und
analytischen Beschreibungen können oft ganze Teilprobleme direkt gelöst werden, ohne einen Lernmechanismus heranziehen zu müssen. Sind die Beschreibungen nicht ausreichend, um ein Teilproblem vollständig zu erfassen, so können sie
doch für eine Vorverarbeitung der Daten oder für eine geeignete Auswahl von
Trainingsbeispielen hilfreich sein.

Varianten des Wettbewerbslernens oder der Adaptive Reasoning Theory können hilfreich bei der Strukturierung von Teilbereichen sein, für die sich auch mit
großem Aufwand keine Ordnungsparameter finden lassen. Je nach Problemart
können hierzu aber auch herkömmliche Techniken wie z.B. Ballungsanalysen
eingesetzt werden.

Als Beispiel für eine sinnvolle Problemzerlegung mag die häufig untersuchte
Zeichenerkennung dienen. Wenn es sich bei den zu erkennenden Zeichen um einen zusammenhängenden Text handelt, können die Arbeitsschritte Separierung,
Orientierungsnormierung, Größennormierung und Erkennung unterschieden werden. Für jeden dieser Teilschritte wurden bereits erfolgreich konnektionistische
Systeme eingesetzt. Zumindest die Größennormierung läßt sich unter Zuhilfenahme herkömmlicher Techniken mit geringerem Aufwand bewerksteiligen.

Man könnte sich nun vorstellen, daß bei der Zerlegung eines Problems in eine
größere Anzahl von Teilproblemen, die jeweils aufeinander aufbauend konnektio-
nistisch gelöst werden sollen, die Qualität der Gesamtlösung gegenüber einem
Direktlösungsversuch verringert sei, da die Lösung jedes Teilproblems mit einer
gewissen Fehlerquote behaftet ist. Daß dem nicht so ist, begründet sich aus der
Fehlertoleranz und damit Robustheit gegenüber verrauschten Eingaben Neuronaler Netze. Nur bei hierarchisch aufgebauten Systemen, bei denen ein übergeord-
netes Netz bestimmt, welches der untergeordneten Netze eine bestimmte Eingabe

zu bearbeiten hat, kann sich eine solche Qualitätsminderung ergeben. Deshalb ist bei derart strukturierten Systemen besonderer Wert auf hohe Qualität der übergeordneten Netze zu legen. Ein Beispiel für den Aufbau hierarchischer Netze findet man auf Seite 68.

8.3 Informationen für den Lernprozeß

Bevor man Neuronale Netze als Problemlöser einsetzt, sollte man zunächst klären, welche Informationen für den Lernprozeß leicht generiert werden können. Kann man beispielweise genügend Beispiele bestimmen, die ein Paar bestehend aus Systemeingaben und gewünschter Systemausgabe darstellen? Bei Klassifikationsproblemen werden oft menschliche Experten einsetzen, die zu verschieden Systemeingaben die richtige Klasse vorgeben. Das Protokoll kann dann als Lerndatensatz für ein überwachtes Lernverfahren verwendet werden. Man muß hierbei darauf achten, daß der Lerndatensatz repräsentativ für den zu lernenden Klassifikator ist.

In vielen Fällen ist es allerdings nicht möglich, ohne einen unangemessen großen Aufwand gute und hinreichend viele Beispiele auszuwählen. Oft kann man in diesen Fällen Bewertungen des Systemverhaltens angeben. Soll, beispielsweise bei einer Steuerungsaufgabe, ein Roboterarm eine bestimmte Position anfahren, kann man die Güte des Steuerverhaltens über den Abstand zwischen gewünschter und angefahrener Position angeben. Schwieriger wird es sicherlich, wenn man geeignete Steuerwerte direkt vorgeben will. Aus Bewertungen, die in der Literatur oft Reinforcement-Signale genannt werden, können einige konnektionistische Lernverfahren ein gewünschtes Systemverhalten schrittweise erlernen. Einfache Regeln, die das Systemverhalten beschreiben, können in einigen Fällen auch zu einer Vorstrukturierung der Netze herangezogen werden. Eine weitere Möglichkeit, Bereichswissen über die Anwendungen einzubringen, ist das Etablieren einer geeigneten Energiefunktion, die den Lernvorgang steuert.

Falls geklärt ist, daß man genügend Lernbeispiele erzeugen kann, stellt sich die nächste Frage nach einer geeigneten Kodierung der Ein- und Ausgaben. Das Kodierungsproblem sollte nicht mit der Normierung verwechselt werden. Bei der Normierung kommt es darauf an, daß die Netzeingaben und -ausgaben auf Intervalle abgebildet werden, die vom gewählten Lernverfahren abgearbeitet werden können. Die Kodierung dagegen sollte Informationen, die für die Problemstellung besonders relevant sind, verstärken. Dadurch kann man innerhalb bestimmter Grenzen relativ ähnliche Eingaben auf stark unterschiedliche Ausgaben abgebilden. Die Menge der Lernbeispiele sollte umfassend genug sein, um in eine Trainingsmenge, mit der das Netz eingelernt wird, und eine Testmenge, mit der seine Leistung bewertet werden kann, aufgeteilt werden zu können.

8.4 Wahl des Netztyps und des Lernverfahrens

Abhängig von der Art der Information, die für die Lösung des Problems zur Verfügung steht, müssen Netztyp und Lernverfahren geeignet ausgewählt werden. Ein weiteres Kriterium für diese Wahl ist, ob ein Klassifikator oder eine Funktion gelernt werden soll. Bei Klassifikatoren kommt es darauf an, daß man die einzelnen Klassen scharf trennen kann, d.h. daß das Netz in der Lage sein muß, einen kontinuierlichen Bereich im Idealfall auf einzelne Punkte abzubilden. Beim Erlernen einer Funktion ist dagegen meist gefordert, einen möglichst glatten Übergang zwischen den einzelnen Stützstellen zu realisieren. Zudem ist hier zu entscheiden, ob die durch Lernbeispiele gegebenen Stützstellen approximiert oder interpoliert werden sollen.

Ein weiteres Kriterium für die Auswahl eines Lernverfahrens ist, ob nur einmal trainiert werden soll oder ob das Lernverfahren auch noch während der Ausführungsphase Modifikationen der Funktionalität des Netzes durchführen muß. Werden beispielsweise Neuronale Netze zur Verhaltenssteuerung eines Roboters eingesetzt und wurden diese zunächst mit Hilfe einer Simulation trainiert, ist es oft notwendig, eine Optimierung der Netze während der Steuerung durchzuführen. Der Hauptgrund für das Nachlernen ist, daß das dynamische Verhalten eines Roboters nicht vollständig simuliert werden kann. Aufgrund der Charakteristik einiger Lernverfahren ist es nur sehr schwer möglich, ein Netz online zu adaptieren. Bei der falsche Wahl eines Netzes bzw. eines Lernverfahrens kann es daher zu einem erheblichen Aufwand führen, wenn während der Ausführungsphase noch Modifikationen am Netz durchgeführt werden müssen. Meist werden in einem solchen Fall die Grundlernverfahren geeignet abgeändert.

In den meisten uns bekannten Anwendungen Neuronaler Netze wurden entweder Backpropagation Netze oder topologie-erhaltende Merkmalskarten, sogenannte Kohonen Netze, verwendet. Diese beiden Modelle haben sich als sehr mächtig erwiesen und sind von ihrer Handhabbarkeit, leichten Implementierbarkeit und Leistungsfähigkeit anderen Netztypen bei weitem überlegen. Das online Weiterlernen stellt für Kohonen-Netze im allgemeinen kein Problem dar, während man bei Backpropagation Netzen einige Tricks anwenden muß, um eine Verhaltensänderung zu bewirken. Auf der anderen Seite haben sich Backpropagation Netze bezüglich überwachter Lernprobleme leistungsfähiger als vergleichbare Kohonen-Netze gezeigt.

8.5 Parameterbelegung

Abhängig vom gewählten Netztyp und dem Lernverfahren müssen verschiedene
Parameter bestimmt werden, die das Lernverhalten entscheidend beeinflussen. Im
schlimmsten Fall kann eine falsche Parameterwahl dazu führen, daß das gewünschte Netzverhalten nicht gelernt werden kann. Oft wird die Lerngeschwindigkeit durch Parameter stark beeinflußt. Im wesentlichen können die Parameter
in zwei Gruppen eingeteilt werden und zwar in Parameter, die die Netztopologie
festlegen, und in Parameter, die das Lernen bestimmen.

Für die Netztopologie muß die Anzahl der Neuronen, abhängig vom Netztyp,
die Anzahl der Schichten sowie die Anzahl der jeweiligen Ein- und Ausgänge eines Neurons angegeben werden. Die Anzahl der Ein- und Ausgabeneuronen sind
nicht nur von der zu lösenden Aufgabe abhängig, sondern auch von der gewählten
Kodierung (siehe dazu auch 8.4). Ein aktuelles Forschungsthema im Bereich
Neuronale Netze ist das automatische Finden einer optimalen Topologie, was gerade bei Backpropagation-Netzen zu erheblichen Leistungssteigerungen führen
kann. Eine Möglichkeit zur Lösung dieses Problems ist der Einsatz von genetischen Algorithmen. Der Nachteil bei diesen Ansätzen ist, daß sie enorm rechenin-
tensiv sind und daher nur für Netze beschränkter Größe eingesetzt werden
können. Für Backpropagation-Netze können relativ einfach automatisch beliebige Netztopologien erzeugt werden. Um herauszufinden, welche Netze am lei-
stungsfähigsten sind, trainiert man mehrere Versionen parallel, bis entweder der
Fehler an der Ausgabe eine vorher festgelegte Schranke unterschreitet oder bis
eine bestimmte Anzahl von Lernzyklen durchlaufen wurden. Unter den untersuchten Versionen wird diejenige ausgewählt, die die Eingaben eines Testdatensatzes am besten auf die zugehörigen Ausgaben abbildet. Hier gilt ähnlich wie bei
den Ansätzen mit genetischen Algorithmen, daß – zumal bei Entwicklern, die
noch keine Erfahrungen im Umgang mit Neuronalen Netzen sammeln konnten –
sehr viele Netze berechnet werden müssen und dadurch eine immense Rechenlei-
stung benötigt wird, bis das System die gewünschte Leistung zu erbringen ver-
mag.

Wie bereits in Kapitel 3 dargestellt wurde, gibt es abhängig vom Lernverfahren mehrere Parameter, die vor der Trainingsphase eingestellt werden müssen.
Für diese Parameter gibt es oft empirische Werte, die aus der Literatur bekannt
sind. Als Einsteiger in den Bereich Neuronaler Netze sollte man in jedem Fall
klären, wie sensibel das Lernverfahren bzgl. dieser Parameter ist. Neben der Parameterwahl kann auch das Lernverfahren selbst bei verschiedenen Netztypen modifiziert werden. Bei Backpropagation-Netzen beispielsweise gibt es mittlerweile
mehr als 30 Varianten, wie man den bei diesem Verfahren verwendeten Gradien-
tenabstieg 'verbessern' kann. Bisher konnte sich aber noch keines dieser Verfahren entscheidend durchsetzen, da man bislang für jede Variante Beispiele
konstruieren konnte, für die andere Verfahren günstiger sind.

Das Einstellen der Parameter ist derzeit immer noch das größte Problem, wobei für diesen Suchprozeß oft empirisches Wissen eingesetzt wird. Es gibt keine Grundlagen für eine abschließende Bewertung der gewählten Parameterkonfiguration und der Suchraum ist zu komplex, um alle relevanten Konstellationen durchtesten zu können. Deshalb werden in einigen neueren Arbeiten Ansätze untersucht, die das Einbeziehen der Parameterwahl in den Lernprozeß ermöglichen sollen. Bis solche Ansätze jedoch Praxisreife erreichen, ist man auf die Erfahrung des Entwicklers angewiesen. In den meisten Fällen wird man sich damit begnügen, eine Konstellation, mit deren Hilfe eine bestimmte Leistungsgrenze überschritten wurde, beizubehalten.

8.6 Verifikation der Netze

Bislang ist eine formale Verifikation Neuronaler Netze nicht möglich. Dies liegt nicht nur daran, daß die Repräsentation des Wissens in der Gewichtsmatrix nur ansatzweise interpretierbar ist, sondern auch daran, daß die Fehlerursachen so vielfältig sein können (siehe auch 8.9). Alles, was man über die praktische Anwendbarkeit eines konnektionistischen Lösungsansatzes aussagen kann, ist, daß ein gewähltes Netz mit gewählter Parameterbelegung und gewähltem Lernverfahren einen gewählten Trainingsdatensatz über einen gewählten Zeitraum so eingelernt ist, daß ein gewählter Testdatensatz mit einer gewissen Fehlerquote korrekt reproduziert werden konnte.

Nachdem die Netze eingelernt wurden, müssen sie also umfangreich getestet werden. Dazu kann man in einer ersten Phase Testdatensätze generieren, die nicht zum Trainieren verwandt wurden. Die Auswahl der Testdaten sollte sich nach den gewünschten Eigenschaften des Systems richten. Vor allem sollten Extrembeispiele, die korrekt bearbeitet werden sollten, aufgenommen werden. Als Kriterium für die Güte eines Netzes kann herangezogen werden, wieviel Prozent des Testdatensatzes richtig abgearbeitet wurde. Wird dieser Test positiv beendet, sollte in einer zweiten Phase das Netz mit bisher eingesetzten Problemlösungsmethoden verglichen werden. Beispielsweise wurde bei der akustischen Diagnose von Elektromotoren die Klassifikation durch das Netz mit der eines erfahrenen Prüfers verglichen. Erst nachdem das Netz während einer längeren Testphase korrekt klassifiziert hatte, wurde es zur automatische Diagnose eingesetzt.

Bei Steuerungs- und Regelungsproblemen, bei denen Neuronale Netze eingesetzt werden, kann man ähnlich verfahren. Da das Neuronale Netz allerdings eine bessere Funktionalität haben soll, müssen geeignete Funktionen entwickelt werden, die ausgehend von den Steuerungswerten die Zulässigkeit der Netzausgabe und deren Qualität abschätzen. Erst nach längerer Testphase werden die bisher eingesetzten Steuerungs- und Regelungsverfahren durch das Neuronale Netz ersetzt. Sind keine Vergleichsmöglichkeiten vorhanden, muß gewährleistet sein, daß Netzausgaben, die zu einer Zerstörung des Systems führen können, nicht ausgeführt werden.

8.7 Aufbau einer Entwicklungsumgebung

Bei der Entwicklung Neuronaler Netze für praktische Anwendungen stellt man fest, daß die Implementierung des Lernverfahrens nur einen sehr kleinen Teil der Software ausmacht. Ein weit größerer Aufwand muß hingegen bzgl. Aufbereitung und Editieren der Trainingsdaten, komfortablem Speichern, Laden und Generieren beliebiger Netze sowie der Anbindung der Netze an die Anwendung getrieben werden. Da man sehr oft verschiedene Netzansätze testen muß, bevor man eine hinreichend gute Lösung erhält, ist das Implementieren einer adäquaten Benutzeroberfläche äußerst sinnvoll. Wenn die Netze auf seriellen Rechnern arbeiten sollen, ist vor allem für den Lernalgorithmus eine effiziente Implementierung ratsam. Nicht selten kann man mit etwas Geschick bis zu zehnfache Geschwindigkeitssteigerungen erreichen.

Für Einsteiger, die sich zunächst mit Neuronalen Netzen vertraut machen und unterschiedliche Netztypen ausprobieren wollen, empfiehlt es sich, kommerzielle oder public domain Entwicklungswerkzeuge einzusetzen. Die Einarbeitung in solche Systeme ist meist sehr einfach. Der einzige Aufwand, der hierbei anfällt, ist das Aufbereiten der Test- und Trainingsdaten. Ein häufiger Nachteil dieser Werkzeuge ist aber, daß man sie oft nur mit großem Aufwand an eine Anwendung anbinden kann. Auch die Erweiterung um neue Netztypen, Lernverfahren oder Modifikationen von Lernverfahren gestaltet sich oft schwierig. Um dem zu begegnen, ist man bei neueren Tools dazu übergegangen, offene Systeme zu entwickeln, die vom Benutzer beliebig erweitert werden können. Bei public domain Produkten hat man den Vorteil, daß der Quellkode erhältlich ist und somit beliebige Erweiterungen durchgeführt werden können.

Beim Aufbau einer Entwicklungsumgebung sollte man zunächst auf allgemein zugängliche Produkte zurückgreifen. Falls man damit einen geeigneten Netztyp, Lernverfahren, usw. für seine Anwendung gefunden hat, kann man diese noch einmal speziell implementieren, um Speicherplatz zu sparen, die Geschwindigkeit zu optimieren und eine bessere Anpassung an die Anwendung zu garantieren.

8.8 Vorgehen während Training/Test

Die Vielzahl möglicher Variationen auch bei festgewähltem Modell und Lernverfahren erzwingt eine genaue Planung und Protokollierung der verschiedenen Trainings- und Testläufe. Ein bewährtes Vorgehen ist, zunächst mittels möglichst einfacher Parametervorgaben, wie sie überall in der Literatur zu finden sind, eine möglichst optimale Topologie zu finden. Hierzu wird man verschiedene Netztopologien – bei Backpropagation-Netzen haben bislang Trichterarchitekturen sowie Flaschenhalsarchitekturen (siehe Abb. 6.1) die besten Ergebnisse erzielt – parallel trainieren und über die Bewertung der erzielten Resultate Rückschlüsse auf geeignete Topologien ziehen. Erst wenn man glaubt, die für den jeweiligen Zweck optimale Architektur gefunden zu haben, sollte man mit der Variation der Lernparameter beginnen.

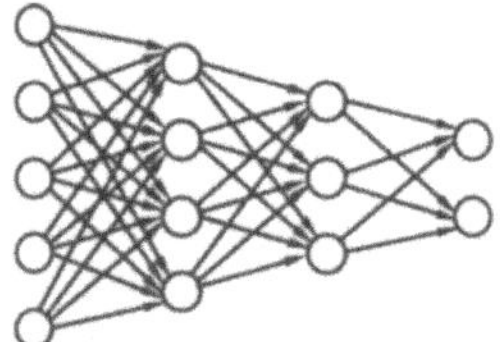
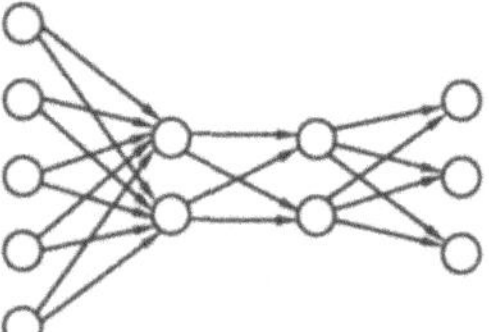

Abb. 8.1. Zwei Beispiele für zweckmäßige Backpropagation-Topologien. Bei der Trichterarchitektur hat jede nachfolgende Schicht weniger Einheiten als ihre Vorgängerschicht. Bei der Flaschenhalsarchitektur ist die Anzahl der Einheiten in den Zwischenschichten kleiner als die Anzahl der Eingabe- und Ausgabeneuronen.

Auch für völlig identische Netztopologien und gleiche Parameterbelegungen sind mehrere Versionen einzulernen, da durch zufällige Initialbelegung der Gewichte und teilweise auch durch zufällige Auswahl der Lernbeispiele verschiedene Ergebnisse erzielt werden können. Für den Abbruch des Lernens ist ein Kriterium zu definieren, das für alle getesteten Varianten erhalten bleibt. Dieses Kriterium beinhaltet normalerweise zwei Bedingungen, nämlich eine akzeptable Fehlerquote, bei der ein Lernvorgang abbricht, und eine maximale Anzahl von Präsentationen von Lernbeispielen, falls eine die gewünschte Fehlerquote nicht erreicht. Eine sorgfältige Protokollierung aller getesteten Varianten und der damit erzielten Ergebnisse hilft dabei, den Überblick zu wahren, und fixiert die Erfahrungen für nachfolgende Projekte.

8.9 Fehlerursachen

Wenn man in der Trainings- und Testphase gezielt und systematisch vorgeht und beim Übergang von einer Variante zur nächsten nur wenige Parameter ändert, dürfte das Auftreten von Fehlern ohne Schwierigkeiten zuzuordnen sein. Probleme bereitet vor allem das Erkennen von Fehlern, deren Auftreten man nicht erwartet. In diese Kategorie gehören globale Fehler, die die Gesamtleistung des Systems unabhängig von gewählten Parametern vermindern. Beispielsweise ist dies ein schlecht ausgewählter oder fehlerhaft kodierter Satz von Lern- oder Testbeispielen. Andererseits können jederzeit Implementierungsfehler auftreten. Dies sind vor allem fehlerhafte Indizierungen von Gewichten, Neuronen und Schichten sowie Fehler bei der Normierung der Ein- und Ausgabewerte. Normierungsfehler resultieren meist aus einer unvollständigen Erfassung des Bereiches, den die auftretenden Werte einnehmen können.

Desweiteren ist darauf zu achten, bei der Implementierung numerisch stabile Operationen zu bevorzugen, damit sich Rundungsfehler nicht potenzieren. So läßt sich etwa die sigmoide Aktivierungsfunktion hinreichend durch die rationale Funktion $f(x)=x/(1+|x|)$ annähern. Unvollständige Datenstrukturen führen häufig dazu, daß korrekt eingelernte abgespeicherte Netze nicht mehr funktionsfähig geladen werden können. Bei eigenständiger Implementierung ist es sinnvoll, eine exakte Spezifikation der benötigten Datenstrukturen und deren Schnittstellenfunktionen zu entwickeln. Um die Implementierung eines Netzes zu verifizieren, kann ein beliebiges, in der Literatur hinreichend ausgetestetes Problem (etwa das XOR-Problem bei Backpropagation-Netzen) eingelernt werden. Falls ein Netzsimulator verfügbar ist, kann dieser ebenfalls zur Überprüfung der eigenen Implementierung herangezogen werden, indem man diesen in derselben Grundkonfiguration einlernt und die Ergebnisse vergleicht.

8.10 Praxistest im konkreten Einsatz

Nachdem die Laborversuche erfolgreich abgeschlossen sind, muß das System im praktischen Umfeld getestet und optimiert werden. Dabei werden erstmals real auftretende Daten direkt verarbeitet. Wenn die Lerndaten durch Modellierung gewonnen wurden oder nicht repräsentativ bzgl. des Vorkommens in der Praxis gewählt worden sind, kann sich eine Leistungsverminderung ergeben, die unter Laborbedingungen nicht sichtbar war.

Der Praxistest sollte sich über einen längeren Zeitraum erstrecken und, wie schon in 8.6 erwähnt, möglichst parallel zum bisherigen System arbeiten, damit eine fundierte Aussage über das Fehlerverhalten des Netzes möglich ist. Die Dauer des Tests richtet sich hierbei nach der Häufigkeit des Auftretens der seltensten Fälle. Das Netz darf erst in den Gesamtprozeß integriert werden, wenn sichergestellt ist, daß es in kritischen Fällen korrekt arbeitet, d.h. sein Fehlverhalten keine relevanten Schäden verursacht.

8.11 Entwicklung eines Produkts

Unter Zuhilfenahme der Daten, die aus dem Praxistest gewonnen wurden, können nun die Anforderungen an das Endprodukt zusammengestellt und deren Erreichbarkeit diskutiert werden. Das System könnte beispielsweise zuviel Zeit benötigen, um das gewünschte Ergebnis zu produzieren. Für diesen Fall kommt unter bestimmten Voraussetzungen neben Optimierungen des Quellcodes und der Portierung auf schnellere Maschinen eine Hardware-Realisierung des Systems in Betracht. Dabei kann bei kleinen Systemen auf vorgefertigte Neurochips zurückgegriffen werden. Eigenproduktionen von Spezialchips sind derzeit nur für große Stückzahlen rentabel. Besonders schwierig gestalten sich Hardware-Realisierungen, wenn das System nicht festverdrahtet, sondern nachtrainierbar gestaltet werden soll.

In jedem Fall ist es sinnvoll, sich der Kooperation mit erfahrenen Forschern auf diesem Gebiet zu versichern. Die im jahrelangen Umgang mit dieser Technologie gewonnenen Erfahrungen tragen dazu bei, viele Fehler, auf die weder in der Literatur noch in einführenden Vorträgen hingewiesen wird, zu vermeiden. Weitere Vorteile der Zusammenarbeit mit Forschungseinrichtungen sind das Vorhandensein leistungsfähiger Entwicklungswerkzeuge, die ständig optimiert werden, sowie die Verfügbarkeit der wesentlichen theoretischen und praxisorientierten Forschungsarbeiten. Vor allem letzteres kann bei der ungeheuren Flut von Veröffentlichungen kaum im Rahmen eines einzelnen Projektes geleistet werden. Unter der Voraussetzung, daß erfahrene Entwickler und die benötigte technische Ausrüstung verfügbar sind, ist es möglich, vergleichsweise kostengünstige Problemlösungen zu erarbeiten. Die wesentlichen Kostenfaktoren hierbei sind:

- Spezifikation des Lernproblems,
- Implementieren einfacher Routinen zur Generierung von Trainingsbeispielen,
- Implementierung von Testroutinen zur Verifikation der Netze,
- Integration in die Anwendung.

Im Vergleich zu analytischen und regelbasierten Ansätzen reduziert sich durch diese Vorgehensweise die Anzahl der benötigten Mannmonate erheblich. Zusätzlich wird Rechnerzeit benötigt, um die Netze einzulernen. Dies verursacht jedoch üblicherweise keine zusätzlichen Kosten, da Lernprozesse im Hintergrund mit nicht genutzten Rechnerressourcen durchgeführt werden können.

Die Qualität der erreichten Problemlösungen ist den auf herkömmlichem Weg bei gleichem Aufwand gefundenen Ergebnissen oft überlegen. Bei Modifikationen der Problemstellung kann unter Verwen-dung der implementierten Werkzeuge schnell eine angepaßte Lösung gefunden werden. So ist etwa bei Diagnoseaufgaben die Integration zusätzlicher Informationen, wie sie beispielsweise durch zusätzliche oder verbesserte Sensoren geliefert werden, durch einfache Erweiterung und Nachtrainieren der bislang verwendeten Netze möglich.

Bei Anwendungen, die Echtzeitanforderungen unterliegen, kommt kostenvermindernd die kurze Reaktionszeit Neuronaler Netze, die durch den Einsatz von Neurochips noch vermindert werden kann, hinzu. Dagegen stellt sich bei herkömmlich erreichten Lösungen oft heraus, daß die gewünschten Reaktionszeiten – wenn überhaupt – nur mit beträchtlichen zusätzlichen Entwicklungskosten erzielt werden können. Die tatsächliche Gesamtersparnis bei der Verwendung neuronaler Lösungsansätze kann nur anwendungsspezifisch ermittelt werden.

Literatur

Häufig gebrauchte Abkürzungen für Konferenzen und Zeitschriften:

ANC: Eckmiller, R. (ed.). Advanced Neural Computers, Elsevier Science Publishers

CMSS: Touretzky, D.S., Sejnowsky, T.J., Hinton, G.E. (eds.). Connectionist Models Summer School. Morgan Kaufmann Publishers, San Mateo, CA, USA

CS: Cognitive Science

ICAR: International Conference on Advanced Robotics

ICRA: Proceedings of the IEEE International Conference on Robotics and Automation

ICANN: First IEE International Conference on Artificial Neural Networks

ICANN-2: International Conference on Mircocomputers and Neural Networks

ICNN: Proceedings of the IEEE International Conference on Neural Networks

IEA/AIE 92: Belli, F., Radermacher, F.J. (eds.). Proceedings of the 5th International Conference on Industrial and Engineering Applications of Artificial Intelligence and Expert Systems. Springer-Verlag, Berlin

IJCNN: International Joint Conference on Neural Networks, IEEE Service Center

INNC: International Neural Network Conference, Kluwer Academic Publishers

IROS: Proceedings of the IEEE/RSJ International Conference on Intelligent Robots and Systems, Raleigh, NC, USA

ML: Machine Learning

Neuro Nimes 91: Fourth International Conference Neural Networks & Their Applications, Nîmes, France

NIPS 1: Touretzky, D.S. (ed.). Advances in Neural Processing Systems 1. Morgan Kaufmann Publishers, San Mateo, CA, USA

NIPS 2: Touretzky, D.S. (ed.). Advances in Neural Processing Systems 2. Morgan Kaufmann Publishers, San Mateo, CA, USA

NIPS 3: Lippmann, R.P., Moody, J.E., Touretzky, D.S. (eds.). Advances in Neural Processing Systems 3. Morgan Kaufmann Publishers, San Mateo, CA, USA

NIPS 4: Moody, J.E., Hanson, S.J., Lippmann, R.P. (eds.). Advances in Neural Processing Systems 4. Morgan Kaufmann Publishers, San Mateo, CA, USA

NN: Neural Networks, Pergamon Press

Zitierte Literatur

Adorf, H.M. (1989). Connectionism and Neural Networks. In: Heck, A., Murtagh, F. (eds.): Knowledge Based Systems in Astronomy. Springer-Verlag, Berlin, S.215-245

Adorf, H.M. (1992). Zeitplanung mit Neuronalen Netzen. ist - Intelligente Software-Technologien 2/92, S.46-51

Ahalt. S.C., Garber, F.D. et al. (1989). Performance of Synthetic Neural Network Classification of Noisy Radar Signals. NIPS1, S. 281-288

Ahalt, S.C., Krishnamurthy, A.K. et al. (1990). Competitive Learning Algorithms for Vector Quantization. NN3, S.277-290

Albus, J.S. (1971). A Theory of Cerebellar Functions. Mathematical Biosciences 10, S.25-61

Albus, J.S. (1972). Theoretical and Experimental Aspects of a Cerebellar Model. Ph.D. dissertation, University of Maryland, MD, USA

Albus, J.S. (1975). A New Approach to Manipulator Control: The Cerebellar Model Articulation Controller (CMAC). J. Dynamic Systems, Measurement and Control, S.220-233

Allan, R.B. (1988). Sequential Connectionist Networks for Answering Simple Questions About a Microworld. Cognitive Science Society: 10th Annual Conference, S.489-495

Amari, S.I. (1974). A Mathematical Theory of Nerve Nets. In: Kotani, K. (ed.). Advances in Biophysics 6, S.75-120

Amari, S.I., Arbib, M.A. (1977). Competition and Cooperation in Neural Nets. In: Metzler, J. (ed.). Systems Neuroscience, Academic Press, S.119-165

Anderson, C.W. (1986), Learning and Problem Solving with Multilayer Connectionist Systems. Ph.D. Thesis, Department of Computer and Information Science, University of Massachusetts, MA, USA

Anderson, J.A. (1972). A Simple Neural Network Generating an Interactive Memory, Mathematical Biosciences 14, S.197-220

Anderson, J.A., Pellionisz, A., Rosenfeld, E. (eds.) (1990). Neurocomputing 2, Directions for Research. MIT Press, Cambridge, MA, USA

Anderson, J.A., Penz, P.A. et al. (1988). Radar Signal Categorization Using a Neural Network. INNS 1st Annual Meeting on Neural Networks 1.1, S.422

Anderson, J.A., Rosenfeld, E. (eds.) (1988). Neurocomputing, Foundations of Research. MIT Press, Cambridge, MA, USA

Anderson, J.A., Silverstein, J.W. et al. (1977). Distinctive features, categorical perception, and probability learning: Some applications of a neural model. Psychological Review 84(5), S.413-451

Anderson, J.R., Hinton, G.E. (1981). Models of Information Processing in the Brain. In: Hinton, G.E., Anderson, J.A.: Parallel Models of Associative Memory. Erlbaum, L., Hillsdale, NJ, S.9-48

Anderson, S., Merrill J., Port R. (1989). Dynamic Speech Categorization with Recurrent Networks. CMSS 88, S.389-406

Angéniol, B., Treleaven, P. (1990). The PYGMALION Neural Network Programming Environment. ANC, S.167-175

Arbib, M.A. (1987). Brains, Machines, and Mathematics (2. Aufl.). Springer-Verlag, Berlin

Atiya, A., Abu-Mostafa, Y. (1990). A Method for the Associative Storage of Analog Vectors. NIPS2, S.590-595

Atkins, M. (1989). Sorting by Hopfield Net. IJCNN 2, S.65-68

Balzer, D., Kirbach, V. (1992). Neuronale Netze in der Prozeßautomatisierung. atp - Automatisierungstechnische Praxis 7/92, S.395-401

Bareiss, E.R. (1989). Exemplar-Based Knowledge Acqusition: AUnified Approach to Concept Representation, Classification, and Learning. Academic Press, Boston, MA, USA

Barto, A., Anadan, P. (1985). Pattern Recognizing Stochastic Learning Automata. IEEE Transactions on Systems, Man, and Cybernetics 15, S.360-375

Barto, A., Sutton, R.S., Anderson, C.W. (1983). Neuronlike Adaptive Elements that Can Solve Difficult Learning Control Problems. IEEE Transactions on Systems, Man, and Cybernetics 13

Bauer, H.U., Pawelzik, K., Geisel, T. (1992). A Topographic Product for the Optimization of Self-Organizing Feature Maps. NIPS4, S.1141-1147

Baxt, W.G. (1990). Use of an Artificial Neural Network for Data Analysis in Clinical Decision-Making: The Diagnosis of Acute Coronary Occlusion. Neural Computation 2, S.480-489

Bayley, J.S., Byrne, C.L. et al. (1988). Image Resolution Enhancement on a Neural Network. INNS 1st Annual Meeting on Neural Nets. 1, Supp. 1, S.425

Beck, H., McDonald, D., Brzakovic, D. (1989). A Self-Training Visual Inspection System with a Neural Network Classifier. IJCNN 1, S.307-311

Becks, K.H., Dahm, J., Seidel, F. (1992). Analysing Particle Jets with Artificial Neural Networks. IEA/AIE 92, S.109-112

Bengio, Y., Cardin R. et al. (1989). Use of Multi-Layered Networks for Coding Speech with Phonetic Features. NIPS1, S.52-59

Bengio, Y., Pouliout, Y. et al. (1990). A Neural Network to Detect Homologies in Proteins. NIPS2, S.423-430

Bernasconi, J., Gustafson, K. (1992). Human and Machine 'Quick Modeling'. NIPS4, S.1151-1158

Berns, K., Dillmann, R., Hofstetter, R. (1991). An Application of a Backpropagation Network for the Control of a Tracking Behavior. ICRA 91, S.2426-2431

Berns, K., Dillmann, R., Zachmann, U. (1992). Reinforcement-Learning for the Control of an Autonomous Mobile Robot. IROS 92, S.1808-1815

Berns, K., Hofstetter, R. (1991). Die Anwendung eines Backpropagation-Algorithmus zur Steuerung einer Folgefahrt. Robotersysteme 7, Springer-Verlag, S.53-58

Bohrer, S., Fuhrmann, S., Dose, M. (1993). MARVIN – ein autonomes Fahrzeug mit neuronaler Steuersystem-Architektur. Spektrum der Wissenschaft 3/93, S.16

Bounds, D.G., Lloyd, P.J. et al. (1988). A Multi-Layer Perceptron Network for the Diagnosis of Low Back Pain. ICNN 2.2, S.481-489

Bounds, D.G., Lloyd, P.J., Mathew, B.G. (1990). A Comparison of Neural Network and Other Pattern Recognition Approaches to the Diagnosis of Low Back Disorders. NN3, S.583-591

Bourland, H., Kamp, Y. (1988). Autoassoziation by Multilayer Perceptrons and Singular Values decomposition. Biological Cybernetics59, S.291-294

Bouttou, L., Fogelman Soulié, F. et al. (1990). Speaker-Independent Isolated Digit Recognition: Multilayer Perceptrons vs. Dynamic Time Warping. NN3, S.453-465

Boyd, J. (1990). Hitachi's neural computer. Electronic World News

Bradburn, D.S. (1989). Reducing Transmission Error Effects Using a Self-Organizing Network. IJCNN 2, S.531-537

Braham, R. (1988). A Parallel Associative Pattern Recognizer. INNS 1st Annual Meeting on Neural Nets 1, Supp. 1, S.12. Pergamon Press

Brauer, W., Hernández, D. (1991). Verteilte Künstliche Intelligenz und kooperatives Arbeiten. Springer-Verlag, Berlin

Braun, H., Malaka, R. (1990). Entwurf und Implementierung Neuronaler Netze zur Lösung des Traveling Salesman Problems. Interner Bericht Nr.11/90, Institut für Logik, Komplexität und Deduktionssysteme, Universität Karlsruhe

Brause, R. (1991). Neuronale Netze. Teubner Verlag, Stuttgart

Brevannes, L. (1990). A Chip That Can Learn. Technology

Brown, M., Harris, C.J. (1991). Intelligent Control for Autonomous Vehicles Using Real-Time Adaptive Associative Memory Neural Networks. First IEE International Conference on Artificial Neural Networks, S.144-148

Canepa, G., Morabito, M. et al. (1992). Shape from Touch by a Neural Net. ICRA92, S.2075-2080

Cardot, H., Revenu, M. et al. (1991). Cooperation de Reseaux Neuronaux pour l'Authentification des Signatures Manuscrites. Neuro Nimes 91, S.29-42

Carpenter, G.A., Grossberg, S. (1986). Adaptive Resonance Theory: Stable Self Organization of Neural Recognition Codes in Response to Arbitrary Lists of Input Patterns. Cognitive Science Society: 8th Annual Conference, S.45-62

Carpenter, G.A., Grossberg, S. (1987). ART 2: Stable Self-Organization of Stable Category Recognition Codes for Analog Input Patterns. Applied Optics 26, S.4919-4930

Carpenter, G.A., Grossberg, S. (1990). ART 3: Hierarchical Search Using Chemical Tranmitters in Self-organizing Pattern Recognition Architectures. NN3, S.129-152

Carpenter, G.A., Grossberg, S. , Mehanian, C. (1988). Self-organization of Invariant Recognition Categories for Noisy Images by an Adaptive Resonance Theory (ART) Architecture. INNS 1st Annual Meeting on Neural Nets 1, Supp. 1, S.15. Pergamon Press

Caviglia, D.D., Bisio, G.M. et al. (1989). Neural Algorithms for Cell Placement in VLSI Design. IJCNN 1, S.573-580

Char, J.M., Cherkassky, V., Wechsler, H. (1988). Distributed Processing for Database Design. INNS 1st Annual Meeting on Neural Nets 1, Supp. 1, S.429. Pergamon Press

Cheng, R.M., Xiao, J.W., LeQuoc, S. (1992). Neuromorphic Controller for AGV Steering. ICRA92, S.2057-2062

Cherkassky, V., Vassilas, N. (1989). Performance of Back Propagation Networks for Associative Database Retrieval. IJCNN 1, S.77-84

Collard, J.E. (1991). A B-P ANN Commodity Trader. NIPS3, S.551-556

Collins, D.H. (1988). Two-Dimensional Pattern Sequence Prediction Using High-Order Neural Networks. INNS 1st Annual Meeting on Neural Networks 1, Supp.1, S.19, Pergamon Press

Cottrell, G.W. (1990). Extracting Features from Faces Using Compression Networks: Face, Identity, Emotion, and Gender Recognition Using Holons. CMSS, S.328-337

Cottrell, G.W., Metcalfe, J. (1991). EMPATH: Face, Emotion, and Gender Recognition Using Holons. NIPS3, S.564-571

Cowan, J.D. (1990). Neural Networks: The Early Days. NIPS2, S.828-842

Croall, I.F., Mason, J.P. (1992). Industrial Applications of Neural Networks - Project ANNIE Handbook. Springer-Verlag, Berlin

Craik, K.J. (1943). The Nature of Explanation. Cambridge University Press, Cambridge, England

Cruz, V., Cristobal G. et al. (1989). Invariant Image Recognition Using a Multi-Network Neural Model. IJCNN 2, S.17-22

Czysz, A., Retzlaff, K., Simons, O. (1992). EG-Förderfibel Neue Bundesländer, EG-Strukturhilfen: Antragsverfahren und Informationsquellen für Kommunen und Unternehmen, Deutscher Wirtschaftsdienst John von Freyend GmbH, Köln

de Groot, C., Würtz, D. (1992). Forecasting Time Series with Connectionist Nets: Applications in Statistics, Signal Processing and Economics. IEA/AIE 92, S.461-470

de Lamettrie, J.O. (1748). L'Homme Machine. Leiden. dt.: Brahm, M. (ed.) (1919). Der Mensch als Maschine. Philos. Bibl., Leipzig

Deprit, E. (1989). Implementing Recurrent Back-Propagation on the Connection Machine. NN2, S.295-314

Derthick, M. (1982). Learning in Boltzman Machines and Why It's So Slow. Technical Report #CMU-CS-84-120, Carnegie-Mellon University, Computer Science Department, Pittsburg, PA, USA

Descartes, R. (1637). Discours de la méthode pour bien conduire sa raison, et chercher la verité dans les sciences

Deutscher Wirtschaftsdienst (1992). Ratgeber Forschung und Technologie 1992, Fördermöglichkeiten und Beratungshilfen, Deutscher Wirtschaftsdienst John von Freyend GmbH, Köln

Dietterich, T.G., Hild, H., Bakiri, G. (1990). A Comparative Study of ID3 and Backpropagation for English Text-to-Speech Mapping. Proc. 7th Int. Conf. on Machine Learning, Morgan Kaufmann Publishers, San Mateo, CA, USA, S. 24-31

Dunning, G.J., Marom, E. et al. (1986). Optical holographic associative memory using a phase conjugate resonator. SPIE Proc. 625, Bellingham, WA, USA

Dupaguntla, N.R., Vemuri, V. (1989). A Neural Network Architecture for Texture Segmentation and Labelling. IJCNN 1, S.127-133

Durbin, R., Rumelhart, D.E. (1989). Product Units: A Computationally Powerful and Biologically Plausible Extension to Backpropagation Networks. Neural Computation 1 (1), S.133-142

Dutta, S., Shekhar, S. (1988). Using Neural Networks for Generalization Problems. INNS 1st Annual Meeting on Neural Nets 1, Supp. 1, S.171. Pergamon Press

Eckmiller, R., v.d. Malsburg, C. (1988). Neural Computers. NATO Advanced Science Institutes, Computer and Systems Science, Band 41, Springer Study Edition. Springer-Verlag

Elman, J. (1990). Finding Structure in Time. Cognitive Science 14, S.179-211

Elsley, R.K. (1988). A Learning Architecture for Control Based on Backpropagation Neural Networks. ICNN 2.2, S. 587-594

Erb, M., Preißl, H. (1989). Neuronale Netzwerkmodelle und ihre Implementation auf Transputern. In: Grebe, R.(ed.). Parallele Datenverarbeitung mit dem Transputer, Springer-Verlag, S.68-82

Ernst, H.P., Mokry, B., Zoltan, S. (1990). A Transputer Based General Simulator for Connectionist Models. Parallel Processing in Neuronal Systems and Computers, Elsevier Science Publishers, S.283-286

Fanelli, R., Raphan, T., Schnabolk, C. (1990). Neural Network Modeling of Eye Compensation During Off-Vertical-Axis Rotation. NN3, S.265-276

Farges, E. (1991). Systémes Neuromimettiques de Diagnostic Automobile Temps Réel. Neuro Nimes 91, S.769-771

Farrell, J.A., Michel, A.N. (1989). A Synthesis Procedure for Hopfield's Continous Time Content Addressable Memory. IEEE Trans. Circuits and Systems. CAS-36

Feldman, J.A., Ballard, D.H. (1982). Connectionist Models and Their Properties. CS6, S.205-254

Fogelman Soulié, F., Hérault, J. (1990). Algorithms, Architecture and Applications. NATO Advanced Science Institutes, Computer and Systems Science, Band 68, Springer-Verlag

Fogelman Soulié, F., Robert, Y., Tchuente, M. (eds.). Automata Networks in Computer Science. Manchester University Press, 1987

Foo, Y.S., Takefuji, Y. (1988). Integer Linear Programming Neural Networks for Job-Shop Scheduling. ICNN 2.2, S.341-348

Fozzard, R., Bradshaw, G., Ceci, L. (1989). A Connectionist Expert System that Actually Works. NIPS1, S.248-255

Franzini, M.A. (1989). Learning to Recognize Spoken Words: A Study of Connectionist Speech Recognition. CMSS 88, S. 407-416

Franzini, M.A. , Witbrock, M.J., Lee, K. (1989). Speaker-Independent Recognition of Connected Utterances Using Recurrent and Non-recurrent Neural Networks. 2, S.1-6. IEEE TAB Neural Network Committee (order from IEEE Service Center)

Fredholm, H., Bohr, H. et al. (1991). A Novel Approach to Prediction of the 3-Dimensional Structures of Protein Backbones by Neural Networks. NIPS3, S.523-529

Freeman, D.T. (1992). Computer Recognition of Wave Location in Graphical Data by a Neural Network. NIPS4, S.706-713

Freisleben, B. (1992). Stock Market Prediction with Backpropagation Networks. IEA/AIE 92, S.451-460

Friedrichsen, U. (1991). CMS Ein objektorientierter Simulator für neuronale Netze, Teil I+II. Diplomarbeit am Forschungszentrum Informatik, Gruppe Interaktive Planungstechnik, Universität Karlsruhe

Frye, R.C., Cummings, K.D., Rietman, E.A. (1991). Proximity Effect Corrections in Electron Beam Lithography Using a Neural Network. NIPS3, S.443-449

Fukushima, K. (1975). Cognitron: A Self-Organizing Multilayered Neural Network. Biological Cybernetics 20, S.121-136

Fukushima, K. (1979). Neural Network Model for a Mechanism of Pattern Recognition Unaffected by Shift in Position Neocognitron. IECE Trans. (Japan) Section E, E62 (10), S.675-676

Fukushima, K. (1988). Neocognitron: A Hierarchical Neural Network Capable of Visual Pattern Recognition. NN1, S.119-130

Fukushima, K. (1989). Analysis of the Process of Visual Pattern Recognition by the Neocognitron. NN2, S.413-420

Furuya, T., Kokubu, A. (1990). mBrain: A Structured Neural Network for Connectionist Intelligent Systems. INNC, S.428-431

Gardner, J.F., Brandt, A., Luecke, G. (1991). Applications of Neural Networks for Trajectory Control of Robots. ICAR5, S.487-492

Geiger, H. (1990). Neuronale Netze, muß das sein? Elektronik 21/1990, S.58-70

Geiger, H., Müller, T. (1992). Optische Qualitätssicherung mit Neuronalen Netzen. Design & Elektronik 16/17, S.76-78

Geng, Z., Haynes, L. (1991). Neural Network Solution for the Forward Kinematics Problem of a Steward Platform. ICRA91, S.2650-2655

Gielen, S., Kappen, B. (1993). ICANN '93, Tagungsband Amsterdam, 13.-16. Sept., Springer-Verlag

Gilmore, J.F., Czuchry, A.J. (1991). A Neural Network for Reactive Planning. Neuro Nimes 91, S.555-563

Goddard, N.H., Lynne, K.J. et al. (1989). Rochester Connectionist Simulator. Technical Report 233, Computer Science Department, University of Rochester, Rochester New York

Gödel, K. (1931). Über formal unentscheidbare Sätze der Principia Mathematica und verwandter Systeme. Monatshefte Math. Phys. 38, S.173-198

Goldberg, K.Y., Perlmutter B.A. (1989). Using Backpropagation with Temporal Windows to Learn the Dynamics of the CMU Direct-Drive Arm II. NIPS1, S.356-363

Golden, R.M. (1986). Brain-State-in-a-Box Neural Model is a Gradient Descent Algorithm. Journal of Mathematical Psychology

Goles, E., Martínez, S. (1990). Neural and Automata Networks. Kluwer Academic Publishers, Dordrecht, 1990

Goudreau, M.W., Giles, C.L. (1992). Neural Network Routing for Random Multistage Interconnection Networks. NIPS4, S.722-729

Graupe, D., Vern, B. et al. (1989). Decomposition of Surface EMG Signals into Single Fiber Action Potentials by Means of Neural Networks. IEEE Intl. Conf. Circuits and Systems. (May)

Grebert, I., Stork, D.G. et al. (1992). Network Generalization for Production: Learning and Producing Styled Letterforms. NIPS4, S.1118-1124

Grossberg, S. (1969). Embedding Fields: A Theory of Learning with Physiological Implications. Journal of Mathematical Psychology 6, S.209-239

Grossberg, S. (1971). Embedding Fields: Underlying Philosophy, Mathematics, and Applications to Psychology, Physiology, and Anatomy. Journal Cyber. 1(1), S.28-50

Grossberg, S. (1972). A Neural Theory of Punishment and Avoidance I+II. Mathematical Biosciences 15, S.39-67 + S.253-285

Grossberg, S. (1976). Adaptive Pattern Classification and Universal Recoding I+II. Biological Cybernetics 23, S.121-134 + S.187-202

Grossberg, S. (1982). Studies of Mind and Brain: Neural Principles of Learning, Perception, Development, Cognition, and Motor Control. Reidel Press, Boston

Grossberg, S. (1987). Competitive Learning: From Interaction to Adaptive Resonance. CS11, S.23-63

Guha, A. (1991). A Reinforcement Learning Variant for Control Scheduling. NIPS3, S.479-485

Gumm, H.P., Hergert, F.B. (1990). Neural Pascal, A Language for Neural Network Programming. Parallel Processing in neuronal systems and computers, S.287-290. Elsevier Science Publishers

Guo, J., Cherkassky, V. (1989). A Solution to the Inverse Kinematic Problem in Robotics Using Neural Network Processing. IJCNN 2, S.299-304

Gupta, P., Touretzky, D.S. (1992). A Connectionist Learning Approach to Analyzing Linguistic Stress. NIPS4, S.225-232

Guyon, I., Poujaud, I. et al. (1989). Comparing Different Neural Network Architectures for Classifying Handwritten Digits. IJCNN 2, S.127-132

Haken, H. (1983). Erfolgsgeheimnisse der Natur – Synergetik: Die Lehre vom Zusammenwirken (3.Aufl.). Deutsche Verlags-Anstalt

Hay, J.C., Martin, F.C., Wightman, C.W. (1960). The Mark I Perceptron, Design and Performance. IRE National Convention Record 2,8, S.78-87

Hebb, D.O. (1949). The Organization of Behavior. Wiley, New York

Hecht-Nielsen, R. (1987). Counterpropagation Networks. Applied Optics 26, S.4979-4984

Hecht-Nielsen, R. (1988). Applications of Counterpropagation Networks. NN1, S.131-139

Hecht-Nielsen, R. (1990). Neurocomputing. Addison-Wesley

Herz,J., Krogh,A., Palmer, R. (1991). Introduction to the Theory of Neural Computation. Addison-Wesley, New York

Hewes, R.P., Miller, W.T. (1989). Practical Demonstration of a Learning Control System for a Five Axis Industrial Robot. SPIE: Intelligent Robots and Computer Vision. 1002

Hild, H., Feulner, J., Menzel, W. (1992). HARMONET: A Neural Net for Harmonizing Chorales in the Style of J.S. Bach. NIPS4, S.267-274

Hinton, G.E., Sejnowski, T.J. (1986). Learning and Relearning in Boltzmann Machines. Parallel Distributed Processing 1, S.282-317

Hinton, G.E., Sejnowski, T.J., Ackley, D.H. (1984). Boltzmann Machines: Constraint Satisfaction Networks that Learn. Technical Report #CMU-CS-84-199

Hinton, G.E., Sejnowski, T.J., Ackley, D.H. (1985). A Learning Algorithm for Boltzmann Machines. CS9, S.147-169

Hiramatsu, A. (1989). ATM Communications Network Control By Neural Network. IJCNN 1, S.259-266

Hirose, Y., Yamashita, K., Hijiya, S. (1991). Back-Propagation Algorithm Which Varies the Number of Hidden Units, NN4, S.61-66

Holland, O., Snaith, M. (1991). The Neural Control of Locomotion in a Quadrupedal Robot. ICANN, S.333-335

Hopfield, J.J. (1982). Neural Networks and Physical Systems with Emergent Collective Computational Abilities. Proceedings National Academy of Science (USA) 79, S. 2554-2558

Hopfield, J.J. (1984). Neurons with Graded Response Have Collective Computational Properties Like Those of Two-State Neurons. Proceedings National Academy of Science 81, S. 3088-3092

Hopfield, J.J., Tank, D.W. (1985). Neural Computation of Decisions in Optimization Problems. Biological Cybernetics 52, S.141-152

Hopfield, J.J., Tank, D.W. (1986). Computing with Neural Circuits: A Model. Science 233, S. 625-633

Hormel, M. (1990). A Self-Organizing Associative Memory System for Control Applications. NIPS2, S.332-339

Hoskins, J.C., Himmelblau, D.M. (1988). Automatic Chemical Process Control Using Reinforcement Learning in Artificial Neural Networks. INNS 1st Annual Meeting on Neural Nets. 1, Supp. 1, S.446. Pergamon Press

Hosokawa, M., Omatu S., Fukumi M. (1989). A New Approach for Pattern Recognition by Neural Networks with Scramblers . IJCNN 1, S.183-188

Hotz, G., Kölsch, J. (1991). Blockschrifterkennung durch Neuronale Netze in einem System zum symbolischen Lernen. Nachrichten Neuronale Netze 3/91, S.2-5

Iso, K., Watanabe, T. (1991). Speech Recognition Using Demi-Syllable Neural Prediction Model. NIPS3, S.227-233

Iwata, A., Nagasaka, Y., Suzumura, N. (1989). A Digital Holter Monitoring System with Dual 3 Layers Neural Networks. IJCNN 2, S.69-74

Jabri, M., Pickard, S. et al. (1992). ANN Based Classification for Heart Defibrillators. NIPS4, S.637-644

Jacobs, R. (1988). Increased Rates of Convergence Through Learning Rate Adaption, NN1, S.295-307

Jain, A.N. (1992). Generalization Performance in PARSEC - A Structured Connectionist Parsing Architecture. NIPS4, S.209-216

Jain, A.N., Waibel, A.H. (1990). Incremental Parsing by Modular Recurrent Connectionist Networks. NIPS2, S.364-371

Jakubowicz, O.G. (1989). Multi-Layer Multi-Feature Map Architecture for Situational Analysis. IJCNN 2, S.23-30

Jang, J.S., Lee, S.Y., Shin, S.Y. (1988). An Optimization Network for Matrix Inversion. IEEE Conference on Neural Information Processing Systems, S.297-401

Johnson, K., Daniell, C., Burman, J. (1988). Hierarchical Feature Extraction and Representation in the Neocognition. INNS 1st Annual Meeting on Neural Nets 1, Supp. 1, S.504. Pergamon Press

Jordan, M.I. (1986). Serial Order: A Parallel, Distributed Processing Approach. Technical Report ICS-8604, Institute for Cognitive Science, University of California

Jordan, M.I. (1988). Supervised Learning and Systems with Excess Degrees of Freedom. COINS Technical Report 88-27, Computer and Information Science, University of Massachusetts

Kämmerer, B., Küpper, W. (1989). Perceptrons and Multi-Layer Perceptrons in Speech Recognition: Improvements from Temporal Warping of the Training Material. In: Personnaz, L., Dreyfus, G. (eds.). Neuro´88 (Neural Networks – From Models to Applications), EZIDET, Paris

Kämmerer, B., Küpper, W. (1990). Experiments for Isolated-Word Recognition with Single- and Two-Layer Perceptrons. NN3, S.693-706

Kahng, A.B. (1989). Traveling Salesman Heuristics and Embedding Dimension in the Hopfield Model. IJCNN 1, S.327-333

Kam, M., Cheng, R.M. (1989). Convergence and Pattern-Stabilization in the Boltzmann Machine. NIPS1, S.511-518

Kamm, C.A., Streeter, L.A. et al. (1989). Comparing Performance of Spectral Distance Measure and Neural Network Methods for Vowel Recognition. Computer Speech and Language. 3, S.21-34

Kandel, E.R., Schwartz, J.H. (eds.) (1985). Principles of Neural Science. Elsevier Science Publishers

Karunanithi, N., Withley, D., Malaiya, Y.K. (1992). Prediction of Software Reliability Using Connectionist Models. IEEE Transactions on Software Engineering 18.7, S.563-574

Katz, W.T., Merickel, M.B. (1989). Translation-Invariant Aorta Segmentation from Magnetic Resonance Images. IJCNN 1, S.327-333

Keeler, J.D., Rumelhart, D.E., Leow, W.K. (1991). Integrated Segmentation and Recognition of Hand-Printed Numerals. NIPS3, S.557-563

Khotanzad, A., Lee, Y.W. (1991). Stereopsis by a Neural Network Which Learns the Constraints. NIPS3, S.327-334

Khotanzad, A., Lu, J.H., Srinath, M.D. (1989). Target Detection Using a Neural Network Based Passive Sonar System. IJCNN 1, S.335-340

Kieffer, S., Morellas, V., Donath, M. (1991). Neural Network Learning of the Inverse Kinematic Relationships for a Robot Arm. ICRA91, S.2418-2425

Kindermann, J., Mühlenbein, H., Wolf, K. (1989). Implementierung von Neuronalen Netzen. Gesellschaft für Mathematik und Datenverarbeitung mbH, Postfach 1240, D-53757 Sankt Augustin

Kirkpatrick, S., Gelatt Jr., C.D., Vecchi, M.P. (1983). Optimization by Simulated Annealing. Science 220(4598), S.671-680

Klett, G. (1992). Einsatz intelligenter Software bei BASF. ist - Intelligente Software-Technologien 2/92, S.7-13

Kneller, D.G., Cohen, F.E., Langridge, L. (1990). Journal of Mol. Biol. 214, S.171-182

Knight, K. (1990). Connectionist Ideas and Algorithms. Communications of ACM 33.11, S.59-74

Kohonen, T. (1972). Correlation Matrix Memories. IEEE C-21(4), S.353-359

Kohonen, T. (1982). Self-Organized Formation of Topologically Correct Feature Maps. Biol. Cybernetics 43, S.59-69

Kohonen, T. (1984). Self- Organization and Associative Memory. Springer, Berlin

Kohonen, T. (1988). The "Neural" Phonetic Typewriter. Computer. 21(3)(Mar), S.11-22. IEEE

Kohonen, T. (1989). Speech Recognition Based on Topology-Preserving Neural Maps. Neural Computing Architectures. ed. I. Aleksander, MIT Press, Cambridge, MA, S.26-40

Kohonen, T. (1991). Self-Organizing Maps: Optimation Approaches. Artificial Neural Networks, Elsevier Science Publisher, S.981-990

Kolmogorov, A.N. (1957). On the Representation of Continuous Functions of Many Variables by Superposition of Continuous Functions of One Variable and Addition. AMS Translation 2.55, S.55-59

Kuchera, H., Francis, W.N. (1967). Computational Analysis of Modern-Day American English. Brown University Press, Providence, RI

Kudrycki, T.P. (1988). Neural Network Implementation of a Medical Diagnosis Expert System. Master Thesis, University of Cincinnati

Kumar, S.S., Guez, A. (1991). ART Based Adaptive Pole Placement for Neurocontrollers. NN4, S.319-335

Kwan, H.K., Lee, C.K. (1989). Pulse Radar Detection Using a Multi-Layer Neural Network. IJCNN 2, S.75-80

Lacaille, J., Azencott, R. (1991). Extraction des Lignes de Contour d'une Image par une Machine de Boltzmann Synchrone. Neuro Nimes 91, S.507-518

Lackner, G., Melsheimer, S.S., Beard, J.N. (1992). Recursive Neural Net Modeling of a Multi-Zone Tenter Frame Dryer. IEA/AIE 92, S.266-275

Lang, K.L., Witbrock, M.J. (1989). Learning to Tell Two Spirals Apart. CMSS 88, S.52-59

Lashley, K.S. (1950). In Search of the Engram. Society of Experimental Biology Symposium No.4, Psychological Mechanisms in Animal Behavior, Cambridge University Press, London, S.478-505

Le Cun, Y. (1985). Une Procédure d'Apprentissage Pour Réseau a Seuil Assymétrique. Cognitiva 85, S.599-604

Le Cun, Y., Boser, B. et al. (1990). Handwritten Digit Recognition with a Back-Propagation Network. NIPS2, S.396-404

Le Cun, Y., Jackel, L.D. et al. (1990). Optical Character Recognition and Neural-Net Chips. INNC II, S.651-655

Lee, K. (1988). Recognition of Hand-Written Symbols by Orientation-Selective Filtering. INNS 1st Annual Meeting on Neural Nets 1, Supp. 1, S.452. Pergamon Press

Lee, W.D. (1988). Simulated Annealing Applied to Shipbuilding Design. INNS 1st Annual Meeting on Neural Nets. 1,Supp. 1, S.453, Pergamon Press

Lee, Y. (1991). Handwritten Digit Recognition Using K Nearest-Neighbor, Radial-Basis Func-tion, and Backpropagation Neural Networks. Neural Computation 3, S.440-449

Lee, Y., Lippmann, R.P. (1990). Practical Characteristics of Neural Network and Conventional Pattern Classifiers on Artificial and Speech Problems. NIPS2, S.168-177

Leung, H.C., Glass, J.R. et al. (1991). Phonetic Classification and Recognition Using the Multi-Layer Perceptron. NIPS3, S.248-254

Leung, H.C., Zue, V.W. (1989). Applications of Error Back-Propagation to Phonetic Classification. NIPS1, S.206-214

Li, D., Wee, W.G. (1988). Integration of Neural Network and Expert System for Pattern Recognition. INNS 1st Annual Meeting on Neural Nets 1, Supp. 1, S.32. Pergamon Press

Li, W., Nasrabadi N.M. (1989). Object Recognition Based on Graph Matching Implemented by a Hopfield-Style Neural Network. IJCNN 2, S.287-290

Linden, A. (1990). Untersuchung von Backpropagation in konnektionistischen Systemen. Diplomarbeit am Institut für Informatik, Universität Bonn

Lippmann, R.P., Beckman, R.P. (1989). Adaptive Neural-Net Preprocessing for Signal Detection in Non-Gaussian Noise. NIPS1, S.124-132

Lutz, J., Schmid-Lutz, V., Schöneburg, E. (1992). Getriebediagnose mit Neuronalen Netzen - Neue Methoden der Qualitätssicherung. ist - Intelligente Software-Technologien 1/92, S.58-61

Madey, G., Denton, J. (1988). Credit Evaluation with Missing Data Fields. INNS 1st Annual Meeting on Neural Nets 1 Supp.1, S.456

Malaka, R. (1992). Steuerung mit Neuronalen Netzen - Entwicklung einer neuronalen Steuerung für einen redundanten Manipulator. Diplomarbeit am Institut für Logik, Komplexität und Deduktionssysteme, Universität Karlsruhe

Manduca, A., Christy, P., Ehman, R. (1992). Neural Network Diagnosis of Avascular Necrosis from Magnetic Resonance Images. NIPS4, S.645-650

Marshall, J.A. (1989). Self-Organizing Neural Network Architectures for Computing Visual Depth from Motion Parallax. IJCNN 2, S.227-234

Martin, G.L., Pittman, J.A. (1990). Recognizing Hand-Printed Letters and Digits. NIPS2, S.405-414

Martin, G.L., Rashid, M. (1992). Recognizing Overlapping Hand-Printed Characters by Centered-Object Integrated Segmentation and Recognition. NIPS4, S.504-511

Martinelli, G., Ricotti, L.P., Ragazzini, S. (1990). Nonstationary Lattice Quantization by a Self-Organizing Neural Network. NN3, S.385-393

Martinetz, T.M., Ritter, H.J., Schulten K.J. (1988). Kohonen's Self-Organizing Map for Modeling the Formation of the Auditory Cortex of a Bat. SGAICO: Connectionism in Perspective

Martinetz, T.M., Ritter, H.J., Schulten K.J. (1989). 3D-Neural-Net for Learning Visuomotor-Coordination of a Robot Arm. IJCNN 2, S.351-356

Matan, O., Burges, J.C. et al. (1992). Multi-Digit Recognition Using a Space Displacement Neural Network. NIPS4, S.488-495

McAulay, A.D. (1987). Engineering Design Neural Networks Using Split Inversion Learning. ICNN 1.4, S.635-641

McAvoy, T.J., Wang, N.S. et al. (1989). Interpreting Biosensor Data via Backpropagation. IJCNN 1, S.227-233

McClellan, G.E., DeWitt, R.N. (1989). Multispectral Image-Processing with a Three-Layer Backpropagation Network. IJCNN 1, S.151-153

McClelland, J.L., Rumelhart, D.E. (1988). Explorations in Parallel Distributed Processing. MIT Press, Cambridge, MA

McCulloch, W.S., Pitts, W. (1943). A logical calculus of ideas immanent in nervous activity. Bulletin of Mathematical Biophysics 5, S.115-133

McCulloch, W.S., Pitts, W. (1947). How We Know Universals: The Perception of Auditory and Visual Forms. Bulletin of Mathematical Biophysics 9, S.127-147

McDuff, R., Simpson, P. (1990). An Investigation of Neural Networks for F-16 Fault Diagnosis II: System Performance. Proceedings of the SPIE Technical Sysmposium on Aerospace Sensing, Applications of Neural Networks

Mead, C. (ed.) (1989). Analog VLSI and Neural Systems. Addison-Wesley, Reading, MA

Mead, C., Ismail, M. (eds.) (1989). Analog VLSI Implementation of Neural Systems. Kluwer Academic Publishers, Boston

Messrobian, E., Stiber, M., Skrzypek, J. (1989). UCLA SFINX- Structure and Function in Neural Connections (included in SFINX distribution). Machine Perception Laboratory, University of California at Los Angeles

Merelo, J.J., Andrade, M.A. et al. (1991). Protein Classification through a Feature Map. Neuro Nimes 91, S.765-768

Mezard, M., Visasoro M.A. (1985). The Microstrucure of Ultrametricity. J. Physique. 46, S.1293-1307

Midorikawa, H. (1988). The Face Pattern Identification by Back-Propagation Learning Procedure. INNS 1st Annual Meeting on Neural Nets 1, Supp. 1, S.515. Pergamon Press

Miikkulainen, R., Dyer, M.G. (1989). Encoding Input/Output Representations in Connectionist Cognitive Systems. CMSS 88, S.347-356

Miksa, M. (1990). A Development Tool for Neural Networks Simulations on Transputers. Parallel Processing in Neural Systems and Computers, Elsevier Science Publishers, S.295-298

Millán, J., Torras, C. (1992). A Reinforcement Connectionist Approach to Robot Path Finding in Non-Maze-Like Environments. ML8, S.363-395

Miller, R.K., Walker, T.C., Ryan, A.M. (1990). Neural Net Applications and Products. SEAI Technical Publications, Madison, GA

Miller, W.T. (1989). Real Time Application of Neural Networks for Sensor-Based Control of Robotics with Vision. IEEE Transactions on Systems, Man, and Cybernetics

Miltner, K. (ed.) (1992). VADEMECUM Deutscher Lehr- und Forschungsstätten – Stätten der Forschung (10. Aufl.). Raabe Verlag, Stuttgart

Min, B., Bien, Z. (1992). Neural Computation for Adaptive Gait Control of the Quadruped over Rough Terrain. ICRA92, S.2612-2617

Minsky, M.L., Papert, S.A. (1969). Perceptrons. MIT Press (3. erw. Aufl. 1988), Cambridge, MA, USA

Mira, J., Cabestany, J., Prieto, A., (1993). New Trends in Neural Computing. International Workshop on Artificial Neural Networks, IWANN ´93, Sitges, Spain, June 9-11, Band 686, Springer-Verlag

Möller, K. (1991). ARC: Adaptive Roboterkontrolle mit konnektionistischen Systemen. Universität Bonn, Informatik Berichte Nr. 86

Monostori, L., Bothe, A. (1992). Convergence Behaviour of Connectionist Models in Large Scale Diagnostic Problems. IEA/AIE 92, S.114-122

Morasso, P. (1989). Neural Models of Cursive Script Handwriting. IJCNN 2, S.539-542

Morasso, P., Sanguineti,V. et al. (1990). Generalised Hopfield Networks for Robot Planning. INNC 1990 Paris, S.238

Mori, Y., Yokosawa, K. (1989). Neural Networks that Learn to Discriminate Similar Kanji Characters. NIPS1, S.332-339

Morris, R.J., Rubin, L.D., Tirri, H. (1989). A Comparison of Feedforward and Self-Organizing Approaches to the Font Orientation Problem. IJCNN 2, S.291-298

Morton, K. (1991). Improving Naturalness in Speech Synthesis Using a Neural Network. Neuro Nimes 91, S.161-174

Mougeot, M., Azencott, R., Angeniol, B. (1991). Image Compression with Back Propagation: Improvement of the Visual Restoration Using Different Cost Functions. NN4, S.467-476

Mozer, M.C. (1991). Discovering Discrete Distributed Representations with Iterative Competitive Learning. NIPS3, S.627-634

Mozer, M.C., Bachrach, J. (1990). Discovering the Structure of a Reactive Environment by Exploration. NIPS2, S. 439-446

Mozer, M.C., Soukup, T. (1991). Connectionist Music Composition Based on Melodic and Stylistic Constraint. NIPS3, S. 789-796

Mueller, P., Van der Spiegel, J. et al. (1989). Design and Fabrication of VLSI Components for General Purpose Analog Neural Computers 6, S.135-169, Kluwer Academic Publishers

Munro, P.W., Tabasko, M. (1991). Translating Locative Prepositions. NIPS3, S.598-604

Naft, J. (1989). Neuropt: Neurocomputing for Multiobjective Design Optimization for Printed Circuit Board Component Placement. IJCNN 1, S.503-506

Naillon, M., Theeten, J.B. (1989). Neural Approach for TV Image Compression Using a Hopfield Type Network. NIPS1, S.264-271

Naylor, J., Higgins, A. et al. (1988). Speaker Recognition Using Kohonen´s Self-Organizing Feature Map Algorithm. INNS 1st Annual Meeting on Neural Nets. 1, Supp. 1, S.311. Pergamon Press

NeuralWare, Inc. (1989). NeuralWorks Professional II and NeuralWorks Explorer, Volume I+II. NeuralWare Inc

Neußer, S., Nijhuis, J.A. et al. (1991). NNSIM: Eine anwendungsorientierte Umgebung für den Entwurf von Neuronalen Netzwerken. HMD 159/1991, S.67-86

Nguyen, D., Widrow, B. (1989). The Truck Backer-Upper: An Example of Self-Learning in Neural Networks. IJCNN 2, S.357-363

Nguyen, D., Widrow, B. (1990). The Truck Backer-Upper: An Example of Self-Learning in Neural Networks. In: Miller, W.T., Sutton, R.S., Werbos, P.J. (eds.): Neural Networks for Control, MIT Press, Cambridge, MA, S.287-301

Nijhuis, J.A., Höfflinger, B. et al. (1991). A VLSI Implementation of a Neural Car Collision Avoidance Controller. IEEE, Vol.I, S.493-499

Nijhuis, J.A., Spaanenburg, L., Warkowski, F. (1989). Structure and Application of NNSIM: A General-Purpose Neural Network SIMulator. Microprocessing and Microprogramming 27, S.189-194

Noetzel, A., Park, Y.B. (1991). A Multilayer Neural Network Related to the Hidden Markov Model for Continuous Speech Recognition. Neuro Nimes 91, S.357-364

Nossem, B., Roßner, T., Spreng, M. (1990). Parallelisierung eines Compilers für Neuronale Netze. Transputer-Anwender-Treffen, Klinikum der RWTH Aachen, September 1990, S.43

Ogi, H., Tanaka, H., Akimoto, Y. (1991). Module Neural Network Application for Power System/Equipment Diagnosis. Neuro Nimes 91, S.567-580

Palm, G. (1980). On Associative Memory. Biological Cybernetics 36, S.19-31

Palm, G., Palm, M. (1991). Parallel Associative Networks: The PAN-System and the BACCHUS-Chip. Proceedings of the 2nd International Conference on Microelectronics for Neural Networks, S. 411-416

Parker, D.B. (1985). Learning-Logic. Technical Report TR-47, Center of Computational Res. in Economics and Management Sci., MIT

Pearlmutter, B.A. (1988). Learning State Space Trajectories in Recurrent Neural Networks. Neural Computation 1(2)

Pearson, J.C., Spence, C.D., Sverdlove, R. (1991). Applications of Neural Networks in Video Signal Processing. NIPS3, S.289-295

Pelikn, M., Beran, H. (1990). The Exploration of the Back Propagation Neural Network in the Field of Physiological Signal Processing. Proceedings Neurocomputer and Attention, Moskau 1989, Springer-Verlag

Perry, J.L., Baumgardt, D.R. (1991). Lg Depth Estimation and Ripple Fire Characterization Using Artificial Neural Networks. NIPS3, S.544-550

Peterson, C. (1990). Parallel Distributed Approaches to Combinatorial Optimization: Benchmark Studies on Traveling Salesman Problem. Neural Computing 2, S.261-269

Pineda, F.J. (1988). Generalisation of Backpropagation to Recurrent and Higher Order Neural Networks. Neural Information Processing Systems

Pinkas, G. (1992). Constructing Proofs in Symetric Networks. NIPS4, S.217-224.

Plonski, M., Joyce, C. (1990). RCS, GENESIS and SFINX: Three 'Public-Domain' Simulators for Neural Networks. Computer Systems Research Department, Aerospace Corporation, Los Angeles, CA

Pöschel, T. (1990). Nichtlineare lernfähige Netzwerke und ihre Anwendung in der Informationsverarbeitung. Dissertation, Humboldt-Universität Berlin

Pomerleau, D.A. (1989). ALVINN: An Autonomous Land Vehicle in a Neural Network. NIPS1, S.305-313

Pomerleau, D.A. (1991). Rapidly Adapting Artificial Neural Networks for Autonomous Navigation. NIPS3, S.429-435

Principe, J.C., Tome, A.M. (1989). Performance and Training Strategies in Feedforward Neural Networks: An Application to Sleep Scoring. IJCNN 1, S.341-346

Qian, N., Sejnowski, T.J. (1989). Learning to Solve Random-Dot Stereograms of Dense and Transparent Surfaces with Recurrent Backpropagation. CMSS 88, S.435-443

Quinlan, J.R. (1983). Learning Efficient Classification Procedures and their Application to Chess End Games. In: Michalsky, R.S., Carbonell, J.G., Mitchell, T.M. (eds.). Machine Learning: An Artificial Intelligence Approach. Palo Alto, Tioga, CA

Rak, S.J., Kolodzy, P.J. (1988). Invariant Object Recognition with the Adaptive Resonance (ART) Network. INNS 1st Annual Meeting on Neural Nets 1, Supp. 1, S.43. Pergamon Press

Rayburn, D.B., Januszkiewicz, A.J. et al. (1991). Identification of Mediator Specific Cardiovascular Waveforms Using a Back Propagation Neural Network. NN4, S.525-530

Refenes, A.N., Vithlani, S. (1991). Constructive Learning by Specialization. Artificial Neural Networks, Elsevier Science Publishers, S.923-929

Reinke, R. (1984). Knowledge Acqustion and Refinement Tools for the ADVISE Meta-Expert System. Master's Thesis, Department of Computer Science, University of Illinois, Urbana

Reklaitis, G.V., Tsirukis, A.G., Tenorio, M.F. (1990). Generalized Hopfield Networks and Nonlinear Optimization. NIPS2, S.355-362

Renals, S., Rohwer, R. (1989). Learning Phoneme Recognition Using Neural Networks. IEEE Intl. Conf. Acoustics, Speech, & Signal Proc

Riedmiller, M., Braun, H. (1993). A Direct Adaptive Method for Faster Backpropagation Learning: The RPROP Algorithm. ICNN'93, S. 586-592

Ritter, H.J., Martinetz, T.M., Schulten, K.J. (1989). Topology-Conserving Maps for Learning Visuomotor-Coordination. NN2

Ritter, H.J., Martinetz, T.M., Schulten, K.J. (1991). Neuronale Netze (2. Auflage). Addison-Wesley, Reading, MA

Roberts, S., Tarassenko, L. (1991). EEG Analysis Using Self-Organisation. ICANN, S.210-213

Robinson, T., Fallside, F. (1989). Dynamic Reinforcement Driven Error Propagation Networks with Application to Game Playing. Proceedings of the 11th Conference of the Cognitive Science Society, Ann Arbor, S.836-843

Rocha, A.F. (1992). Neural Neta - A Theory for Brains and Machines. Lecture Notes in Computer Science, Band 638 LNAI, Springer-Verlag

Rochester, N., Holland, J.H. et al. (1956). Tests on a Cell Assembly Theory of the Action of the Brain, Using a Large Digital Computer. IRE Trans. Information Theory, IT-2, S.80-93

Roiblat, H.L., Moore, P.W. (1989). Dolphin Echolocation: Identification of Returning Echoes Using a Counterpropagation Network. IJCNN 1, S.295-300

Rojas, P. (1993). Theorie der Neuronalen Netze. Springer-Verlag, Berlin

Rocha, A.F. (1992). Neural Neta - A Theory for Brains and Machines (Lecture Notes in Computer Science), Band 638 LNAI, Springer-Verlag

Rosenblatt, F. (1958). The Perceptron: A Probabilistic Model for Information Storage and Organization in the Brain. Psychological Review 65, S.386-408

Rosenblatt, F. (1962). Principles of Neurodynamics. Spartan Books, Washington DC

Rosenblueth, A., Wiener, N., Bigelow, J. (1943). Behavior, Purpose and Teleology. Philosophy of Science 10, S.18-24

Rossen, M.L., Anderson, J.A. (1989). Representational Issues in a Neural Network Model of Syllabel Recognition. IJCNN 1, S.19-25

Rudomin, P., Arbib, M.A., Cervantes-Pérez, F., Romo, R. (1991). Neuroscience: From Neural Networks to Artificial Intelligence, Proc. U.S.-Mexico Seminar, Xalapa, Veracruz, Research Notes in Neural Computing, Vol. 4. Springer-Verlag

Rumelhart, D.E., Hinton, G.E., McClelland, J.L. (1986). A General Framework for Parallel Distributed Processing. Parallel Distributed Processing 1, S.45-76

Rumelhart, D.E., Hinton, G.E., Williams, R.J. (1986). Lerning Internal Representations by Error Propagation. Parallel Distributed Processing 1, S.318-362

Rumelhart, D.E., Zipser, D. (1985). Feature dicovery by Competitive Learning. CS9, S.7-112

Ruppin, E., Yeshurum, Y. (1991). An Attractor Neural Network Model of Recall and Recognition. NIPS3, S.642-648

Sabourin, M.G., Mitiche, A. (1991). Optical Character Recognition by a Neural Network. Neuro Nimes 91, S.135-148

Sanchez, D. (1989). Anspruchsvoller Einsatz von Künstlichen Neuronalen Systemen (KNS): Sprengladungs-Detektor für die Gepäckabfertigung in Flughäfen. Design & Elektronik 6/92

Schley, C., Chauvin, Y. et al. (1991). Neural Networks Structured for Control Application to Aircraft Landing. NIPS3, S.415-421

Schmidhuber, J. (1990). Dynamische Neuronale Netze und das fundamentale raumzeitliche Lernproblem, Dissertation am Institut für Informatik, TU München

Schöneburg, E. (ed.) (1993). Industrielle Anwendung Neuronaler Netze. Addison-Wesley, Reading, MA

Schumann, M., Lohrbach, T., Bährs, P. (1992). Versuche zur Kreditwürdigkeitsprognose mit Künstlichen Neuronalen Netzen. Internes Arbeitspapier, Georg-August-Universität-Göttingen, Abteilung Wirtschaftsinformatik II

Scott, G.M., Shavlik, J.W., Ray, W.H. (1992). Refining PID Controllers Using Neural Networks. NIPS4, S.555-562

Sejnowski, T.J., Rosenberg, C.R. (1986). NETtalk: A Parallel Network That Learns to Read Aloud. Johns Hopkins Tech. Rep.#JHU/EECS-86/01. Johns Hopkins University, Baltimore, MD

Sejnowski, T.J., Rosenberg, C.R. (1987). Parallel Networks That Learn to Pronounce English Text. Complex Systems I, S.145-168

Sejnowski, T.J., Yuhas, B.P. et al. (1990). Combining Visual and Acoustic Speech Signals with a Neural Network Improves Intelligibility. NIPS2, S.232-239

Sekiguchi, M., Sugasaka, T., Shigemi, N. (1991). Control of a Multivariable System by a Neural Network. ICRA91, S.2644-2649

Selfridge, O.G. (1958). Pandemonium: A Paradigm for Learning. Mechanisation of Thought Processes: Proceedings of a Symposium Held at the National Physics Laboratory, London, HMSO, S.513-526

Sereno, M.I. (1989).Learning the Solution to the Aperture Problem for Pattern Motion with a Hebb Rule. NIPS1, S.468-476

Shadmehr, R., D'Argenio, D.Z. (1990). A Neural Network for Nonlinear Bayesian Estimation in Drug Therapy. Neural Computation 2, S.216-225

Shapiro A. (1987). Structured Induction in Expert Systems. Addision-Wesley, Reading, MA

Shavlik, J.W., Mooney, R.J., Towell, G.G. (1991). Symbolic and Neural Learning Algorithms: An Experimental Comparison. ML6, S.111-143

Shaw, G.L., Palm, G. (1988). Brain Theory – Reprint Volume. World Scientific-Publishing, Singapore

Shea, P.M., Lin, V. (1989). Detection of Explosives In Checked Airline Baggage Using an Artificial Neural System. IJCNN 2, S.31-34

Shen, W., Shen, J., Lallemand, J.P. (1991). Finding the Shortest Path by Use of Neural Networks. ICAR5, S.1164-1169

Siemon, H.P., Ultsch, A. (1990). Kohonen Networks on Transputers: Implementation and Animation. INNC 1990, S.643-646

Silbernagl, S., Despopoulos, A. (1988). Taschenatlas der Physiologie (3. Auflage). Georg Thieme Verlag, Stuttgart

Simard, P., Ottaway, M.B., Ballard, D.H. (1988). Analysis of Recurrent Backpropagation. Technical Report 253, Computer Science, University of Rochester

Simard, P., Le Cun, Y. (1992). Reverse TDNN: An Architecture for Trajectory Generation. NIPS4, S.579-588

Sivilotty, M., Emerling, M., Mead, C. (1985). A Novel Associative Memory Implemented Using Collective Computation. Chapel Hill Conference on Very Large Scale Integration

Snyder, W., Nissman, D. et al. (1991). Kohonen Networks and Clustering: Comparative Performance in Color Clustering. NIPS3, S.984-990

Sobajik, D.J., Lu, J., Pao, Y. (1988). Intelligent Control of the Intelledex 605T Robot Manipulator. ICNN 2.2, S.633-640

Sonehara, N., Kawato, M. et al. (1989). Image Data Compression Using a Neural Network Model. IJCNN 2, S.35-41

Soucek, B., Soucek, M. (1988). Neural and Massively Parallel Computers. Wiley-Interscience

Sørheim, E. (1991). ART2/BP Architecture for Adaptive Estimation of Dynamic Processes. NIPS3, S.169-175

Sperduti, A., Starita, A. (1991). Hand Control by a Neural Network Using Tactile and Positional Information. ICAR5, S.1747-1751

Stevens, C.F., Keynes, R.D. et al. (1988). Gehirn und Nervensystem (9. Auflage). Spektrum der Wissenschaft, Heidelberg

Suna, R. (1991). ParSim – Ein paralleler Simulator für Neuronale Netze. Diplomarbeit am Forschungszentrum Informatik Karlsruhe

Suna, R., Berns, K. (1992). ParSim – Ein paralleler Simulator für Neuronale Netze. Transputer Anwender Treff 1992

Suna, R., Berns, K., Germerdonk, K., Barbian, A.O. (1993). Pipeline Diagnosis Using Backpropagation Networks. Neuro-Nimes, Nimes, Fankreich, Okt. 1993

Surmann, H., Kiziloglu, B. et al. (1991). Neural Nets for Defect Recognition on Masks and Integrated Circuits: First Results. Neuro Nimes 91, S.581-591

Taylor, J.G. (1992). Neural Networks Applications - Perspectives in Neural Computing, Proc. 2nd British Neural Network Soc. Meeting, Neural Computing 91, Oct. 1991, Springer-Verlag

Taylor, J.G. (1993). The Promise of Neural Networks - Perspectives in Neural Computing, Springer-Verlag

Tesauro, G. (1992). Practical Issues in Temporal Difference Learning. NIPS4, S.259-266

Todd, P. (1989). A Sequiential Network Design for Musical Applications. CMSS 88, S.76-84

Touretzky, D.S., Elvgren III, G. (1990). Rule Representations in a Connectionist Chunker. NIPS2, S.431-438

Trümper, W. (1992). Ein Neuronales Netz als lernende Steuerung. at - Automatisierungstechnik 4/92, S.142-147

Tryba, V., Goser, K. (1991). Self-organizing feature maps for process control in chemistry, ICANN-91

Tsutsumi, K., Matsumoto, H. (1987). Neural Computing and Learning Strategy for Manipulator Position Control. ICNN 1.4, S.525-534

Tsutsumi, K. (1989). A Multi-Layered Neural Network Composed of Backprop. and Hopfield Nets and Internal Space Representation. IJCNN 1, S.365-371

Turing, A.M. (1936). On Computable Numbers, with an Application to the Entscheidungsproblem. Proceedings of the London Mathematical Society 2nd Series 42, S.230-265

Van den Bout, D.E., Miller III., T.K. (1989). TInMANN: The Integer Markovian Artificial Neural Network. ICNN 3.2, S.205-211

Van den Bout, D.E., Snyder, W., Miller III., T.K. (1990). Rapid Prototyping for Neural Networks. ANC, S.219-226

Venturini, R., Lytton, W.W., Sejnowsky, T.J. (1992). Neural Network Analysis of Event Related Potentials and Electroencephalogram Predicts Vigilance. NIPS4, S.651-658

Vey, S., Bermbach, R. (1991). Entwicklung eines lernfähigen Objekterkennungssystems. Proceedings 13. DAGM-Symposium 1991, Informatik Fachberichte 290, Springer-Verlag, S.446-453

Von Neumann, J. (1958). The Computer and the Brain. Yale University Press, New Haven

Von der Malsburg, C. (1973). Self-Organization of Orientation Sensitive Cells in the Striate Cortex. Kybernetik 14, S.85-100

Waibel, A.H. (1988). Connectionist Glue: Modular Design of Neural Speech Systems. CMSS 88, S.417-425

Waibel, A.H., Hanazawa, T. et al. (1989). Phoneme Recognition Using Time-Delay Neural Networks. IEEE Transactions on Acoustics, Speech, and Signal Processing 37/3, S.328-339

Waibel, A.H., Jain, A.N. et al. (1992). JANUS: Speech-to-Speech Translation Using Connectionist and Non-Connectionist Techniques. NIPS4, S.183-190

Wasserman, P.D., Oetzel, R.M. (1990). NeuralSource, The Bibliographic Guide to Artificial Neural Networks. Van Nostrand Reinhold, New York

Weideman, W.E., Manry, M.T., Yau, H.C. (1989). A Comparison of a Nearest Neighbor Classifier and a Neural Network for Numeric Handprint Character Recognition. IJCNN 1, S.117-120

Weigend, A.S., Rumelhart, D.E., Huberman, B.A. (1990). Back-Propagation, Weight-Elimination and Time Series Prediction. CMSS 90, S.105-116

Wenskay, D.L. (1990). Intellectual Property Protection for Neural Networks. NN3, S.229-236

Werbos, P.J. (1974). Beyond Regression: New Tools for Prediction and Analysis in the Behavioral Sciences. Ph.D. Thesis., Harvard University, Committee on Applied Mathematics

White, H. (1988). Economic Prediction Using Neural Networks: The Case of IBM Daily Stock Returns. ICNN 2.2, S. 541-548

Whitehead, S.D., Ballard, D.H. (1990). Active Perception and Reinforcement Learning. Proceedings of the 7th International Conference on Machine Learning, Morgan Kaufmann, San Mateo, CA, S.179-188

Whitehead, S.D., Ballard, D.H. (1991). Learning to Perceive and Act by Trial and Error. ML7, S.45-83

Widrow B. (1960). An Adaptive 'ADALINE' Neuron Using Chemical 'Memistors'. Technical Report #1553-2, Stanford University

Widrow, B. (1962). Generalization and information storage in networks of ADALINE neurons. In: Yovitts, G.T. (ed.). Self- Organizing Systems. Spartan Books, Washington DC

Widrow, B. (1963).A Statistical Theory of Adaptation. In: Feigenbaum, E.A., Feldman, J. (eds.). Computers and Thought. McGraw-Hill, New York

Widrow, B. (1987). The Original Adaptive Neural Net Broom-Balancer. IEEE Intl. Symposium Circuits and Systems. 2, S.351-357

Widrow, B. Groner, G.F., Hu, M.J. (1963). Practical Applications for Adaptive Data-Processing Systems. IEEE Western Electronic Show and Convention

Widrow, B., Hoff, M.E. (1960). Adaptive Switching Circuits. IRE WESCON Convention Record Part 4, S.96-104

Widrow, B., Lehr, M.A. (1990). 30 Years of adaptive neural Networks: Perceptron, Madaline, and Backpropagation. Proc. IEEE 78(9)

Widrow, B., Stearns, S. (1985). Adaptive Signal Processing. Prentice Hall, Englewood Cliffs

Widrow, B., Winter, R.G., Baxter, R. (1987). Learning Phenomena in Layered Neural Networks. ICNN 1.2, S.411-429

Wiener, N. (1948). Cybernetics, or Control and Communication in the Animal and the Machine. Technology Press and Wiley (2. Aufl. 1961 MIT Press), New York

Wilkinson, T.S., Mighell, D.A., Goodman, J.W. (1989). Backpropagation and its Application to Handwritten Signture Verification. NIPS1, S.340-347

Willett, H.G. (1989). Intel adds support for neural chip. Electronic World News

Williams, R.J. (1988). Toward a Theory of Reinforcement-Learning Connectionist Systems. Technical Report NU-CCS-88-3, Northeastern University, Boston, MA

Williams, R.J., Peng, J. (1989). Reinforcement Learning Algorithms as Function Optimizer. IJCNN 2, S.89-95

Williams, R.J., Zipser, D. (1988). A Learning Algorithm for Continually Running Fully Recurrent Neural Networks. Technical Report 8805.USCD, Institute for Cognitive Science, University of California

Willshaw, D.J. (1971). Models of Distributed Associative Memory. Ph.D. Diss., University of Edinburgh, Scotland

Wilson, M.A. (1989). Documentation for GENESIS and XODUS (only available to registred GENESIS users). California Institute of Technology, Pasadena CA

Wilson, M.A., Bhalla, U.S. et al. (1989). GENESIS: A System for Simulating Neural Networks (reprint included in GENESIS distribution). California Institute of Technology, Pasadena CA

Winter, C.L. (1989). An Adaptive Network That Learns Sequences of Transitions. NIPS1, S.653-660

Worth, A.J., Spencer, R.R. (1989). A Neural Network for Tactile Sensing: The Hertzian Contact Problem. IJCNN 1, S.267-274

Woolnough, R. (1989). Better Neural Networks? Technology

Würtz, D., de Groot, C. (1992). Ein 'neuronales' Informationssystem zur Wechselkursanalyse. ist - Intelligente Software-Technologien 2/92, S.44-46

Xu, X., Tsai, W.T. (1989). Constructing Associative Memories Using Neural Networks. SPIE Proceedings. S.1058

Yamada, K., Kami, H. et al. (1989). Handwritten Numeral Recognition by Multilayerd Neural Network with Improved Learning Algorithm. IJCNN 2, S.259-266

Yasunge, M. et al. (1990). Design Fabrication and Evaluation of a 5-inch Wafer Scale Neural Network LSI Composed of 567 Digital Neurons. IJCNN 2, S.527

Yoon, Y., Peterson, L.L., Bergstresser, P.R. (1988). Desknet: The Dermatology Expert System with Knowledge-Based Network. INNS 1st Annual Meeting on Neural Nets, 1, Supp, 1, S.477. Pergamon Press

Yuhas, B.P., Goldstein Jr., M.H. et al. (1990). Neural Network Models of Sensory Integration for Improved Vowel Recognition. Proceedings of the IEEE, Vol.78-10, S.1658-1668

Zachmann, U., Berns, K. (1991). Reinforcement-Learning bei der Steuerung eines autonomen Roboters. Robotersysteme, Springer-Verlag

Zell, A., Mache, N. et al. (1991). Design of the SNNS Neural Network Simulator

Zomaya, A.Y., Suddaby, M.E., Morris, A.S. (1992). Direct Neuro-Adaptive Control of Robot Manipulators. ICRA 92, S.1902-1907

Zhu, K., Noakes, P.D., Green, A.D. (1991). ECG Monitoring with Artificial Neural Networks. ICANN, S.205-209

Zielonka, B. (1992). Einsatz Neuronaler Netze zur kurz- und mittelfristigen Lastprognose. ist - Intelligente Software-Technologien 2/92, S.52-53

Zomaya, A.Y., Suddaby, M.E., Morris, A.S. (1992). Direct Neuro-Adaptive Control of Robot Manipulators. ICRA92, S.1902-1907

Zupan, J., Gasteiger, J. (1993). Neural Networks for Chemists - An Introduction.VCH-Verlag, Weinheim

Zwietering, P.J., van Kraaij, M.J. et al. (1991). Neural Networks and Production Planning. Neuro Nimes 91, S.529-543

Stichwortverzeichnis

Namensverzeichnis

Springer-Verlag und Umwelt